浙江省习近平新时代中国特色社会主义思想研究中心课题成果

"八八战略"
二十周年研究丛书

嘉兴

红船起航地
奋进谱华章

唐铁球 等 著

ZHEJIANG UNIVERSITY PRESS
浙江大学出版社
·杭州·

图书在版编目(CIP)数据

嘉兴:红船起航地　奋进谱华章 / 唐铁球等著. —
杭州:浙江大学出版社,2023.9
　　("八八战略"二十周年研究丛书)
　　ISBN 978-7-308-24104-5

　　Ⅰ. ①嘉… Ⅱ. ①唐… Ⅲ. ①社会主义建设－研究－
嘉兴 Ⅳ. ①D619.553

中国国家版本馆 CIP 数据核字(2023)第 151990 号

嘉　兴:红船起航地　奋进谱华章
JIAXING:HONGCHUAN QIHANGDI　FENJIN PU HUAZHANG

唐铁球　等著

出 品 人	褚超孚
策划编辑	张 琛　吴伟伟　陈佩钰
责任编辑	陈佩钰
责任校对	汪 潇
责任印制	范洪法
封面设计	周 灵
出版发行	浙江大学出版社
	(杭州天目山路 148 号　邮政编码 310007)
	(网址:http://www.zjupress.com)
排　版	浙江大千时代文化传媒有限公司
印　刷	浙江新华数码印务有限公司
开　本	710mm×1000mm　1/16
印　张	18.25
字　数	246 千
版 印 次	2023 年 9 月第 1 版　2023 年 9 月第 1 次印刷
书　号	ISBN 978-7-308-24104-5
定　价	88.00 元

编写说明

20年前,习近平同志担任浙江省委书记期间,经过深入调查研究和系统谋划,为浙江量身打造了"八八战略"这一总纲领总方略,并为浙江发展倾注了大量心血、汗水和智慧,在之江大地书写了波澜壮阔的奋斗篇章,给浙江留下了宝贵的思想财富、精神财富和实践成果。20年来,"八八战略"引领浙江在省域层面率先开启了中国式现代化先行实践之路,推动浙江大地发生了全方位、系统性、深层次的精彩蝶变,实现了从资源小省向经济大省、外贸大省向开放大省、环境整治向美丽浙江、总体小康到高水平全面小康的历史性跃迁。

在"八八战略"实施20周年的重要时间节点,浙江省习近平新时代中国特色社会主义思想研究中心和浙江省社会科学界联合会共同组织力量编写"'八八战略'二十周年研究丛书",并将之纳入"浙江文化研究工程"。丛书重点论述了"八八战略"在浙江省11个地市(杭州、宁波、温州、湖州、嘉兴、绍兴、金华、衢州、舟山、台州、丽水)深入落实的全过程,以及所带来的深刻影响。我们希望,通过这套丛书,能让读者用心感悟习近平总书记的关心关怀和殷殷重托,学深悟透、感恩奋进、实干争先,持续推动"八八战略"走深走实,坚定不移沿着习近平总书记指引的道路奋勇前进,推动浙江在新时代新征程上,谱写共同富裕和中国式现代化的靓丽篇章。

目　录

导　论

　　嘉兴市位于浙江省东北部,东接上海,北邻苏州,西连杭州,南濒杭州湾与宁波相望,陆域面积 3915 平方公里,海域面积 4650 平方公里,下辖南湖、秀洲两个区,嘉善、海盐两个县,平湖、海宁、桐乡三个县级市,2022 年户籍人口 374 万人,常住人口 555 万人。

　　嘉兴是中国革命红船的起航地,伟大的中国共产党从嘉兴南湖的红船上诞生、出征,走向全国,"红船精神"在这里凝练升华。嘉兴是江南文化的发祥地,境内的马家浜文化遗址已有 7000 多年历史,名人辈出,文化璀璨,风华绝代,被誉为江南文化的源头。嘉兴正日益成为贯彻落实新发展理念的示范地。

　　2022 年,嘉兴实现生产总值 6739.45 亿元,居全省第五位;财政总收入 1029.99 亿元,居全省第三位;城镇居民人均可支配收入 72096 元,居全省第五位;农村居民人均可支配收入 46276 元,连续 19 年居全省第一位。嘉兴改革发展取得的巨大成就,离不开"八八战略"总纲领、总方略的科学指引,更离不开习近平同志的亲切关怀、精心推动、科学指引和坚强领导。习近平同志在浙江工作期间擘画的"八八战略"等重大发展蓝图,为全省经济社会发展指明了前进方向,科学指引着嘉兴干在实处、走在前列、勇立潮头。习近平同志对嘉兴一直牵挂于心、念兹在兹,充满深情、寄予厚望,多次到嘉兴调研指导工作。习近平同志在嘉兴调研指导、视察考察中发表的重要讲话,作出的重要指示,为嘉兴经济社会发展注入了磅礴动力,提供了根本遵循。

　　20 年来,嘉兴市历届领导班子大力传承弘扬习近平同志在浙江工作期间开创的科学理念、宝贵经验和优良作风，坚决贯彻习近平同志对全省特别是对嘉兴工作的重要讲话、重要指示精神，忠实践行"八八战略"等重大部署，大力弘扬"红船精神"，干在实处、走在前列、勇立潮头，开创了嘉兴改革发展稳定的崭新局面。

坚持发展第一要务，综合实力不断增强。20 年来，嘉兴大力推进经济社会全面协调可持续发展。2022 年，全市地区生产总值（GDP）突破 6700 亿元，财政总收入突破 1000 亿元，规上工业总产值突破 14000 亿元，在全省和长三角城市群的位次持续上升。常住人口突破 550 万人，增量居全省第三，人均地区生产总值突破 12 万元。上市公司和总市值分别突破 80 家、9700 亿元。

坚持"腾笼换鸟、凤凰涅槃"，产业结构不断优化。20 年来，嘉兴大力推动产业结构战略性调整。工业规模和质量实现双提升，一批总投资百亿级标志性项目相继落户，工业转型升级和"双创"工作多次获国务院表彰。2022 年，战略性新兴产业、装备制造业、高新技术产业、数字经济核心产业增加值占规上工业比重分别达到 44％、42.2％、70.5％和20.7％，工业应用指数、5G 基站覆盖率全省第一，服务业增加值"十三五"年均增长 7.3％，农业经济开发区实现县（市、区）全覆盖。

坚持创新驱动发展，创新资源不断集聚。20 年来，嘉兴深刻领悟浙江省委把嘉兴确定为区域创新体系副中心城市的战略意图，聚焦创新第一动力、人才第一资源，做强创新引擎，大力打造面向未来创新活力新城。发挥浙江清华长三角研究院的带动作用，嘉兴先后集聚了浙江中科应用技术研究院、浙江大学国际联合学院（海宁校区）、未来技术研究院、南湖研究院、南湖实验室等一大批高能级创新载体，2022年高新技术企业、科技型中小企业分别达到 3698 家和 8756 家，企业创新主体地位进一步确立。嘉善县、嘉兴南湖高新技术产业园区荣获国家双创示范基地。2022 年，全社会研究与试验发展（R&D）经费支出占 GDP 比重达到3.4％。人才新政、科技新政深入实施，人才规模快速扩张，"十三五"期间引进院士等顶尖人才 151 名、国家级高端人才

407名,人才净流入率位列全国前十,高端人才净流入率居全国第四。嘉兴学院创建嘉兴大学工作持续推进,普通高校(含校区)达到10所,在校学生达到12.16万人。

坚持以改革促开放、以开放促发展,改革开放不断深化。20年来,嘉兴奋力当好全省接轨上海"桥头堡"和承接上海辐射"门户",深入推进要素配置市场化等改革,全力打造营商环境最优市,坚定不移地把接轨大上海、融入长三角作为首位战略,努力以改革开放的新成效推动嘉兴高质量发展。2020年6月央视发布《2019中国城市营商环境报告》,嘉兴市进入"经济活跃城市综合排名"前二十。嘉善县整体纳入长三角生态绿色一体化发展示范区,入围中国(浙江)自由贸易试验区联动创新区,获批国家跨境电商综合试验区。2022年,世界500强投资项目达到198个,累计实际利用外资超过450亿美元,进出口总额突破4400亿元。

坚持深化城乡统筹,城乡发展不断融合。20年来,嘉兴积极推进城乡一体、市域一体发展,既着力提升城市能级和功能品质,又大力实施乡村振兴战略,城乡融合发展水平不断提高。2022年,嘉兴常住人口城镇化率达到73.4%,城乡居民收入比缩小到1.56∶1,农村居民人均收入连续19年居全省第一,是全省乃至全国均衡富庶发展的先行地。在全国率先实现"村村通公交"、率先实现义务教育均衡发展县"满堂红"、率先实现城乡居民养老保险全覆盖,图书馆和文化馆城乡总分馆模式、优质医疗资源"双下沉、两提升"、县域医共体建设等成为全省、全国的样板。在全省率先实现所有村经常性收入超过100万元,生活垃圾分类处理实现城乡全覆盖,平原水乡美丽乡村实践成为全省典型。

坚持实施生态立市战略,生态环境不断改善。20年来,嘉兴坚定不移地走生态优先、绿色发展之路,深入践行"绿水青山就是金山银山"理念,持续深入开展水、气、土、废等系列共治,率先全面推行"河长制""湖长制",全面启动国家生态文明建设示范市创建,擦亮秀水泱泱的绿色生态底色。2022年,市控断面Ⅲ类水比例从19.2%上升到100%,水质达到1984年有监测记录以来最高水平。南排工程提档升级,防汛排涝能力再创新高。大气环境质量全面达标,成为全省首个生活垃圾"零增长、零填埋、不出县"地市。成功创建国家生态文明建设示范区,获得美丽浙江考核优秀市和五水共治"大禹鼎"。

坚持整体智治,治理体系不断健全。20年来,嘉兴坚持一体推进法治嘉兴、平安嘉兴等建设,坚决守牢高质量发展的安全底线。创新基层治理体制机制,首创的自治、法治、德治"三治融合"被写入党的十九大报告并在全国推广。新时代"网格连心、组团服务"持续深化,一体化社会治理综合指挥服务体系率先建成。持续推进平安创建,深入开展扫黑除恶专项斗争,获得综治领域最高奖项"长安杯",在全省率先获批一星平安金鼎。网络综合治理体系不断健全,管网、治网和用网能力持续提升。"法治嘉兴"建设更加深入,重点领域地方立法不断加强,民主法治村(社区)创建工作位居全省前列。持续推进文明城市创建,荣获全国文明城市并实现省文明县(市、区)全覆盖。实现全国双拥模范城"四连冠"。推进新型智慧城市标杆市建设,桐乡成为全国首个建成国际互联网数据专用通道的县级市。

坚持以人民为中心的发展思想,民生福祉不断增进。20年来,嘉兴瞄准人民群众所忧所急所盼,坚持和完善为民办实事长效机制,实施高水平全面小康"补短板"行动,将全部财力的80%左右用于改善民生,努力推动人的全生命周期公共服务优质共享,不断增强人民群众的幸福感、获得感和认同感。2022年,全市城镇登记失业率控制在3.5%以内,城乡低保标准统一提高到10320元,新建、改建、扩建各类学校200多所,县域医共体、城市医联体实现全覆盖,人均预期寿命82.68岁,列全省第四,文化馆、图书馆总分馆等模式成为全国典型。在全省内率先实现医疗保险、大病保险、医疗救助"一站式"结算,率先创建大救助体系。住房等民生保障得到加强,百姓生活实现了从总体小康向高水平全面小康的跃变。

坚持把建党圣地打造成党建高地,党的建设不断加强。20年来,嘉兴坚持把加强党的全面领导和全面加强党的建设作为推动一切事业的坚强保证,不断健全联系服务群众长效机制,提高联系服务能力,努力把建党圣地打造成为党建高地。深入开展党的群众路线、"不忘初心、牢记使命"等系列教育实践活动。以树标杆、当标尖为要求,打造"唯实惟先、善作善成"的红船铁军,深化"一岗双责"等机制,充分彰显党组织战斗堡垒作用和党员先锋模范作用。大力弘扬"红船精神",凝练并践行"勤善和美、勇猛精进"新时代嘉兴人文精神,争先创优、追梦奔跑的精气神明显提升。清廉嘉兴建设全面推进,政治生态持续净化,反腐败斗争压倒性胜利不断巩固发展。

习近平同志在浙江工作期间开启的一系列前瞻探索和生动实践,特别是多次亲临嘉兴开展的调研考察、发表的重要讲话、进行的有力指导,为嘉兴发展擘画的美好蓝图、打下的坚实基础,充分彰显了"八八战略"和习近平新时代中国特色社会主义思想的真理价值和实践伟力。凝聚其中的科学理念、宝贵经验和优良作风,是新时代嘉兴砥砺前行的强大动力,是嘉兴推进高质量发展的最宝贵财富。

砥砺前行、推进发展必须始终坚持深入践行"八八战略"。"八八战略"这一引领浙江发展的总纲领、推进浙江工作的总方略,是习近平同志留给浙江取之不尽、用之不竭的宝贵财富。20年来,"八八战略"指引嘉兴取得了经济发展最有活力、人民生活水平提高最快、社会大局最和谐稳定、生态环境改善最明显、人民群众获得感幸福感最高、影响力美誉度持续提升的历史性成就。在新的发展阶段,嘉兴要奋力打造"重要窗口"中最精彩板块,高质量发展建设共同富裕典范城市,争当社会主义现代化先行市,必须坚定不移沿着习近平总书记指引的路子走下去,坚持续写"八八战略"这篇大文章,用实干和实绩进一步彰显"八八战略"的真理和实践伟力,全面展示"重要窗口"建设的丰硕成果。

砥砺前行、推进发展必须始终坚持贯彻执行新发展理念。在2015

年召开的中共十八届五中全会上，习近平首次提出"创新、协调、绿色、开放、共享"新发展理念①，"坚持新发展理念"成为新时代坚持和发展中国特色社会主义基本方略的重要原则和组成部分。在新的发展阶段，必须把学习新思想与重温"八八战略"在嘉兴的生动实践结合起来，进一步领会思想伟力，增强用新发展理念指导嘉兴砥砺前行的政治自觉。

砥砺前行、推进发展必须始终坚持大力弘扬"红船精神"。嘉兴是中国革命红船的起航地，南湖红船承载着我们党的初心和使命。红船是嘉兴最大的政治资源、最独特的城市名片、最宝贵的精神财富。习近平同志在浙江工作时亲自提炼概括的"红船精神"，具有重大的理论意义和现实指导意义。近年来，全市上下认真学习贯彻习近平总书记重要讲话精神，通过主题教育、"网格连心、组团服务"等，进一步增强了工作在红船旁的荣誉感，干事创业的热情不断高涨。同时，全国各界特别是上级机关、央企国企、高等院校等，都把能为红船起航地的发展做贡献，视为一种特别的荣誉。在新的发展阶段，只有坚持把传承"红船精神"作为人人参与的全民工程、心心相印的灵魂工程和代代传承的基因工程，把"红船精神"在党的诞生地发扬光大，才能进一步凝聚人心、鼓舞士气、激发活力，更好地团结引领全市上下把政治优势转化为发展胜势，加快把嘉兴打造成为党建高地、文化文明高地、社会治理高地、人才集聚高地、创业创新高地。

砥砺前行、推进发展必须始终坚持深化改革、扩大开放。明者因时而变，知者随事而制。改革开放是坚持和发展中国特色社会主义的必由之路，是决定当代中国命运的关键一招，也是决定实现"两个一百年"奋斗目标、实现中华民族伟大复兴的关键一招。改革开放40多年来，特别是21世纪以来，嘉兴积极顺应发展潮流、抢抓发展机遇，强化改革推动，在要素配置市场化改革、统筹城乡发展改革、新型城镇化改

---

① 《习近平谈治国理政》（第二卷），外文出版社2017年版，第197页。

革、"最多跑一次"改革等方面持续发力;突出开放带动,始终坚持按照习近平同志提出的深化接轨上海、全面融入长三角一体化的要求,坚持以国际标准的平台承载产业、以国际品质的公共服务吸引人才、以国际化营商环境服务客商,大引实体项目、大兴实体企业,全力打造高端外资集聚地,切实以全面深化改革充分激发了发展活力、以持续扩大开放充分释放了发展红利,改革开放已然成为嘉兴发展最鲜明的标识。在新的发展阶段,嘉兴更要始终以"斗罢艰险再出发"的非凡胆略,在云谲波诡的国际形势和艰巨繁重的改革发展稳定任务中,继续敢闯敢试、奋力搏击,乘势而上、扩大开放,努力续写嘉兴改革开放更加动人的"传奇"。

砥砺前行、推进发展必须始终坚持久久为功、抓实抓常。回望发展,嘉兴之所以能够不断取得历史性的跨越,一个重要的原因就在于在战略实施上坚持了一以贯之、一张蓝图绘到底。改革开放40多年来,特别是21世纪以来,嘉兴始终坚持按照"八八战略"确立的宏伟蓝图、指引的前进方向,紧紧围绕习近平同志在嘉兴作出的重要讲话和有力指导,以"功成不必在我、功成必定有我"的使命担当,推动"八八战略"在嘉兴一步一步地展开,一项一项地分解,一件一件地落实,一年一年地见效,进而推动经济社会发展取得了历史性成就。在新的发展阶段,更要始终把"八八战略"作为引领嘉兴发展的总纲领,以"乱云飞渡仍从容"的战略定力,拿出"千磨万击还坚劲,任尔东南西北风"的韧劲,锚定目标、真抓实干、久久为功,努力在续写"八八战略"的新篇章中彰显社会主义的显著制度优势。

砥砺前行、推进发展必须始终坚持以人民为中心、不断增进百姓福祉。"民之所望,施政所向。群众想什么我们就干什么"是历届浙江省委、省政府一以贯之的施政理念。只有把群众利益放在第一位,与群众保持最密切的联系,工作开展才会不断注入源头活水。21世纪以来,嘉兴始终坚持将新增财力的三分之二以上用于改善民生,从群众最关心、最直接、最现实的利益问题出发,听民声、顺民意,着力办好智安小区建设、老旧小区综合改造等民生实事和关键小事，解决好"筒子楼""停车难行车难""老旧小区装电梯"等问题，统筹做好就业增收、社会保障、社会救助、养老等民生工作，确保全面小康惠及全体人民，着力办好群众满意的教育，加快建设健康嘉兴，打造"动感禾城"，深化平安建设，构建共建共治共享的基层社会治理格局，群众的幸福感满意度不断提升。服务群众无止境，增进福祉无尽头。在新的发展阶段，只有大力发扬滴水穿石精神，始终坚持立党为公、忠诚为民，全心全意谋福祉、惠民生，更好满足人民多层次、多样化的需求，不断提升群众获得感、幸福感和安全感，才能进一步凝聚民心、激发民智、集中民力，全面推进共同富裕，共同创造更加美好的新生活。

砥砺前行、推进发展必须始终坚持加强和改善党的领导。加强党的建设，改善党的领导，是推进各项事业不断取得成功的根本保证。作为革命红船起航地、"红船精神"凝练升华地，一直以来嘉兴市委自觉坚持党建引领、整体智治，把管党治党的政治责任抓在手上、扛在肩上，突出强化基层党建，深化"网格连心、组团服务"，在联系服务群众上用情、宣传教育群众上用心、组织凝聚群众上用力，打造党群干群关系最融洽城市；旗帜鲜明树立"崇尚实干、勇猛精进"的鲜明导向，注重在重大风险、重大斗争中锤炼干部，打造"唯实惟先、善作善成"堪当重任的高素质干部队伍；深入推进清廉嘉兴建设，以永远在路上的执着全面反腐倡廉，巩固提升"秀水泱泱、海晏河清"的良好政治生态。历史和现实一再证明，办好中国的事情，关键在党。只有坚持和加强党的全面领导，坚持党要管党、全面从严治党，始终保持党的先进性和纯洁性，才能"不忘初心、继续前行"，带领全市人民推动经济社会发展不断迈上新台阶。

作为红船起航地、改革开放先行地，嘉兴必须高举习近平新时代中国特色社会主义思想伟大旗帜，坚定不移沿着"八八战略"指引的路子走下去，立足新发展阶段，贯彻新发展理念，服务构建新发展格局，紧紧围绕浙江省第十五次党代会确立的"两个先行"奋斗目标，大力弘扬"红船精神"、浙江精神和新时代嘉兴人文精神,突出抢抓千载难逢的历史性机遇,大力推动蝶变跃升、跨越发展,让革命的红色、经济的蓝色、文化的青色、生活的金色、生态的绿色"五彩嘉兴"交相辉映,加快建设共同富裕典范城市和社会主义现代化先行市,奋力打造新时代全面展示中国特色社会主义制度优越性的重要窗口中最精彩板块,为全面建设社会主义现代化国家、全面推进中华民族伟大复兴做出新的更大贡献!

第一章　主动转变经济增长方式
推动嘉兴经济转型升级

习近平同志在浙江工作期间，创造性地贯彻党的理论和路线方针政策，紧密结合实际，提出并落实作为浙江省域治理总纲领和总方略的"八八战略"，对浙江发展作出全面规划和顶层设计，为浙江转型发展和长远发展奠定了坚实基础。习近平同志在浙江工作期间，提出了一系列基于实践的新思想、新理念、新论述，至今仍指引着浙江走在高质量发展的光辉道路上。

嘉兴是中国革命红船的起航地。2002年以来，习近平同志多次到嘉兴调研指导工作，对嘉兴各方面工作都进行了悉心指导，作出了重要指示。嘉兴市委、市政府带领全市人民坚定不移沿着"八八战略"指引的路子，坚持用习近平新时代中国特色社会主义思想武装头脑，结合嘉兴实际创造性抓好贯彻落实，确保党中央和省委重大决策部署在嘉兴一贯到底、开花结果；着眼全体人民的共同富裕，推动嘉兴从"统筹城乡发展的典范"向"共同富裕的典范"跃升，打造"重要窗口"中最精彩板块，加快建设共同富裕典范城市和现代化先行市。

第一节　坚持"腾笼换鸟、凤凰涅槃"

浙江的发展过程并不是一帆风顺的。2004年，浙江正处于经济结构调整期，经济下行压力很大。习近平同志提出了"腾笼换鸟、凤凰涅槃",坚决淘汰落后产能,推动转型升级,开启了浙江调结构、促转型的大幕。① 党的十八大以来,浙江加快建设资源节约、环境友好的绿色发展体系,进一步推动发展方式转变、动力变革、效率变革,培育新动能,迈向高质量发展新阶段。

　　到 21 世纪初,嘉兴经济经过 20 多年的持续快速发展,遭遇的挑战与累积的问题变多,一些传统产业与中小微企业面临着生死存亡考验,而新兴产业受制于科技人才要素制约,处于青黄不接的阶段。嘉兴经济发展站在一个新的十字路口。以"腾笼换鸟、凤凰涅槃"理念为指导,转变经济发展方式,推进经济转型升级,成为历届嘉兴市委、市政府的不懈追求。嘉兴市坚持以提高经济发展质量和效益为中心,以深化改革开放为动力,以智能化、绿色化、服务化、高端化为引领,进一步加大产业发展的投入力度和工作力度,构建以新兴产业为先导、先进制造业为主体、现代服务业为支撑的现代产业体系,构建以市场为导向、企业为主体、高校院所为支撑的产业科技创新体系,推动产业结构由中低端向中高端迈进,全力打造现代产业发展新高地。全市不断推动产业升级发展,产业现代化水平持续提升,经济结构不断优化,三次产业构成之比由 2002 年的 9.0：56.1：34.9 调整为 2020 年的2.3：51.9：45.8,第三产业占比提升10.9 个百分点,三次产业结构呈现由"二、三、一"向"三、二、一"转变的趋势。

一、统筹推进开发区整合提升与小微企业园建设

(一)推动开发区(园区)平台整合提升

　　嘉兴市认真贯彻国务院办公厅《关于促进开发区改革和创新发展的若干意见》(国办发〔2017〕7 号)文件精神,全面落实浙江省委、省政

---

　　① 习近平:《干在实处　走在前列——推进浙江新发展的思考与实践》,中共中央党校 2006 年版,第 128 页。

府关于打造高能级产业平台的工作部署，加快高质量外资集聚地建设。2018 年 6 月，嘉兴市政府出台《嘉兴市平台优化提升攻坚行动实施方案》，明确提出要整合优化各类工业平台，聚力打造以国家级开发区为龙头、省级开发区为主体的高质量、高能级开放开发平台体系。嘉兴在开发区（园区）平台整合提升中，建立完善四方面体制机制，即理顺平台管理体制，建立重大平台管委会直接管理的组织领导体制；构建利益分享机制，以资产为纽带理顺重大平台和镇（街道）间、主平台和分区（分园）间的利益关系；改革要素配置机制，土地增量指标、重大产业项目重点向主平台倾斜，重大平台以外的区域一律不再配置产业用地增量指标；完善督查评估机制，实施差别化考核政策。到 2020 年底，全市 46 个市镇工业园区退出 23 个，其他 23 个市镇工业园区均作为分区（分园）纳入整合，形成 21 个重大产业平台统一管理和运营。全市共保留省级以上开发区（园区）17 个。平台整合提升后规模集聚效应明显，对全市经济增长的贡献度和带动性不断提升。

（二）打造高能级产业生态园

嘉兴市委、市政府积极贯彻《浙江省人民政府办公厅关于高质量建设"万亩千亿"新产业平台的指导意见》（浙政办发〔2019〕10 号），制定出台了《高能级产业生态园建设指导意见》，高标准推进 12 个高能级产业生态园建设，提出用 5 年时间让高能级产业生态园集群的工业总产值突破 1 万亿元，再造一个"工业新嘉兴"。每个产业生态园规划区域 10 平方公里左右，按照规划、设施、产业、配套、环境、队伍"六个一流"，对标苏州工业园区升级版，深耕 1—2 个重点产业，集聚一批产业链高端环节企业，争取主导产业集聚度超过 50%，争取到 2025 年每个园区工业总产值都要达到 800 亿元以上，个个成为"万亩千亿"产业园。

（三）推动小微企业园建设提升

嘉兴市政府于 2016 年制定出台《嘉兴市推进"低小散"企业"退散

进集"三年行动方案》,认真贯彻落实省委、省政府有关小微企业园高质量发展的决策部署,按照"打造小微企业园建设升级版"的总体要求,制定下发《嘉兴市开展小微企业园高质量发展推进年活动实施方案》《嘉兴市小微企业园("两创"中心)绩效评价暂行办法》,提出小微企业园建设目标任务和时间要求,始终坚持向存量要空间、腾要素,全面深入推进高水平高质量小微企业园建设。截至 2020 年底,嘉兴市经浙江省审核认定小微企业园 103 家,入驻企业 3214 家,建成和在建的数字化示范(试点)小微企业园 9 家,桐乡市濮院毛衫创新园和中节能嘉兴产业园分别被评为浙江省五星级和四星级小微企业园,中节能嘉兴产业园被评为浙江省亩均效益领跑者园区。

二、加快淘汰落后过剩产能,推进绿色低碳循环改造

(一)全面淘汰过剩落后产能

以"亩均论英雄"为导向,组织实施传统产业整治提升专项行动,对高能耗、高排放、低产出的企业以及"低散乱污"企业(作坊)集中整治,规下工业以亩均税收 3 万元为标准,规上工业按照亩均税收 5 万元、10 万元等批次递进,分行业分阶段淘汰、改造、提升。2017 年以来,嘉兴市扎实开展淘汰落后产能"666"行动计划,2020 年印发实施《深化"退低进高"加快高质量发展的指导意见》,通过"正向激励＋反向倒逼",清理和规范一批"散乱污"企业(作坊),推动一批"低产田"企业提质增效。"十三五"期间,嘉兴市完成"低散乱"企业(作坊)整治61584 家,"腾退"低效用地 11.46 万亩。2016—2019 年,全市完成淘汰落后产能市级以上项目 260 项,淘汰落后产能涉及企业 6874 家,淘汰落后机器设备 92274 台。嘉兴市在全省"腾笼换鸟"考核中实现"七连优"。

(二)全力推进绿色低碳循环改造

2015 年 3 月召开的中共中央政治局会议,首次将绿色化与新型工

业化、城镇化、信息化、农业现代化相并列，这是发展理念的又一次升华。在此指导下，嘉兴制定实施《嘉兴市循环经济和节能环保产业发展"十三五"规划》《嘉兴市推进绿色制造发展三年行动计划（2017—2019年）》，紧紧抓住浙江省列入全国绿色金融改革创新试验区重大机遇，严格实施环保准入标准，充分利用嘉兴市排污权、水权、用能权等市场化资源配置机制在浙江省领先优势，探索排污权、水权、用能权等环境权益抵质押融资试点，推进传统行业绿色低碳改造升级，推动省级以上园区循环化改造全覆盖，促进资源、能源节约、集约利用。加大太阳能光伏的推广应用，大力实施"屋顶换能"工程，实施"光伏＋"行动，推进光伏进园入企、进村入户，节能环保产业较快发展。绿色制造发展水平进一步提升，"十三五"期间，全市累计建成1个国家级绿色园区、18家国家级绿色工厂。2020年乍浦经济开发区获颁国家级生态工业示范园区。

三、深入开展"亩均效益"评价，全面提高资源配置效率

（一）深入开展"亩均效益"评价

从2012年开始，嘉兴市在浙江省率先开展工业企业绩效评价工作，先后出台实施《嘉兴市工业企业绩效综合评价办法》（嘉政发〔2013〕83号）、《关于科学应用工业企业绩效评价结果　促进经济转型升级的意见》（嘉政办发〔2015〕94号）、3.0版的《嘉兴市工业企业绩效综合评价办法》（嘉政办发〔2017〕73号）、《嘉兴市人民政府关于深化"亩均论英雄"改革的意见》（嘉政发〔2018〕19号），推动参评规上工业企业扩面，省级以上开发区全部参评，"亩均效益"指标持续提升。2012—2019年，嘉兴市参评规模以上工业企业达到5370家，亩均税收从12.84万元提高到23.69万元，增长84.5%；亩均工业增加值从56.37万元提高到116.46万元，实现翻番，增长106.6%；单位能耗工业增加值从0.85万元/吨标准煤提高到1.27万元/吨标准煤，增长

49.4％。2020年出台《嘉兴市服务业企业"亩产效益"综合评价实施办法（试行）》，对现代物流业、软件和信息技术服务业、科技服务业、商贸和流通业、文化和旅游服务业、商务服务业等6个行业规上服务业企业，以及自有土地3亩以上规下服务业企业开展评价工作。强化工业企业绩效综合评价结果应用，推动用电、用水、用能等差别化政策全覆盖，深化要素配置市场化改革，嘉兴市成为全省唯一县（市、区）要素配置市场化扩面改革全覆盖地市。2016—2019年，嘉兴市累计腾出用能空间127.5万吨标准煤。推动亩均效益提升正向循环，挂牌出让工业"标准地"35714亩，亩均税收平均达50.9万元。

第二节　发展高效生态农业

2003年以来，嘉兴大力发展高效生态农业，产业转型步伐加快，环境面貌焕然一新，成为浙江省城乡融合程度最高、城乡居民收入差距最小的设区市。2020年，嘉兴市实现农村居民人均可支配收入39801元，比上年增长6.4％；2004—2020年农村居民人均收入水平连续17年保持全省第一，年均增长11.1％；城乡居民收入比1.61∶1，农民的获得感、幸福感、安全感不断增强。

一、积极推进农业高品质发展

嘉兴市大力发展农业主导产业、品牌农业、农业服务业，壮大本土种植业企业，不断调整优化产业产品结构。2020年，嘉兴市农林牧渔业增加值达134.56亿元，比上年增长2.1％。截至2019年底，主导产业产值占比达74.4％，粮经比（粮食作物和经济作物之比）50.8∶49.2。稳固粮油战略产业地位。夯实种粮基础，累计建成高标准农田

196.4万亩，占永久基本农田面积的75.6%。积极推动农业适度规模经营。截至2019年底，累计流转土地147.7万亩，流转率达68.5%；设施农业面积超过30万亩，水稻耕种、收割综合机械化水平达82%。2020年，嘉兴市粮食播种面积、亩产、总产实现"三增"，粮食总产量为97.5万吨，面积和产量均列全省第一。2020年，嘉兴市蔬菜播种面积128.0万亩、产量266.1万吨；水产品总产量16.7万吨。大力推进生猪产业化发展，生猪存栏较快恢复，2020年末生猪存栏、能繁殖母猪存栏分别为27.2万头和2.19万头，比上年末分别增长115.2%、98.0%。推进品牌农业发展，集中打造"嘉米"品牌，积极构建"区域公用＋企业＋产品"品牌组合，"金平湖"等5个品牌入选浙江农业品牌百强榜，"嘉田四季"区域公用品牌知名度不断提升。

二、大力培育壮大农业主体

做强农业龙头企业、专业合作社、家庭农场等新型农业主体。2020年底，嘉兴市农业法人化经营比例达75%，注册家庭农场4344家，经营面积48.6万亩，培育合作社1311家；培育国家级农业龙头企业5个，市级以上农业龙头企业190家，年销售收入207亿元、市场交易额425亿元。提升农业科技能力，建成重点农业企业研究院3家、农业科技研发中心93家。深化"三位一体"农合联改革，构建"三位一体"农村新型合作体系。注重农旅融合发展，桐乡嘉华牧业的华腾猪舍里和海盐青莲公司的猪猪星球被评为国家3A级旅游景区。大力发展农产品电子商务、农家特色小吃等新产业新业态，2020年嘉兴市农家乐休闲农业共接待游客3406.7万人次，直接营业收入25.6亿元。加快数字化运用，2020年嘉兴市完成种养基地数字化改造217个，创建数字农业工厂12个、农业物联网基地75个。探索推广网店、微店、直播带货等农产品线上经营模式，2020年嘉兴市农产品网络零售额超110亿元。

三、聚力推进农业"两区"建设

2019年3月,嘉兴市政府印发实施《关于推进农业经济开发区建设的指导意见》,创新以"二产理念、三产思维"发展现代农业,农业经济开发区实现五县(市)、两区全覆盖。各农业经济开发区按照"农业硅谷、农创高地"定位,优化人、财、地政策供给,积极开展招商引资,加快推进产业、功能、服务、人才等高端要素向园区集聚。引进落地了平湖东郁国际植物新品种研究院、中以设施农业示范园、秀洲麟农智慧产业园等一批超亿元优质项目。截至2020年底,嘉兴市农业经济开发区累计已引进项目121个,其中超亿元项目累计42个,累计涉农投资68.14亿元,在谈项目51个,意向投资金额37亿元。2020年全市农业经济开发区涉农总产值50.3亿元,核心区亩均效益达到面上农业3倍以上。全市围绕46个特色农产品优势区,加强冷链物流基础设施建设,发展壮大农产品加工业,不断延伸农业产业链、价值链。建成国家级农业科技园区1个,省级农业科技园区4个。培育价值超10亿元的农业全产业链6条。建成国家级"星创天地"7家、省级6家。

第三节 建设先进制造业基地

"加快先进制造业基地建设,走新型工业化道路"是"八八战略"的重要内容之一。党的十八大以来,习近平总书记多次强调,要加快发展先进制造业,加快建设制造强国。[①] 2020年3月,浙江省委、省政府召开全省制造业高质量发展大会。嘉兴市委召开八届九次全会部署落实,推进平台整合提升,建设高能级产业生态园,统筹抓好传统产业

---

① 习近平:《决胜全面建成小康社会 夺取新时代中国特色社会主义伟大胜利》,人民出版社2017年版,第30页。

转型升级、新兴产业培育壮大和生产性服务业提升发展，打造长三角核心区全球先进制造业基地、数字经济高地。

历届嘉兴市委、市政府以"八八战略"为统领，在应对新矛盾、新挑战中谋发展、闯新路，推动嘉兴工业经济实现跨越式发展。嘉兴贯彻落实《中国制造 2025》和《中国制造 2025 浙江行动纲要》，于 2016 年 5 月制定实施《中国制造 2025 嘉兴行动纲要》，贯彻新发展理念，深入实施制造强市发展战略、数字经济"一号工程"，着力推动嘉兴制造业发展保持中高速，实现向嘉兴"质造""智造"转变。到 2020 年，嘉兴市规模以上工业企业达到 6579 家，规上工业总产值达到万亿级的 10327.9 亿元，工业增加值提高到 2560.4 亿元，占 GDP 比重达 46.5％。全市规模以上战略性新兴产业、装备制造业、高新技术产业增加值分别达 934.8 亿元、785.1 亿元和 1339.4 亿元，占规上工业增加值比重分别达 45.2％、38.0％和 64.8％。

一、聚焦传统产业转型提质

（一）大力培育先进制造业产业集群

"十三五"期间，嘉兴市实施新制造"555"行动，围绕培育形成现代纺织、新能源、化工新材料、汽车制造、智能家居等五大先进制造业产业集群，整合提升皮革、造纸、木业家具、纺织服饰等传统特色产业目标，推行"系统化构建行业标准体系，专业化建设检验检测平台，多元化配建行业研究机构，数字化搭建工业互联网平台"的"四位一体"模式，加快走出一条传统制造业转型升级的"嘉兴路径"。推进制造业标准质量提升。与中国标准化研究院等权威机构合作，从嘉兴市前十大传统行业和列入省级转型升级试点五大行业着手，按照建立一套行业标准体系、一家行业研究院、一个行业公共检验检测中心"三位一体"模式逐行逐业进行提升，主导、参与制定省级以上标准累计达到 1500 项，新创建省级品牌企业 50 家，建成行业研究院 10 家。新增百亿企业 1 家、"单项冠军"2 家、"隐形冠军"3 家、专精特新"小巨人"10 家。

(二)加快产业智能化改造

智能化是新一轮科技革命和产业变革的核心,将引领制造业发展模式革新。2016 年 1 月嘉兴市政府印发实施《嘉兴市"互联网＋"行动(2016—2018 年)实施意见》,2019 年 4 月印发实施《嘉兴市深入推进工业企业智能化技术改造三年行动计划(2019—2021 年)》。2020 年 3 月印发实施《嘉兴市人民政府办公室关于加快工业企业智能化改造促进制造业高质量发展的实施意见》,提出到 2021 年实现智能化改造"十百千"目标(创建 10 家智能工厂、100 个数字车间,实施 1000 个智能化改造项目)。建立全市智能制造网络公共服务平台,分行业开展培训,逐步形成"一个行业＋一批服务商＋一批示范企业＋一个行业智能制造平台＋一个专项保障机制"的"嘉兴智造"新模式,实现亿元以上制造业企业智能化诊断全覆盖、传统制造业自动化改造和重点行业智能化升级全覆盖。到 2020 年底,嘉兴市工业"企业上云"累计突破 3 万家,在役机器人 1.65 万台,亿元规上工业增加值用工人数下降 27.1%,取得全省工业投资和技术改造考核"六连冠"。

(三)大力推进企业上市和梯度培育工作

2014 年,国务院发布"新国九条",把提高上市公司质量作为促进资本市场健康发展的一项重要举措。2020 年,国务院又专门印发《关于进一步提高上市公司质量的意见》。浙江省在 2014 年就部署开展"凤凰行动"计划,推动上市公司增量提质。做强做优做大资本市场"嘉兴板块"。嘉兴市委、市政府高度重视企业上市工作,2014 年以来,嘉兴持续深入实施"凤凰行动"计划。嘉兴市上市企业数量质量都实现了蝶变跃升,尤其是 2020 年,嘉兴市新增上市企业 11 家,创历史新高,登陆科创板企业实现零的突破。从总量看,到 2020 年底,嘉兴市共有境内外上市企业 66 家,居全省第四位,其中境内上市公司 45 家,实现了县域全覆盖。从后备企业来看,2020 年嘉兴市报会企业和辅导企业总数 37 家。从企业市值看，截至 2020 年底，嘉兴市境内外上市公司总市值 6444.93 亿元，占全省上市企业总市值的 9.63%。从募集资金规模看，2020 年嘉兴市上市公司募集资金 166.9 亿元。大力推进企业梯度培育。2011 年，嘉兴市政府成立了分管工业副市长牵头的培育大企业工作领导小组及其办公室，2013 年开始确定了共 167 家大企业培育名单，努力营造有利于企业做强做大的良好氛围。到 2020 年底，嘉兴已培育闻泰通讯、桐昆控股集团等产值超百亿元企业 8 家，省"雄鹰行动"培育企业 13 家（占全省总数的 12.7%），省行业领军企业 6 家、省"隐形冠军"10 家、省"隐形冠军"培育企业 100 家，国家级专精特新"小巨人"企业 11 家，"瞪羚"企业 75 家。

二、聚焦新兴产业培育壮大

（一）建立完善推进机制

2011 年，嘉兴市政府成立了分管工业副市长牵头的培育战略性新兴产业工作领导小组及其办公室，形成了"一个规划、一个意见、一套政策、一张招商路线图和一个产业基金"在内的一揽子工作机制，多次举行专业招商推介活动和高峰论坛，为战略性新兴产业发展提供了良好的发展基础和发展环境。贯彻《嘉兴市人民政府关于实施嘉兴新制造"555"行动的若干意见》（嘉政发〔2020〕8 号），新兴产业围绕集成电路、生命健康、航空航天、氢能源、新材料等重点产业。聚焦新兴产业培育，进一步完善集成电路"三核多点"产业发展格局，以南湖区、秀洲区等高能级生态产业园为重点推动生物医药产业发展，打造嘉兴港区省级军民融合航空航天装备产业基地，推动氢燃料电池汽车关键零部件核心技术突破与产业化。

（二）抓住创新这个"牛鼻子"

推进以科技创新为核心的全面创新是实施创新驱动发展战略的必然要求。一是聚焦创新平台创建。嘉兴市围绕集成电路、生命健康、航空航天、氢能源、新材料等重点产业,在每个县(市、区)聚焦聚力1—2个细分领域,打造公共研发平台和技术支撑平台,谋划建设省实验室、省级重点实验室、产业技术创新中心、产业创新服务综合体、创新企业研究院,推进核心技术攻关和成果转化,突破一批关键共性技术、关键工艺、专用装备等瓶颈。二是培育壮大创新型企业主体。一方面,强化龙头企业的创新引领作用。2020年,嘉兴市政府出台关于建设世界一流创新企业研究院的指导意见,提出20家企业建设创新企业研究院,争创省级重点企业研究院。到2020年底,桐昆集团、嘉化集团、青莲食品公司等3家企业创新研究院已经建立,还有17家企业研究院正在筹建中。支持领军企业牵头建设国家级技术中心、产业中心等高能级载体平台,截至2019年,全市累计拥有国家级企业技术中心6家、省级企业技术中心104家、市级企业技术中心597家。另一方面,大力培育企业创新梯队。制定实施科技企业"倍增"行动计划,聚焦未来产业、重点产业,加快构建以"种子期"企业、高新技术企业、"隐形冠军"企业、"瞪羚"企业、"独角兽"企业、平台型龙头企业为重点的企业梯度培育体系。创新投入不断增强,2020年全市规模以上工业企业R&D经费支出增加至170.89亿元,占GDP比重提升至3.1%。创新成效持续显现,2020年全市规模以上工业实现新产品产值4604.3亿元,同比增长8.2%;全市规模以上工业新产品产值率提升到44.6%,列全省第二位。三是持续深化"校院地"合作。2020年7月,嘉兴市委、市政府印发实施《"深根院地合作、建设创新嘉兴"行动计划》,设立了市委、市政府主要领导挂帅的"深根计划"推进领导小组,各县(市、区)设立"深根计划"工作专班,瞄准各地重点产业培育和高能级产业生态园建设规划,以共建重大科创平台为基础,合力打造"1+N"的综合科创服务体系。擦亮浙江中科应用技术研究院等高端载体招牌。加强与浙江大学、北京理工大学、南方科技大学等名校合作,建好北京理工大学长三角研究生院、长城汽车长三角研究院等重点项目。紧密对接中国电子科技集团、中国电子信息产业集团、航天科技集团等 12 家"国家队"，加快建设南湖实验室、南湖研究院、清华航空发动机研究分院、未来食品科创中心、中国标准化研究院长三角分院等高端创新平台。"科创中国"全国首个创新基地落户嘉兴，加快在突破"卡脖子"关键核心技术上展现嘉兴作为。

（三）新兴产业亮点纷呈

2020 年，嘉兴市数字经济核心制造业、装备制造业、战略性新兴产业、高新技术产业逆势飞扬，分别增长 24.2％、22.6％、14.2％和 11.7％。嘉兴聚焦新能源、新材料、高端装备制造业等先导产业，集成电路、人工智能、氢能源等新兴产业，开展精准招商，全年新签约百亿级重大产业项目 17 个，新增亿元以上备案内资项目 263 个。氢能产业发展进入加速期，美国 AP 氢能及配套产业项目落地，100 辆氢燃料电池公交车投入运营，初步形成了从氢气制储运、加氢站、氢燃料电池系统到氢能源汽车的完整产业布局。

三、聚焦打造数字经济发展新动能

进入数字时代，数字化转型正成为生产方式变革的全新驱动。党的十九届五中全会提出，要"加快数字化发展，推进产业数字化和数字产业化，加强数字社会和数字政府建设"。2020 年 11 月，省政府印发《浙江省国家数字经济创新发展试验区建设工作方案》，提出深入实施数字经济"一号工程"，着力构建数字经济新型生产关系，创新数字经济多元协同治理体系，全面推进政府、经济、社会数字化转型，引领长三角数字经济创新发展。嘉兴市抢抓数字化浪潮带来的机遇，大力发展数字经济，积极引进国内外数字经济枢纽型、平台型企业总部落户，支持发展壮大一批成长性好、带动能力强的数字经济企业，推动数字经济和实体经济深度融合。

（一）完善推进机制和政策体系

完善推进机制。成立嘉兴市数字经济强市建设领导小组及其办公室,下设 7 个专项工作组,编制《中共嘉兴市委嘉兴市人民政府关于建设数字经济强市的实施意见》《嘉兴市数字经济人才发展规划(2019—2022 年)》,出台《嘉兴市加快推进 5G 产业发展实施意见》《嘉兴市集成电路产业培育发展实施方案》等,并制订年度计划和考核办法,印发了《嘉兴市推进数字经济强市建设重点工作任务清单》《2019年全市数字经济发展工作要点》《关于下达 2019 年全市数字经济发展重点目标任务的通知》《2019 年嘉兴市数字经济发展考核办法》《关于公布嘉兴市第一批数字经济重大产业平台的通知》等,扎实推进重点任务。加强政策供给。强化政策资金扶持,工发资金(工业发展资金)、科发资金(科技发展资金)、商务资金、人才资金重点向数字经济倾斜。强化基金扶持,全市形成百亿级数字经济产业基金,撬动超千亿级社会资金,同时积极参与国家集成电路大基金二期的募资,2020年完成出资 5000 万元。制订重大项目引进人才和团队的激励办法,对有突出重大贡献的数字经济招商人员和团队予以表扬嘉奖。在招商引资考核中,重点突出数字经济招商引资的考核,每月通报内资、外资引进情况。

(二)标准化推进企业数字化转型

在全省率先制定《嘉兴市制造业企业数字化转型评估标准(试行)》,对全市 1500 余家亿元以上制造业企业进行了"集体体检"。出台实施《加快发展工业互联网 促进制造业数字化转型的实施方案》,创新融合应用。典型培育示范引领,加大国家级、省级、市级两化融合示范试点的培育,特别是在制造业与互联网融合发展、工业互联网、服务型制造等方面,培育一批设计、生产、管理、总控等的示范引领企业。分行业分规模推进,围绕服装、五金机械、化工、纺织、家居家装、箱包等传统行业,选择一批试点企业进行先行先试;鼓励行业龙头企业建设数字车间、智能工厂,鼓励掌握大量供应链资源的中大型企业建设企业级工业互联网平台,鼓励面广量大的中小企业深度"上云用云"。

浙江汉脑数码科技有限公司入选国家支撑疫情防控和复工复产工业互联网平台解决方案商名单；新凤鸣集团入选全国首批企业"上云"典型案例；巨石集团、新秀集团、麒盛科技、意欧斯等 20 个平台入选 2020 年省级工业互联网平台创建名单，占全省比例达五分之一。

（三）数字经济快速发展

嘉兴市拥有国家信息经济试点城市、国家乌镇互联网创新发展试验区、全国新型智慧城市标杆市、"宽带中国"示范城市、全国首批服务型制造示范城市等多张"国字号"名片，率先在全国实现国家"两化"深度融合示范区县（市、区）全覆盖。嘉兴积极承接世界互联网大会红利，深入实施数字经济"一号工程"，2020 年嘉兴市数字经济核心产业制造业增加值达到 404.2 亿元，占规上工业增加值比重的 19.5％；数字经济核心产业制造业营业收入达到 2027.9 亿元，同比增长 22.5％，总量列全省第三位。数字经济发展、信息化发展和"两化"融合三大指数均位居全省第一方阵。

第四节　推动服务业提升发展

嘉兴市在推动制造业、农业经济转型升级的同时，把服务业作为推进产业结构调整、转变经济发展方式的生力军。嘉兴市服务业增加值由 2002 年的 236.57 亿元，增加到 2020 年的 2524.25 亿元，2003 年以来的 18 年年均增长 11.1％。2020 年全市第三产业增加值占 GDP 的比重达到 45.8％，比 2002 年提高 10.9 个百分点。

一、大力培育壮大服务业

人均国内生产总值向 1 万美元迈进的新阶段，是经济结构由工业拉动为主向先进制造业和现代服务业"双轮驱动"转变、服务业加速上升的阶段。2003—2010 年,嘉兴市准确把握发展趋势,抓住有利时机,把发展服务业摆在更加突出的位置,加强组织领导、构建规划政策体系、建立完善推进机制,使全市服务业发展呈现总量增长、贡献提高、结构优化、投入加大、领域拓展的良好态势。

（一）完善推进机制

建立健全市县(市、区)服务业发展领导机构。2002 年 8 月,嘉兴市政府建立嘉兴市现代物流业发展联席会议制度。2003 年 1 月,嘉兴市政府专门成立嘉兴市第三产业发展领导小组及其办公室,领导小组办公室设嘉兴市计委。2003 年 9 月,嘉兴市政府成立嘉兴市区服务业发展工作领导小组,加强对嘉兴市区服务业的规划、管理、指导和协调。嘉兴市和各县(市、区)都建立了服务业工作协调会议制度。编制形成"1+5"服务业规划体系。2004 年 7 月,嘉兴市政府编制实施《嘉兴市第三产业发展总体规划》,并编制实施嘉兴市大型专业市场及现代物流、都市型农业发展、房地产业、职业教育、旅游业等 5 个"十一五"服务业重点专项规划。2005—2007 年连续 3 年召开嘉兴市服务业发展工作会议。其中 2005 年 1 月 6 日,嘉兴市委、市政府召开 1983年撤地建市以来嘉兴市第一次服务业发展工作会议,会议提出重点发展大型专业市场和现代物流业、旅游休闲业、房地产业、职业技术教育以及都市农业五大行业,加快构筑长三角重要产业基地。

（二）加强政策供给

2004 年、2005 年和 2009 年,嘉兴市政府先后印发实施《关于嘉兴市加快发展第三产业的若干意见》《关于促进服务业发展的若干意见》《嘉兴市人民政府印发关于进一步促进服务业发展若干意见的通知》,嘉兴市级财政设立第三产业发展专项资金,用于支持服务业发展中关键领域和新兴行业。从 2004 年起,嘉兴市分别在上海、杭州、深圳、北京和香港等地举办了较大规模的服务业项目推介活动,取得了较好的效果。在目标考核机制方面,2006 年 1 月、2008 年 10 月,嘉兴市政府先后印发《嘉兴市第三产业发展目标考核暂行办法》《嘉兴市本级服务业发展目标考核办法》,不断健全完善对各地各部门发展服务业考核奖励制度,促进上下形成合力。

二、现代服务业成为经济发展新引擎

2011年以来,尤其是"十三五"(2016—2020年)时期,嘉兴市大力实施服务业优先发展战略和"服务业兴市"战略,以规划政策引导、产业企业扶持、平台载体建设、改革创新试点等为抓手,不断夯实产业发展基础,促进全市服务业发展提速、比重提高、水平提升,实现跨越式发展,现代服务成为经济新引擎,有力支撑嘉兴市经济社会高质量发展。

(一)推进机制更加健全

充分发挥嘉兴市服务业发展领导小组的统筹协调作用,编制实施了嘉兴市服务业发展"十三五""十四五"规划,以及嘉兴市文化产业、旅游业、物流业、道路运输业、商业网点发展的两个五年规划。构建嘉兴市服务业重点行业发展"1+9"市级部门协同推进工作机制,大力推进金融服务业、科技服务业、现代商贸业、信息服务业、现代物流业、文化旅游业、健康服务业、教育服务业、商务服务业等重点产业发展。加强评价考核。每年印发嘉兴市服务业发展目标责任制考核办法,2018年首次将市级部门支持服务业发展情况纳入"五型"机关考核。不断完善市县联动、部门协同的服务业发展推进机制。2011年、2016年和2020年先后印发《嘉兴市促进服务业优先发展的若干政策意见》《嘉兴市加快发展现代服务业的若干政策意见》《嘉兴市进一步加快现代服务业发展的若干政策意见》等3个综合性扶持意见,并配套出台《嘉兴市级服务业发展资金补助操作细则》。

(二)不断夯实产业基础

一是推动服务业平台集聚发展。2020年,嘉兴现代物流园、嘉兴科技城、海宁经编生产性服务业集聚区、浙江九龙山旅游度假区等 12 个浙江省服务业集聚示范区实现营收达 1967.6 亿元,实现营业利润 58.7 亿元,贡献税收 47.5 亿元;全年完成投资 163.7 亿元;入区单位数达 1.9 万个,吸纳就业 15.8 万人。36 个嘉兴市级现代服务业集聚区稳步发展,2020 年南湖基金小镇已累计引进培育基金 7997 家,认缴规模突破万亿元,实缴金额 5131.7 亿元。嘉兴科技城成功创建国家双创示范基地,与中国电科集团合作建设桃园数字小镇,嘉兴现代物流园区成功创建国家级物流示范园区。二是持续提升楼宇经济水平。2020 年全市纳统楼宇 303 幢,总商务面积 562 万平方米。全市楼宇税收总量达 166.41 亿元,亿元税收楼宇增加到 41 幢,品牌/星级商务楼宇数量增加到 105 幢。三是扎实抓好服务业重点项目建设。印发嘉兴市服务业重点项目年度投资计划,按季度监测督查,年度抓好评估考核。嘉兴国际创意文化产业园、核电科技馆项目、南湖基金小镇一期工程、嘉兴世合田园小镇等一批项目顺利完工。2020 年嘉兴市服务业完成固定资产投资达 1767.27 亿元,占全社会固定资产投资比重达 68.7%。2020 年嘉兴市入选省服务业重大项目计划的项目数共 42 个、总投资 1093.4 亿元,均位居全省各设区市第一。四是加大企业主体培育力度。2013 年 4 月印发《嘉兴市服务业重点企业认定办法和扶持政策》,公布 100 家嘉兴市服务业重点企业名单。推动服务业龙头企业培育,2017 年 9 月建立了嘉兴市服务业二十强企业联席会议制度。制定《嘉兴市服务业十佳创新企业评选办法》,聚焦技术创新、品牌创新和商业模式创新三大类别,公布了 2017 年度、2019 年度嘉兴市服务业十佳创新企业、十佳创新提名企业名单。到 2020 年底,嘉兴市服务业累计上市企业已达 6 家,规模以上服务业企业数增加到 2847 家。五是大力开展招商引资工作。2014 年 7 月,在北京开展嘉兴市现代服务对接央企专项活动。2011 年以来连续 7 年在上海举办服务业推介会。2020 年,全市服务业实际利用外资 14.3 亿美元,占全市实际利用外资总额的 54.0%。

（三）大力推进制造业服务化

顺应制造业与服务业融合发展的新趋势，推动制造业由生产型向生产服务型转变。创新生产模式，推行智能制造，深化"机器换人"，开展新一代信息技术与制造装备融合的集成创新和工程应用，逐步实现企业的装备智能化、设计数字化、生产自动化。创新商业模式，发展网络众包、协同设计、线上线下融合发展等新业态，重点以互联网与制造技术深度融合为支撑，推动制造企业从单纯的生产加工向提供研发设计、定制化生产、品牌营销、维保服务等环节延伸拓展，推动生产型制造向服务型制造转变。制造业企业服务化转型和智能化改造成效突出，2018年嘉兴市成为首批国家服务型制造示范城市试点，拥有服务型制造试点示范企业国家级4家、省级45家。2016—2018年，嘉兴制造企业中有18家获得国家示范企业称号；17家企业和5个平台入选浙江省服务型制造示范企业（平台）（第三批）名单，在全省占比分别达25%和23%。加速拥抱工业互联网，形成"毛衫汇""美衫联""织造云""五金云""经编云""汉脑工业云""化工云"等一批行业云应用平台。

（四）服务业成为经济发展新引擎

一是总量规模增长较快，贡献作用持续增强。2020年，全市服务业增加值达2524.25亿元，按可比价增长4.3%，服务业增加值占GDP比重为45.8%。当年受新冠疫情影响其他行业深度调整，服务业尤其是现代服务业对GDP增长的贡献率达55.4%，支撑全市经济平稳增长3.5%，成为"稳增长"与"调结构"的主力军。全市服务业实现税收543.34亿元，占全市总税收收入比重达54.8%，是财政的主要收入来源；服务业就业人数133.30万人，占全部从业人员比重达39.9%，是吸纳就业主渠道之一。二是服务业结构持续优化，新兴产业加速成长。现代服务业比重不断上升。2020年，全市信息服务业、金融业、商务服务业、科技服务业等现代服务业行业增加值达到790.20亿元，占服务业比重提高到31.3%。生产性服务业增加值占服务业增加值的比重达 51.4%。全市规模以上服务业实现营业收入 3931.18 亿元,同比增长 11.9%。其中,生产性服务业企业实现营业收入 3285.37 亿元,增长 14.6%。新兴服务业增势明显,2020 年全市规模以上高技术服务业、科技服务业、数字经济服务业营业收入分别增长 16.9%、16.1% 和 12.9%。嘉兴港完成货物吞吐量达 1.17 亿吨,同比增长 7.3%;集装箱吞吐量达 195.57 万标箱,同比增长 4.9%,入选全球百强集装箱港口;外贸吞吐量达 1482.95 万吨,同比增长 10.9%;货物和外贸吞吐量增速居全省第一。三是成功创建生产服务型国家物流枢纽承载城市。2019 年,全市共接待海内外游客 1.2 亿人次、实现旅游收入 1422.91 亿元,分别增长 12.4% 和 15.5%。梅花洲成为中国文旅融合先导区,嘉兴运河文化省级旅游度假区获省政府批复,歌斐颂巧克力时尚小镇成为全省旅游特色小镇示范;秀洲潘家浜、海宁梁家墩成为全国乡村旅游重点村;海宁皮革城被列入国家市场采购贸易方式试点。2020 年嘉兴全市交易额百亿级专业市场达到 7 家,其中嘉兴水果批发市场成交额超 200 亿元。

第五节 经济增长方式转变和现代化建设的实践与创新

嘉兴市深刻认识到,习近平新时代中国特色社会主义经济思想是新时代我国经济发展实践的理论结晶,是马克思主义政治经济学的最新发展,是中国特色社会主义政治经济学的创新性成果,是我们做好当前经济工作的根本遵循,也是嘉兴市推动发展、解决问题的"金钥匙"。嘉兴努力在革命起航地展现习近平新时代中国特色社会主义经济思想的实践伟力,全面学习贯彻党的二十大和省第十五次党代会精神,开辟发展新领域新赛道,不断塑造发展新动能新优势。

一、坚持对接国家战略，全力打造长三角一体化发展新增长极

党的十八大以来，中央陆续制定实施了一系列重大发展战略，这些重大战略有的与嘉兴直接有关[长三角生态绿色一体化示范区、城乡融合发展示范区、长三角 G60 科创走廊核心区、虹桥国际开放枢纽南向拓展带（浙江片区）、浙江自贸区联动创新区建设、国家互联网创新发展试验区、国家跨境电商综试区等]，出现了前所未有的国家战略在嘉兴叠加的态势。党的十八大以来的实践证明，中央每一个重大发展战略都是一座金矿，重大战略叠加更是蕴含着巨大的发展机遇。嘉兴切实加强统筹谋划，落实有效措施，深挖国家战略红利。嘉兴牢记习近平总书记当好全省接轨上海"桥头堡"和承接上海辐射"门户"的殷殷嘱托，全面贯彻落实习近平总书记关于推动长三角一体化发展的重要指示和国家、省赋予的重大任务，高水平推进嘉善"双示范"建设，扎实推进虹桥国际开放枢纽"金南翼"建设，深化嘉湖、甬嘉、苏嘉一体化发展，积极打造长三角一体化发展新增长极。

二、坚持科技创新赋能，推动创新创业活力不断迸发

实施创新驱动发展战略。高规格打造 G60 科创走廊嘉兴段和浙江省区域创新体系副中心，以院地合作、科创湖区等为模式，吸引集聚全球高端创新载体和顶尖人才团队，强化创新链、产业链深度融合，形成以企业为主体的科技创新多元投入氛围，力争到 2025 年全社会 R&D 经费支出占 GDP 比重达到 3.75％，成为长三角核心区创新高地。组织实施 G60 科创走廊嘉兴段建设专项行动，大力建设创新强市、人才强市。嘉兴在抓企业研究院这项工作上刚刚起步，目前还处在支持行业龙头和大企业建设创新企业研究院的阶段。接下来，嘉兴还要支持企业成立像深圳市聚创中小企业研究院这类的研究院，针对

中小企业的主要特点和基本问题,向中小企业提供个性化的科技咨询服务,成为中小企业发展服务的智囊机构。

强化创新驱动。创新是制造业发展的灵魂。不抓创新就要落后,创新慢了也要落后。要健全以市场为导向的产业创新体系,强化企业创新主体地位,建立产学研协同创新机制,鼓励企业加大创新投入力度,推动企业普遍建立科技投入长效机制,加快突破高端技术,积极研发高端产品,实现制造技术、企业管理、商业模式的多元创新,不断提升制造业核心竞争力。创新驱动实质上是人才驱动。要创新人才体制机制,优化人才发展环境,积极引进和培养科技领军人才和高水平创新团队,大力培育高技能实用人才,加快打造一支优秀企业家队伍,充分激发各类人才的创新创造活力。以倍增计划培育创新主体。实施《嘉兴市科技企业"双倍增"行动计划(2020—2025年)》,到2025年,力争全市高新技术企业达3500家(全省目标3.5万家)、科技型中小微企业达1万家(全省目标10.5万家);充分发挥企业创新主体作用,争取规上工业企业研发活动覆盖率达到65%、研发机构覆盖率达到45%,200个授权发明专利实现产业化,技术交易额达到50亿元以上。

三、坚持开放改革赋能,积极融入国际国内大循环新格局

高质量利用外资。打造省高质量外资集聚先行区,组织开展"十四五"元年大招商,实际利用外资确保28亿美元、力争30亿美元,巩固"全省第二"地位。提升发展12个国际合作产业园,建立"一个县(市、区)包一国"机制,力争引进世界500强、全球行业领先企业和总投资超亿美元项目70个以上。高水平扩大开放。深化自贸区联动创新区建设,推广"期货保税交割"等创新政策10项以上,推进嘉兴综合保税区争先晋位。加快国家跨境电商综合试验区建设,确保网络零售出口额增长30%以上,争取列入国家跨境电商进口试点城市。深化与

霍尼韦尔等世界 500 强企业合作，引进一批研发、销售、结算等区域性
总部、服务型机构，打造世界 500 强企业集聚地。积极推动嘉兴制造
业大企业大集团融入全球产业分工，提高全球资源整合能力、全球供
应链管理能力和全球化服务水平，形成一批国际化骨干企业。加快推
进制度型开放，抢抓 RCEP《区域全面经济伙伴关系协定》、BIT《中欧
双边投资协定》签订新机遇，全方位扩大国际合作。

四、坚持突出数字赋能，着力打造"互联网＋"金名片

"十四五"时期，嘉兴要深入实施数字经济"一号工程"2.0 版，实
施数字经济五年倍增计划，大力推进数字产业化、产业数字化，加快建
设"产业大脑＋未来工厂"，力争到 2025 年全市数字经济核心产业增
加值占比达到 15％以上；积极发挥数字化改革的引领撬动作用，推动
全域整体智治，打造"互联网＋"金名片。重点抓好"三化"。

（一）高质量推进数字产业化

加快重点数字制造业培育。构建"343"数字产业新体系，做优做
强智能终端、智能光伏、新一代网络通信等优势产业，培育壮大集成电
路、新一代人工智能、车联网、软件与云计算大数据等特色新兴产业，
谋划布局柔性电子、区块链、虚拟现实等未来产业，打造具有国际竞争
力的数字产业集群。壮大数字产业企业梯队。优先支持数字经济龙
头企业纳入"雄鹰企业"培育计划；优先支持数字经济高成长企业纳入
"瞪羚企业"培育计划，形成一批细分领域的"隐形冠军"。大力招引数
字经济重大项目。瞄准数字经济核心产业重点领域，加快引进一批影
响力大、拉动性强的十亿级、百亿级数字经济核心产业龙头型大项目。

（二）高质量推进产业数字化

大力推进工业互联网建设与应用推广。依托嘉兴市工业互联网
创新中心，加快工业互联网平台建设，强化基础支撑。打造行业级工
业互联网平台，实现亿元以上制造业企业智能化诊断和传统制造业智

能化改造"两个全覆盖",推动产业迈向价值链中高端。加快企业智能化改造提升。推进"机器人+",加快智能制造单元、智能生产线、数字化车间、智能工厂建设。推进数字化园区建设。加强数字技术在各类开发区、高新区、特色小镇、小微企业园及产业集群中的应用。以小微企业园为重点建设"园区大脑"。

（三）高质量推进数字化治理

重点构建"一大脑、五平台、多场景解决方案",打造适应数字化生产力变革的新型经济治理体系。"一大脑":打造"嘉兴经济大脑"。"五平台":围绕规划、项目、监测、信用、安全等五大关键业务环节,持续迭代升级五大支撑平台,即市域国土空间治理数字化平台、投资项目在线审批监管平台、经济运行监测分析数字化平台、公共信用信息平台、风险评估预警平台。"多场景解决方案":在推进争先创优方面,用数字化手段建立争先创优的目标体系、工作体系、政策体系、评价体系;在提高经济效益方面,用好"亩均论英雄"大数据平台,引导资源要素向优势区域、优势产业、优势企业集中;在完善产业链方面,构建工业互联网平台体系,建设产业链数字化监测平台,常态化开展断链断供风险排查;在企业服务方面,深化企业服务综合平台建设,加快集成各部门涉企服务事项和平台,推进企业诉求和政策兑现协同办理,不断形成更多具有嘉兴辨识度的标志性成果。

五、坚持制造强市战略,加快建设长三角先进制造业基地

制造业是立国之本、兴国之器、强国之基。嘉兴制造业在全省乃至全国都有比较优势,坚定不移发展先进制造业,是嘉兴实现产业强市、推动经济迈上新台阶的现实途径。嘉兴牢记习近平把经济工作的着力点转移到经济增长质量和效益上来的殷殷嘱托,坚持实体为本、制造为基,深入实施制造强市战略,聚力打好产业基础高级化、产业链现代化攻坚战,统筹抓好传统产业转型升级、新兴产业培育壮大和生

产性服务业提升发展，力争到 2025 年形成若干世界级先进制造业集群，12 个高能级产业生态园成为有影响力的先进制造园区集群。狠抓项目建设。项目建设尤其是重大制造业项目建设，是制造强市的重要基础和关键支撑。聚焦新能源、生命健康、人工智能、集成电路、航空航天等新兴产业重点领域，加大头部型企业、"链主型"项目招引力度，全力锻造新兴产业标志性产业链。加快实施一批重大技改项目，推动全市制造业发展提档升级、提质增效。加快传统产业转型升级。深入推进"腾笼换鸟、凤凰涅槃"攻坚行动，聚焦经编、光伏等 10 个行业建好产业创新服务综合体。聚力打造高端产业集群，聚力打造强大企业舰队，聚力打造现代产业平台，加快建设长三角核心区全球先进制造业基地。

第二章　坚持科教兴市战略
实现创新驱动发展

2003 年,浙江省委提出"八八战略",开宗明义强调要进一步发挥浙江的体制机制优势,大力推动以公有制为主体的多种所有制经济共同发展,不断完善社会主义市场经济体制。习近平同志多次到嘉兴调研考察,为嘉兴多个领域的改革领航指路、悉心指导,为嘉兴做好再创体制机制新优势这篇"大文章"谋篇布局,给予了嘉兴无尽的思想财富和改革的不竭动力。2003 年,《关于引进"大院名校"联合共建科技创新载体的若干意见》(浙政办发〔2003〕86 号)出台。2004 年,习近平同志亲自推动浙江清华长三角研究院落户嘉兴,将其作为深化校地合作、推进区域创新体系建设的重要载体,其初心就是要将嘉兴建设成为科技创新的高地。[①] 2006 年,《浙江省国民经济和社会发展第十一个五年(2006—2010 年)规划纲要》提出把嘉兴作为区域创新体系副中心。当前,嘉兴正朝着成为新时代全面展示中国特色社会主义制度优越性的重要窗口和共同富裕典范城市奋进,这是贯彻落实习近平总书记指示精神的重要举措。

[①] 《挺立潮头开新天——习近平总书记在浙江的探索与实践·创新篇》,《浙江日报》2017 年 10 月 6 日。

第一节　引进大院名校，共建创新载体

进入 21 世纪后，浙江民营经济的飞速发展带来了经济总量的增大，但浙江经济在快速发展中既有先天不足，又有"成长"之烦恼；浙江曾是一个科技资源小省，尤其是高校资源贫乏，缺少大院名校，而企业又对大院名校科研成果有迫切需求，这是长期制约浙江科技创新发展的短板。如何找到一条解决浙江优质科研资源相对匮乏、科技成果转化率不高等问题的有效路径？那就是实施"引进大院名校，共建创新载体"战略，与省内外大院名校紧密合作，通过引进工作来提升科技自主创新能力，将看似有限的资源无限拓展。嘉兴，这样一个地级市，能够从"清华"一星闪烁到"北斗七星"群星闪耀，推进嘉兴科技创新和科技进步，实现创新驱动发展的更高目标，不是现实的偶然，而是"引进大院名校，共建创新载体"战略在嘉兴实践的结果。

一、栽好梧桐树，引来金凤凰

2003 年，为更好帮助引来的"金凤凰"垒窝筑巢、落地生根，浙江省和嘉兴市共同为研究院的建设和发展投入一定数量的资金，用于研究院的建设和运行，以及重点实验室和工程中心的能力建设。不仅如此，嘉兴市党政领导经过充分讨论，认识到"一花独放不是春，百花齐放春满园"道理所在，果断决策：以引进浙江清华长三角研究院为战略机遇，给引进的大院名校提供良好的创新空间，专门为引进大院名校建立面积达 3.65 平方公里的嘉兴科技城。2003 年底，在时任省委书记习近平的支持和见证下，嘉兴争取到浙江清华长三角研究院的落

户,迈出了建设嘉兴科技城的第一步。[①] 2004 年,浙江中科应用技术研究院落户。经过多年的开发建设,浙江清华长三角研究院与浙江中科应用技术研究院不断发挥两大核心平台的作用。2015 年底,浙江省政府发文批复同意嘉兴科技城扩容升级,科技城区域面积由 3.65平方公里扩容至 29.5 平方公里,实际管理区域总面积约 98 平方公里。2019 年 12 月,在中共中央、国务院印发的《长江三角洲区域一体化发展规划纲要》中,浙江清华长三角研究院作为唯一的创新载体被列入其中。依托浙江清华长三角研究院、浙江中科应用技术研究院,嘉兴在全国率先开创了省校(院地)合作模式。"清华系""中科系"与本地"禾商系"携手创业创新,截至 2019 年 12 月,共建成省级重点实验室 2 个,市级重点实验室 12 个,研究所、工程中心 21 个,并与 1500多家企业建立了产学研合作关系。近年来,嘉兴通过校地合作、院地合作、企地合作、军地合作等多种形式,先后引进中国科学院、同济大学、上海交通大学、浙江大学、复旦大学、北京理工大学、中国电子科技集团等 70 余家知名高校、科研院所和企业共建创新载体,落地覆盖全市五县(市)两区。截至 2022 年 6 月,嘉兴累计共建包括浙江中科应用技术研究院、同济大学浙江学院、浙江大学海宁国际校区、南湖研究院、南湖实验室等各类创新载体 400 余家。创新载体已成为嘉兴科技创新的"源头活水"。

嘉兴科技城以"创新研发、创业孵化、产业示范、科技服务、综合配套"五位一体为发展定位,创造了省校(院地)合作的有效模式,逐步建设成为全省的大众创新的新引擎、万众创业的新乐土、科技人才的新高地和产业发展的新平台,并探索了一系列科技型园区的建设新机制,显著推动了区域创新资源集聚和经济转型升级,成为我国最大的专门为引进大院名校建立的研发科技园之一。目前,科技城正以宽阔

---

① 《挺立潮头开新天——习近平总书记在浙江的探索与实践·创新篇》,《浙江日报》2017 年10 月 6 日。

的视野,更紧密地融入以上海为主导的长三角区域科技创新及产业发展体系中;以进一步融合长三角一体化发展的格局,围绕产业定位,寻找差异发展点,集聚资源,形成优势,打造科技城的核心科技竞争力。

二、立足市场需求,强化转化应用

为使"引进大院名校,共建创新载体"战略实施卓有成效,习近平同志在浙江工作期间,不仅亲临清华大学商谈合作,还带领省有关部门遍访北京大学、中国人民大学、中科院等著名高校和科研院所,与其建立起多元长期的战略合作关系。[①] 浙江中科应用技术研究院,就是紧随浙江清华长三角研究院在全国率先开创的省校合作模式的成果,2004 年 11 月在嘉兴组建,由浙江省、中国科学院和嘉兴市共建,开创了中科院院地合作的先河。研究院以产业应用技术研究、战略性新兴产业培育、科技成果转移转化、支撑浙江经济发展为核心,以中国科学院及院属研究所的技术、人才为依托,面向国际竞争,面向浙江经济社会的发展需求,以突破重大产业核心技术和引领地方未来产业发展为目标,组织前瞻性工业技术和应用研发,促进中科院项目和成果在浙江进行产业化和商品化,满足浙江大量中小企业对新技术和新成果的需求。嘉兴在延伸科技创新价值链,不断突破原有体制和机制的障碍,推动科技成果产业化、科研人员科技方向市场化等方面做出了诸多有益的探索,科技创新成果转化呈指数级增长,在中科院于全国布局的九大中心中处于领先地位。在科技部 2008 年评选的国家技术转移示范机构活动中,浙江中科应用技术研究院力压群雄,脱颖而出,成为首批国家技术转移示范机构。

在习近平关于科技创新重要论述的指引下,嘉兴积极引进大院名校。全国看浙江,浙江看嘉兴。近年来,嘉兴科技城始终秉承姓"科"

---

① 《挺立潮头开新天——习近平总书记在浙江的探索与实践·创新篇》,《浙江日报》2017 年 10 月 6 日。

的发展理念,按照"又高又新"的发展要求,加快集聚一流创新要素、营造一流创新环境、实现一流创新产出,平台能级和创新实力有了一定提升,高质量发展的基础得到进一步夯实,先后迈入国家双创示范基地、国家互联网产业国际创新园、国家检验检测高技术服务业集聚区、第一批浙江省产业创新服务综合体行列。截至 2020 年底,嘉兴科技城已培育省科技型企业 291 家、亿元企业 64 家、上市企业 23 家、国家高新技术企业 130 家,并涌现出凯实生物、博创科技、昱能光伏等一批领军人才企业。

三、依靠"北斗七星",闪耀南湖上空

浙江清华长三角研究院初创之时,就加强产学研协同创新、加快科技成果有效转化,主动在服务地方经济社会发展方面先行先试,让专家们在区域发展中一展身手。科研成果只有走出深闺,接触地气,才能在服务地方的过程中大有作为,从而以区域发展需求为导向,实现跨学科技术联合攻关。浙江清华长三角研究院在创新发展实践中,形成"政、产、学、研、金、介、用"七位一体的发展模式,以一种全新的理念和机制,为地方发展提供强有力的智力支撑,为新型创新载体建设搭建起广阔的舞台。"北斗七星"寓意着浙江清华长三角研究院领导班子提出的"七位一体"开放性创新体系:以政府为支撑、以大学为依托,注重开展应用性技术研究,以满足市场服务用户为落脚点,实行企业化管理的运行方式,金融机构与中介机构充分参与和密切配合。

政府在"北斗七星"闪耀的过程中发挥了主导作用。注重科技创新、体制机制创新和管理服务创新有机结合,政府积极为企业科技创新搭建好公共服务平台,同时在自身改革创新上率先突破。浙江清华长三角研究院担负起"学和研"两星角色,在实现自身发展的同时,瞄准地方经济转型升级中亟待解决的共性关键技术问题,依托自身力量创新聚集科技资源,为嘉兴乃至浙江的科技创新、人才培养和高新技

术产业化提供了强劲的动力支援。科研人员都清楚科研成果如果只能锁在实验室、藏在论文里，不能转化和推广，将是科研人员最痛心的事。而在浙江清华长三角研究院，科研人员却不必有这样的担忧。研究院以其独特的体制机制、率先探索和努力，已经擎起科技创新大旗，成为一个超级孵化器和创新基地。

政府、产业、大学、科研、金融、科技中介、市场应用，"民办官助"的方式，保证了大院名校落户，还能生根发芽，服务当地产业，让政府不背包袱。嘉兴的"政产学研"作用显现，民营企业有了做大做强的愿望，有了更强烈的创新需求。民营经济转型升级，比以往任何一个时期都更渴望资本注入。此时"金"的重要性也就显示出来。

"北斗七星"是一个有机联系的整体，"七星"的位置和作用是应势而动，应需而变的。嘉兴创造了一种新型创新体系，牵"一星"动"六星"，变阵无数，引领创新，驱动发展。在市场逐步完善时遵循规律，在市场发生异动时及时补位，"政、产、学、研、金、介、用"的"北斗七星"联动，悄然解决了嘉兴民营经济"成长的烦恼"，是习近平关于科技创新重要论述在嘉兴实践中取得的成效。

第二节　加快打造以企业为主体的一流的区域科技创新体系

2006 年，浙江省"十一五"发展规划纲要提出把嘉兴作为区域创新体系副中心。为实现打造全省科技创新体系"副中心"的战略目标与完成策略任务，嘉兴各级党委与政府不仅高度重视推动区域科技进步，更为企业自主创新创造条件，使嘉兴区域科技创新体系建设取得显著的成效。

一、嘉兴"副中心"打造确立科学目标

嘉兴被浙江省委寄予打造全省科技创新体系布局"副中心"的厚望，这是基于嘉兴现实的区位优势，科技创新基础条件，引进大院名校的业绩所确立的，是新一轮区域创新系统的重新布局与强化，是对嘉兴科技创新能力快速提升，推进自身发展的同时，更好地服务于浙江全省乃至全国的一种期待。建设全省区域创新体系副中心，不仅是全省的战略布局，也是嘉兴自身科学发展、后来居上、走在前列的内在要求。嘉兴市委、市政府为嘉兴打造全省区域创新体系副中心绘就宏伟蓝图、确立战略目标、制定行动纲领、进行全市打造"副中心"的功能区划，并通过构建四大策略系统的主要任务来推进多层次、多类型创新载体与创新平台。

（一）准确定位"五城"蓝图

浙江区域创新体系"中心—副中心—骨干结点"的战略布局，已经摆脱了城市经济规模影响与制约，基于接轨上海科技辐射与国际开放交流的便利性优势，从科技创新能力增强的角度，使未来的嘉兴形成配置科技资源、集聚创新资源、创新要素流动、科技成果产业化的优势，成为依据科技创新调整产业结构，转变经济增长方式的"示范"城市；成为增强自主创新能力，形成强大科技综合实力和区域创新能力的"领先"城市；成为依靠科技进步推动经济社会全面协调可持续，建设资源节约、环境友好型和谐社会的"前列"城市；成为聚集与培养高层次人才、挖掘与造就科技企业家的"摇篮"城市；成为高新技术研发、孵化和产业化以及新兴产业培育的"基地"城市。

（二）科学确立总体目标

自 2006 年嘉兴被省政府确定为浙江区域创新体系"副中心"建设城市以后，科技投入不断加大，创新平台日益完善，自主创新管理制度更加完善，城市的自主创新能力及技术转化能力不断提高，在省内的

科技影响力和辐射力明显增强。2009年6月制定出台的《浙江省区域创新体系副中心(嘉兴)建设行动纲领》,确定了全市科技创新思路,提出了"三个提升""四个改变""五个翻番"的总体目标。

"三个提升",就是要提升引进国内外大院名校、大企业的水平和质量,提升产业与科技接轨的力度和层次,提升产学研合作的功能和效应。"四个改变",就是要改变创新人才匮乏、科技投入不足、企业创新能力不强和高新技术产业发展滞后的局面。"五个翻番",就是科技投入翻番,科技活动人员翻番,发明专利翻番,新产品销售收入翻番,高新技术产业产值翻番。

(三)分步实现具体目标

到2020年,分3个阶段全面建成浙江省区域创新体系"副中心"。

第一阶段:2006—2009年,网络化、开放型区域科技创新体系基本建成;区域科技创新能力和科技进步的贡献率明显提高;市、各县(市、区)全部建成科技强市、县(市、区),全市科技综合实力进入全省第五位;全社会科技经费投入、全社会研究开发投入支出分别占地区GDP的2.5%和1.5%以上;规模以上工业企业研究开发费占销售收入比重达到2%以上,其中省级以上高新技术企业达到5%;高新技术产业产值达到1000亿元以上,其中高技术产业产值达到600亿元以上,高新技术产业增加值占工业增加值比重达到25%以上。

第二阶段:2010—2012年,实现"三个提升""四个改变""五个翻番",科技进步贡献率达到56%,科技综合实力进入全省第四位,为建成创业创新环境优越、具有可持续发展能力并辐射带动周边地区的浙江省区域创新体系"副中心"打下坚实基础。

第三阶段:2013—2020年,全市区域科技创新体系更加完善,浙江省开放型区域创新体系副中心基本形成;全社会研究开发投入占地区GDP的比重提高到2.5%以上;科技对经济社会发展真正起到引领与支撑作用,科技进步贡献率达到65%以上,科技综合实力名列浙江省第一梯队,全面建成浙江省区域创新体系"副中心",为实现嘉兴经济转型升级,形成以高新技术产业为主导、优势产业集群明显、现代服务业彰显特色的产业格局,成为全省重要的科技成果研发基地和高新技术产业化基地。传统产业得到全面改造提升,创新创业环境优越,建成具有持续创新能力的创新型网络化大城市。

二、嘉兴"副中心"打造运用系统策略

(一)密切产学研合作,打造科创服务体系

打造区域创新体系副中心,实质上是构建一个区域性的技术创新体系,而不只是一个知识创新体系,要有一些载体,包括一些大企业以及企业的研发中心,要建立企业为主体,产学研紧密结合的高层次平台。而引进大院名校、共建创新载体是解决创新要素不足的最佳选择。嘉兴自 2003 年率先落实省委、省政府提出的引进大院名校战略以来,在引进浙江清华长三角研究院及浙江中科应用技术研究院的基础上,又先后引进多家大院名校。国际合作也有新进展,已有美国、德国、瑞士、日本、韩国等 10 多个国家近百名专家来嘉兴开展技术合作。嘉兴内引外联,发挥地方高校的优势,使产学研合作关系更加密切。通过"深根计划",嘉兴着力打造"1+N"的科创服务体系。2020 年,浙江清华长三角研究院、浙江清华柔性电子技术研究院、南湖研究院以及南湖实验室入选首批省级新型研发机构名单。同时,与浙江大学、北京理工大学、南方科技大学、江南大学、中核集团建立合作关系,共建院校研发平台。

(二)强化创新平台,完善区域创新系统

嘉兴强化科技创新平台建设,在省级科技创新平台建设方面取得重大突破。嘉兴市人民政府在 2007 年出台《关于加快科技企业孵化器建设与发展的若干意见》之后,又进一步营造和谐创新创业环境,使全市基本形成了国家级、省级及市(县)级较为完善的科技企业孵化器

网络体系。一批重点实验室和研发机构能力迅速增强，上百家企业工程技术中心和企业技术中心异军突起，数十家生产力促进中心、技术服务中心、专利事务所、网络技术市场等科技创新服务机构登台亮相，科技企业孵化器（创业服务中心）和科技园区创新创业的平台效应日益显著。以国家级示范中心的嘉兴市科技创业服务中心为核心，以各类技术服务机构为延展，形成服务中小企业的技术创新服务网络。"十三五"期间，更是在祥符荡科创绿谷、湘家荡科创高地、天鹅湖未来科学城、张江长三角科技城平湖园、鹃湖国际科技城、乌镇科创高地等协同创新平台上加速赋能，构建"串珠成链"发展格局。

（三）发展高新产业，突出企业创新主体

"十一五"以来，嘉兴高新技术特色产业基地的区域特色格局基本形成，高新园区实现高新技术产品销售收入及利税保持较快增长。全市有省级以上高新技术产业基地和通过认定的省级高新技术研发中心多家，嘉兴汽配件特色产业基地经省科技厅同意，申报国家级特色产业基地，其中禾欣实业股份有限公司的技术（研发）中心，被国家五部委联合认定为国家工程技术中心；企业成为区域创新体系的主体地位更加突出。"十三五"期间，通过深入实施高新技术企业"育苗造林"三年行动计划，全市国家高新技术企业和省科技型中小企业数量保持快速增长态势且连年创下新高。探索建设创新企业研究院，以"一企一策"的方式支持浙江桐昆新材料研究院有限公司等 20 家单位建设高层次、高水平的新型研发机构。至 2020 年，嘉兴国家高新技术企业已达 2414 家，省科技型中小企业已达 6064 家。

（四）保护知识产权，营造科技强市氛围

2006 年，嘉兴启动建设浙江省专利试点科技孵化器和国家区域自主知识产权产业化试点工程，编制出台了《嘉兴市专利示范镇建设工作方案》，组织开展了示范镇创建。落实各级党政领导科技进步目标责任制考核，2007 年再度被省委、省政府评为考核优秀单位，嘉兴市及县(市、区)全部进入全国科技进步先进行列,五县(市)、两区被评为浙江省科技强县(市、区),实现真正意义上的"满堂红",连续多年被评为全国科技进步先进县(市、区)。

嘉兴在大院名校引进、科技合作交流、国家级高新技术产业基地建设、区域科技创新体系培育等方面做出特色与成效,基本形成"市级科技城—县(市)科技中心(科技企业孵化器)—行业创新服务中心—企业研发中心—重点实验室"这样"梯次结构"的区域创新系统。嘉兴科技进步的明显成效,使嘉兴在全省区域创新体系构建中得到重视,被寄予打造浙江全省科技创新体系"副中心"的资格与厚望。

第三节 强化自主创新意识,完善创新体制机制

2006 年 3 月,时任浙江省委书记的习近平同志主持召开"浙江省自主创新大会",提出到 2020 年把浙江建设成"创新型省份",这是浙江"干在实处,走在前列"的战略举措之一。习近平同志号召全省上下围绕建设创新型省份目标努力奋斗,动员全社会力量,营造良好的创新环境,积极探索浙江特色的自主创新之路,以只争朝夕的精神为建设创新型省份和科技强省而努力奋斗。① 在这一宏伟目标的引领下,历届省委、省政府带领全省人民持续接力发展,使浙江省自主创新能力、科技综合实力和竞争力稳步迈上新的台阶。

一、以创新引领为战略推动嘉兴国家创新型城市建设

在建设"创新型省份"精神指引下,嘉兴由投资推动型向创新驱动型转型,科技进步取得显著成绩。2010 年 1 月,科技部公布首批 20 个

---

① 《挺立潮头开新天——习近平总书记在浙江的探索与实践·创新篇》,《浙江日报》2017 年 10 月 6 日。

"国家创新型试点城市"，嘉兴荣幸地跻身其中，这是国家和省政府对嘉兴科技工作的充分肯定，也是嘉兴"十二五"乃至更长时期内的重大任务。2010年，为落实科技部《关于进一步推进创新型城市试点城市工作的指导意见》文件精神，结合《浙江省区域创新体系副中心（嘉兴）建设行动纲领》(2010—2020)，嘉兴编制出台了《嘉兴市国家创新型试点城市试点工作实施方案》，系统谋划了嘉兴创建国家创新型城市的实现目标与工作任务，全面制定了行动纲领等，以"三大倍增"和"四大建设"为抓手，着力"五个加强"，优化创业创新环境，集聚创新资源和高端要素，完善区域创新体系，健全科技创新体制机制，加快科技成果产业化，大力发展创新型产业，不断提升科技创新对经济社会转型升级的支撑引领作用。

（一）嘉兴创新型城市建设落实"三大倍增"计划

为贯彻落实省服务业发展大会精神和省委、省政府"大平台、大产业、大项目、大企业"重大战略部署，嘉兴市委提出"三大倍增"计划，把实现服务业、战略性新兴产业和工业大企业"三大倍增"作为结构优化和产业升级的战略举措，坚持市场主导和政府推动相结合，重点突破和全面推进相结合，创新引领和特色发展相结合，内联外引和统筹联动相结合，着力优先发展现代服务业，加快发展战略性新兴产业，培育发展一批工业大企业（集团），在新一轮大院名校引进中继续保持走在前列的竞争优势。

（二）嘉兴创新型城市建设谋划四大重点工作

一是重点建设平台。用嘉兴独特的区位、交通、生态和人文等优势，加强"智本"的持续积累，加大创新平台建设，加快创新资源集聚，坚持不懈地引进大院名校和高层次、紧缺型人才，切实集聚和用好高端资源。

二是重点强化动力。把科技进步作为转型升级的核心动力，注重科技创新与实施"三大倍增"计划有机结合，坚持优先发展科技研发链上的现代科技服务业,大力培育战略性新兴产业,为实现"三大倍增"提供强有力的支撑。

三是重点推进转化。把"智本"和资本紧密结合,走"人才＋科技＋产业"的发展路子,推动企业转型升级、战略性新兴产业的培育和发展;着眼提高科技成果本地化、产业化率,加大科研本地化扶持力度,完善科技中介服务。

四是重点激发活力。创新体制机制,注重智力和资本的"嫁接",积极推动海外高层次人才与本地民资、本土创新型人才与外资等紧密结合,要努力促进科技成果的产业化和本地化。

(三)嘉兴创新型城市建设着力加强五个方面

一是加强产业转型升级。引进大院名校,依靠科技推动产业技术创新,加快产业"退低进高""退二进三"步伐,是实施创新引领战略的主攻方向。加大科技投入培育战略性新兴产业,加快传统优势产业技术升级,加快服务业领域技术创新,促进嘉兴产业发展拓领域、强功能、上水平。

二是加强创新主体建设。积极引导企业整合资源、加大科技投入,联合创新;鼓励在嘉兴高校、科研院所建立面向服务企业、产业的实验室和工程技术中心,与企业共建研究中心或创新基地,探索建立多种形式的产学研联合体(联盟)等。特别是要鼓励科技机构和优势企业参与国家、省级重大科技计划和区域性、行业性技术难题攻关。

三是加强创新平台建设。整合提升区域创新平台,积极探索"研发核心区＋科技创业园＋高技术产业体"的发展模式,整合"二城二区"创建嘉兴创新城,提升辐射带动能力。加快构建企业孵化平台,突出企业投资主体地位,鼓励民资进入,加快建设投资主体多元的企业孵化器、专业孵化器,积极创建省级和国家级高新技术企业孵化平台。加强科技公共服务平台建设,支持高校、科研院所和有条件的企业充分运用信息网络、大型仪器、实验室中试基地、中介组织等各类科技资源，积极培育发展行业教育培训、研发检测、信息物流。

四是加强人才队伍建设。通过深化"招才引智"，创新人才培养，加快集聚一批科技领军人才、创新团队，着力打造创新型资源集聚地；完善创新型人才选拔、评价激励机制，加快建立以业绩与能力为导向的创新型人才评价体系和竞争择优的人才选拔模式。

五是加强体制机制创新。健全技术转化对接机制，积极吸引国内外高校、科研院所的高新技术成果到嘉兴转化。完善多元化科技研发投入机制，继续加大各级财政对科技的投入，完善科技成果转化、科学技术研究与开发、科技创新条件与环境建设等项目扶持政策。创新金融扶持机制，推动各类金融机构与科技创新紧密合作，加大对科技产业化计划项目信贷支持，积极扶持科技企业上市融资。

二、以体制机制创新为关键点推动嘉兴全面创新改革试验区建设

2016 年，按照中央和浙江省委、省政府全面创新改革的决策部署，浙江选取首批两市两县（杭州市、嘉兴市、长兴县、新昌县）实施全面创新改革试验，开展全面创新改革试验区建设。试验区的具体目标锁定在"三个率先"，即创新指标率先达标、科技成果转化率先示范、创新政策率先落地，以期成为科技创新的示范区、产业技术创新的引领区、制度创新的先行区，为浙江省率先建成创新型省份探路奠基。凭借多年在科技创新方面取得的骄人业绩，2016 年底，嘉兴市全面创新改革试验实施方案正式获得批复，这既肯定了嘉兴市在深入实施创新驱动发展战略上取得的成就，也对今后嘉兴市科技创新工作提出了更高的要求。由此，嘉兴拉开了全面创新改革试验工作的帷幕。

（一）嘉兴全面创新试验区建设聚焦四大任务

嘉兴开展全面创新试验区建设，主要聚焦四大任务。

一是聚焦体制机制促改革。全市以科技创新和体制机制创新为

主攻方向,着重打造科技创新的示范区、产业技术创新的引领区、制度创新的先行区,加快破解科技经费碎片化问题,建立软投入统计评价体系,解决高新技术企业用地保障问题。

二是聚焦平台主体促创新。全市围绕创新驱动体制机制关键点,统筹产业链、创新链、资金链和政策链,建立健全激发企业主体创新活力和产业技术创新的体制机制环境,重点聚焦以浙江清华长三角研究院、浙江中科应用技术研究院等为范例的"大平台",以企业为创新的"大主体",以"政、产、学、研、金、介、用"为方法论的科技成果"大转化"三个方面,积极推进柔性电子等新兴产业发展。

三是聚焦接轨上海促开放。全市着重打造接轨上海的嘉兴模式,以建设全面接轨上海示范区为契机,加快交通基础设施建设,发挥好各县(市、区)的积极性,大力引进上海创新资源,吸引更多的科技成果在嘉兴转化,积极推进张江长三角科技城发展。

四是聚焦产业定位引人才。全市围绕嘉兴主导产业发展导向,以浙江清华长三角研究院、浙江中科应用技术研究院建设为范例,依托创新政策体系,引进大院名校,加强以才引才、以会引才,引育一批科技产业急需的创业创新高层次人才。

(二)嘉兴全面创新试验区建设创新四大体制机制

全面创新改革试验区建设,必须进一步突破体制制约、机制障碍,在创新体制机制的征程上不断探索、勇敢前行,才能实现创新驱动发展的新目标。

一是建立统筹协同的科技决策管理服务体制。积极探索科技体制改革,在平湖市先行开展镇(街道)科技(人才)服务体系建设试点,将原镇(街道)人才服务中心更名为人才科技服务中心,与镇(街道)经济建设服务中心合署办公,并增加科技管理服务职能,配备专门人员,明确中心主任待遇。全市实现基层科技(人才)服务体系全覆盖。

二是建立全面接轨上海的浙沪创新协作机制。全面推进与上海的"政策协同、要素融入、产业承接、服务融合"。积极开展创新券推广应用。2017年7月28日,浙江省科技厅、上海市科委、嘉兴市政府三方签订了《浙沪科技创新券跨区域使用嘉兴试点合作协议》,推动嘉兴市科技创新券在上海市的应用推广,加速上海高校科研院所的科学仪器设备对嘉兴企业开放。

三是建立孵化器、加速器、产业园的利益联动和反哺机制。在秀洲区先行试点考核评价和反哺机制,健全考核指标体系,搭建"泛孵化器"数据平台,实现精准考核。注重考核结果综合运用,将孵化器年度评价结果排名作为推优提档、政策激励、资源配置等工作的主要依据。建立孵化器反哺机制,对其在引进项目、建设发展、科技企业培育及毕业企业落户本区等环节实行财税反哺。同时对落户本区发展的毕业企业优先保障用地或标准厂房,并在科技项目立项、研发机构创建、国家高新技术企业申报等方面给予优先支持。

四是探索创新平台集聚整合新机制。嘉兴市人民政府与同济大学签订战略框架合作协议,重点在新能源汽车、新产品研发、教学、医疗等方面实现共建共享。嘉兴科技城与上海大学共建新兴产业研究院,共同推进上海大学的技术成果在嘉兴转移转化。北京化工大学嘉兴技术转移中心落户嘉兴港区。秀洲区加快未来科技产业园、光伏科技展示馆、高新装备创业中心等设施建设,打造秀湖创新圈、时尚小镇、光伏小镇、智能装备产业园、创业新天地等五大发展平台。南湖区成功创建国家级"大众创业、万众创新"示范基地。嘉善获批创建通信电子省级高新技术产业园区。

（三）嘉兴全面创新试验区建设开展六大试点

坚持解放思想、实事求是,鼓励探索、大胆实践,敢想敢干、敢闯敢试,认真谋划深入抓好各项改革试点,才能多出可复制可推广的经验做法,带动全面创新与改革。嘉兴具体在以下方面进行创新试验。

一是简化高新技术企业认定流程试点。创新认定对象遴选机制,完成推荐流程再造。在南湖区先行试点建立高新技术企业培育库,实行滚动式培育,确保每年"新入库一批、新提升一批、新认定一批",壮大高新技术企业队伍。简化高新技术企业申报流程,设立"一站式"服务窗口,开通服务热线,推行线上预审,开展"评判式"部门审核。规范认定审核推荐机制,采用多方征询、集中形审、集体讨论等方式,确定年度高新技术企业申报推荐对象,做到"不达标的不推、不合规的不推"。

二是落实科技税收优惠政策创新试点。制定《关于进一步加强研发费用加计扣除政策落实工作的实施方案》《嘉兴市企业研究开发费用税前加计扣除项目鉴定办法》,进一步推动企业研究开发费用税前加计扣除政策落地。各县(市、区)也积极探索创新,如嘉善县制定《企业研究开发费用税前加计扣除项目鉴定操作流程》,建立国地税与科技部门的协作机制,联合开展政策宣传和培训等五项举措,并推行"一窗受理、集成服务"模式,开展主动服务,简化审核流程,还出台争议解决办法,明确了解决争议的办法和流程,有效保障了加计扣除政策的落实。

三是开展投贷联动、高新技术企业信用贷款和科技保险试点。鼓励银行业以科技专营机构为试点,减少抵押与担保,完善科技金融产品"工具箱",力推契合不同成长周期的科技型企业尤其是初创期企业所需的金融产品。启动了对支持科技型企业的银行机构的分类评估,初步建立起一套定量指标体系,为下一步实施差异化补偿打下基础。加快科技保险机构建设,成立了科技保险产品创新领导小组和产品委员会,以及园区、创投、网络安全及知识产权 4 个创新方向的项目小组。同时,下发《嘉兴市科技小额贷款公司管理办法(试行)》,积极推进科技小贷公司的设立。

四是建立高新技术企业的用地保障机制试点。在嘉善县先行开展试点,制定《嘉善县高新技术企业用地保障实施方案》,实行差别化指标分配,建立优势产业与新兴产业储备库,加大对高新技术企业年度新增建设用地计划指标分配比例。实行差别化地价政策，对符合产业导向的先进装备制造业、高新技术产业、战略性新兴产业等节约集约用地项目，采取下浮确定出让起始价。完善工业企业绩效评价，对通过认定的国家高新技术企业给予加分提档。

五是开展省人才改革试验区建设试点。出台"人才新政"，制定重点创新团队遴选与管理办法、领军型创新团队遴选与管理办法、海外工程师管理与资助办法等 40 余项含金量高、创新性强、操作性好的配套政策和操作细则，并在新华网、人民网、《浙江日报》等媒体设立"人才新政 36 计""空中党校"等专栏解读宣传人才新政。2017 年，全市先后举办"建设具有长三角影响力的科技企业孵化之城"（上海）推介会，组团赴欧洲、北美招才引智等活动。聚焦产业定位引人才，实现省人才改革试验区试点的目标。

六是建立体现创新发展要求的统计监测评价体系试点。在深入调研基础上，配合省统计局起草完善软投入指标体系，组织企业进行软投入指标的试填，针对试填中发现的部分费用含义不清、部分项目在财务科目中没有单列填报困难等问题，提出相关建议并及时反馈给省统计局，为确定软投入指标体系提供了重要参考依据。

三、以合作共赢为基点推进沪嘉杭 G60 科创走廊建设

沪嘉杭 G60 科创走廊，是在杭州城西科创大走廊和松江 G60 上海科创走廊的基础上诞生的，以 G60 高速公路为纽带，将上海松江区、嘉兴和杭州等长三角地区串联；以交通网络为基础，打破行政区划，推动科创要素自由流动、自由组合，共建共享区域创新体系。在长三角先行先试构建区域创新共同体，将沪嘉杭 G60 科创走廊建设成为创新型产业集聚引领区和全国科技体制改革试验区，具有很强的战略和现实意义。2017 年，上海松江、杭州、嘉兴三地签订《沪嘉杭 G60 科创走廊建设战略合作协议》。

（一）嘉兴参与沪嘉杭 G60 科创走廊建设战略构想

根据《沪嘉杭 G60 科创走廊建设战略合作协议》，上海松江、杭州、嘉兴三地以 G60 高速公路为纽带，打破行政区划，在提升区域协同创新能力、共建高度融合发展产业体系、共同营造良好创新发展环境、健全互联互通智慧基础设施网络、创新一体化发展体制机制等五大方面深化合作，共同打造横跨三地的科创走廊，争取建成具有全球影响力的科技创新高地、全球重要的先进制造业和信息经济产业中心、全国跨区域协同发展的排头兵，为嘉兴参与沪嘉杭 G60 科创走廊建设找准定位、指明方向。

（二）嘉兴参与沪嘉杭 G60 科技创新走廊建设的战略目标

沪嘉杭 G60 科技创新走廊由"双核一区"构成，"一核"是上海，"一核"是杭州，"一区"即嘉兴，为沪杭创新要素的重要配套区、链接区和承接区。这条科创走廊将是一条跨省（市）域合作联动、创新要素集聚共享、创新型产业集聚引领、科技体制改革领先的黄金大道。沪嘉杭 G60 科技创新走廊，通过强化区域协同创新，共建共享区域创新体系，推进长三角一体化发展，将为我国实现区域协调发展提供新模式。嘉兴参与沪嘉杭 G60 科技创新走廊建设的战略目标定位于"五带"。

一是省校（院地）合作示范带。充分发挥现有的省校（院地）合作的先行优势，不断巩固省校合作成果，继续引进大院名校，全面深化省校（院地）合作。

二是科技创新要素聚集共享带。集聚一批高端研发教育资源，布局建设一批重大科技基础设施、世界级科研机构、开放式创新平台、战略性科研项目（比如柔性器件、VR 技术），引进、培育、发展各类创新创业资源，实现创新创业功能对长三角地区乃至全国、全球的辐射。

三是科技成果转化孵化最佳带。集聚国内外领先科技成果，大力推进成果转化和项目孵化，使该区域成为国家重大科技成果的转化地。

四是创新产业集聚发展引领带。落实"中国制造 2025"战略，聚焦产业价值链的高端环节，不断提升优势产业的规模和能级，不断产生前瞻性、高成长性的创新产业集群。推动该区域建设成为"创新水平领先、高新企业聚集、配套服务完备"的国际一流科技产业走廊。

五是全国科技体制改革试验带。在新型创新载体建设、协同创新工作机制建立、创新主体培育与激活、全面创新改革试验、行政审批制度、科技金融制度、技术辐射转移带动等方面，全面深化改革，大胆探索创新，走出一条优化科技资源配置、促进成果转化和打造区域创新体系的新路。

（三）嘉兴参与沪嘉杭 G60 科技创新走廊建设的角色定位

对沪嘉杭 G60 科创走廊的建设，沪嘉杭三地都倾注了极大的热情。上海正建设具有全球影响力的科技创新中心，杭州正在着力打造具有全球影响力的"互联网＋"创新创业中心，嘉兴的优势在于进一步完善"政、产、学、研、金、介、用"有机结合的创新发展模式，初步形成长三角地区有影响力的"孵化之城"。沪嘉杭 G60 科创走廊理念与三地产业发展相契合。

一是嘉兴甘愿为沪杭"双核"配套，承接创新资源。上海、杭州、嘉兴三地，都紧紧围绕"创新"二字做文章。G60 上海松江科创走廊作为沪嘉杭 G60 科创走廊的基础，集中了松江 90％的工业产值，拥有雄厚的产业基础，正重点突出"眼睛向西"发展战略，鼓励创新要素按规律自由流动。杭州"城西科创大走廊"则提出要着力打造具有全球影响力的"互联网＋"创新创业中心。位于上海、杭州"双核"之间的嘉兴，近年来相继成立嘉兴科技城、张江长三角科技城、乌镇互联网创新发展综合试验区、浙江清华长三角研究院和浙江中科应用技术研究院等园区和科研院所，同样把创新驱动发展战略摆在重要位置。在沪嘉杭 G60 科创走廊建设中，嘉兴成为承接两地发展资源的重要角色，同时也在谋求区位优势与承接效应的最大化。嘉兴科技城作为浙江省四大科技主平台之一,重点加强与沪杭两地经济的合作,并按照"资源共享、创新同步、优势互补、注重实效"的原则,充分发挥嘉兴作为上海后花园和沪杭同城的一个产业集群的核心位置,实现科技产业园区的建设、产业发展和招商引资各方面的合作。

二是用体制机制创新促进要素流动,实现合作共赢。沪嘉杭 G60 科创走廊建设涉及不同的行政区域,唯有通过体制机制创新,才能最大限度地打破行政藩篱的束缚,发挥合作互惠的协同优势。要建立健全协调互通机制,共同开展规划研究编制,统筹跨区域重大项目建设,对高新技术企业、高层次人才所享受的政策进行跨区域互用互认,形成一体化的制度环境和政务服务环境。同时,认真研究和对照国际市场规则,共同推进简政放权、放管结合、优化服务改革,推动市场体系统一开放,促进商品、资金、劳务、人才等各类要素资源在区域内顺畅流动和优化配置,充分释放区域协同的积极效应。在完善区域创新体系方面,综合分析世界科技发展形势,关注人工智能、大数据、互联网、物联网、先进制造、量子调控、生物技术等领域,做好前瞻性技术储备。同时,建立健全沪嘉科技合作机制,全面推进与上海的"政策协同、要素融入、产业承接、服务融合"等创新举措。建立科技招商联席会议制度,建立科技招商的督查通报和考核机制,制定市域外高新技术企业落户嘉兴的优惠政策细则。

三是打造国际一流的科技产业走廊,实现互惠互利。2017 年 10 月 18 日,嘉兴科技城与松江经济技术开发区签署战略合作协议。这标志着双方将建立长期战略合作关系,对进一步深化合作和共赢发展具有重要意义。松江经济技术开发区是目前上海市最大的国家级经济技术开发区,是以生产性服务业功能区和现代服务业集聚区为主导产业的多功能综合性园区。嘉兴科技城与松江经济技术开发区签署战略合作协议,旨在进一步加强沟通与交流,深化接轨上海,促进双方资源共享、产业对接、经济提升、联动发展。进一步突出浙江清华长三角研究院作为全能型创新基础设施,以及复旦大学、上海交通大学、浙江大学、浙江中科应用技术研究院等高校科研院所的支撑和引领作用，推动嘉兴建设成为"创新水平领先、高新企业集聚、配套服务完备"的国际一流的科技产业走廊。

四是进一步实施 G60 科创走廊（嘉兴段）建设专项行动。2019年，嘉兴率先出台全省首个 G60 科创走廊建设规划，从顶层设计的高度谋求与上海、杭州等核心城市的深度融合，确定"一城两带"（全域孵化之城、高新产业集聚带、协同创新示范带）总体定位，提出"一核引领、两翼联动、多点支撑"的空间布局。2021年，组织实施 G60 科创走廊（嘉兴段）建设专项行动，依托湖荡河海水系丰富的资源优势，探索一条以绿色生态办公区（EOD）为支撑的"世界级科创湖区"发展之路。全市布局建设祥符荡科创绿谷、湘家荡科创湖区、天鹅湖未来科学城、鹃湖国际科技城、凤凰湖科技城、南北湖未来城、明湖科创区等一批科创湖区，实现科创湖区县（市、区）全覆盖。

第四节　坚持科教兴市与创新驱动的实践与创新

浙江清华长三角研究院的引进为嘉兴积聚了一大批创新人才，转化了一批成果，整合了一批资源，探索了一条独特的发展道路，提高了嘉兴的科技地位。由此开始，"引进大院名校，共建创新载体"成为嘉兴市的重要资源、重要平台和重要品牌，为嘉兴科技创新、经济社会发展做出了很大的贡献。

一、以引进"大院名校"为平台，聚合科技创新要素

面对经济亟待转型升级、城市自主创新能力不足和区域竞争日益激烈的严峻形势，嘉兴正视自主创新能力不强，各类人才短缺，特别是科研机构十分缺乏的实际，顺势应时提出并大力实施"大院名校"引进

战略,牢固树立"引进大院名校就是引进第一生产力,就是发展第一生产力"的理念,把引进大院名校的工作作为贯彻实施国家创新体系建设的战略部署和省委"创新强省、创业富民"战略决策的实际行动,提上市委、市政府的重要议事日程,纳入创新型城市建设和科教兴市战略的重要内容,加强组织领导,强化统筹协调,推动全市引进大院名校工作向纵深发展。浙江清华长三角研究院、浙江中科应用技术研究院的引进,在省内开了先河,在全国树立了榜样。

为更好促进大院名校在嘉兴落地生根、开花结果,嘉兴通过"北斗七星"开创科技创新新局面。"政、产、学、研、金、介、用"是科技创新领域主要的资源和要素,以政府为主导,瞄准产业化方向,突出学校创新基地的作用,以研发为核心,通过金融手段最大限度帮助实现科技创新的价值,科技中介履行科技创新服务功能,进入应用领域是科技创新的最终归宿。"政、产、学、研、金、介、用"诸要素犹如"北斗七星",各司其职,有机结合,良性互动,相得益彰,构筑知识链、创新链和价值链互相贯通的创新体系,在浙江清华长三角研究院的实践中获得了初步成功,受到各界的广泛关注。"北斗七星"已经转化为嘉兴各级推进科技创新的新实践。浙江清华长三角研究院在"北斗七星"运行模式下,还衍生出"中心+公司+基金"的产业化模式,这个模式"打通校地两头",使"创新链—产业链—资本链"相通共融,有力地促进了科技成果转化。目前,浙江清华长三角研究院的技术创新链、产业孵化链、金融服务链深度融合并日臻成熟,已形成以智库引领、人才互联、创新驱动、产业培育、金融支撑为核心的区域创新服务系统。

二、以省校(院地)合作为载体,推进区域协同创新

协同创新是区域协调发展的高级阶段,是被世界发展实践证明的必然趋势。习近平同志在浙江工作期间,一直十分重视促进科技创新工作"引进来"与"走出去"相结合。针对浙江资源紧缺、环境容量小等

制约，习近平同志提出既需要"立足浙江发展浙江"，又必须"跳出浙江发展浙江"①，在大力引进各种要素的同时打到省外去、国外去，利用外部资源、外部市场实现更大发展。2010 年，浙江省与科技部共同举办了"中国浙江国际科技合作交流大会"，通过举办高层论坛、高新技术发布会、企业考察等一系列活动，有力促进了国际技术成果转移转化和科技人才交流，对促进浙江省各地进一步开拓国际合作渠道、利用国际科技资源产生了重要影响。2014 年，世界互联网大会永久落户乌镇，成为中国与世界互联互通的重要窗口，也为浙江洞察世界发展大势、把握国际发展规律、引领全球发展潮流提供了不可多得的良机。

在国际创新发展史上，以一条或多条高速公路为重要连接轴建设创新走廊，是多城跨区域合作的一种重要模式。2017 年，嘉兴《政府工作报告》明确指出：规划建设沪嘉杭 G60 科创走廊，沿线集中规划布局一批重大科技基础设施、重点技术创新工程、开放型创新平台、高水平科技成果转化基地，为更高层次实现区域产业集聚互补与科技协同创新开辟新空间。建设沪嘉杭 G60 科创走廊，从国家层面看，聚焦国家区域发展战略，高效配置创新资源，加快构建区域创新增长极，已经成为我国创新驱动发展战略的着力点；从长三角区域发展需要看，提升在全球城市群中的竞争力，亟须推进区域协同创新发展落地。建设沪嘉杭 G60 科创走廊，打造一个开放型、面向长三角的国家科创要素对接服务平台，打破上海、嘉兴、杭州等地的行政区划限制，使得人才、技术、资金、项目、政策等要素自由流动、自由组合，产生"1＋1＞2"的效应是合作共赢的时代要求。建设沪嘉杭 G60 科创走廊有利于融合与拓展沪嘉杭三地的创新和产业优势，有利于推动城市间共同设计创新议题、互联互通创新要素、联合组织技术攻关，有利于打造区域协同创新共同体，统筹和引领长三角区域一体化发展，并最终为我国推动和实现区域协调发展提供新模式。沪嘉杭 G60 科创走廊的发展已完

---

① 习近平：《之江新语》，浙江人民出版社 2007 年版，第 145 页。

成从 1.0 版到 3.0 版的"三级跳",未来将努力发展成为长三角更高质量一体化发展的重要引擎。

2018 年,长三角一体化发展上升为国家战略。长三角核心城市上海正加速向具有全球影响力的科技创新中心进军,杭州正加快建设全国数字经济第一城,嘉兴作为参与建设长三角一体化发展的示范区和创建浙江省全面接轨上海的示范区,优越的地理位置、良好的科创环境和产业配套优势,使得沪杭两地的创新溢出,为其加快打造科技成果转化高地带来了前所未有的发展机遇。

三、以深化体制改革为动力,推进科技自主创新

党的二十大报告指出:"深化科技体制改革,深化科技评价改革,加大多元化科技投入,加强知识产权法治保障,形成支持全面创新的基础制度。"浙江在全国率先推进改制与转制相结合的科研院所体制改革,在全国较早推行技术要素参与股权和收益分配,创办网上技术市场,有力地推动了企业与高校、科研院所的合作,极大地调动了科技人员的积极性、创造性,加速了科技成果转化和产业化进程。多年来,浙江一以贯之地以优化科技资源配置、增强区域创新能力为核心,全面深化科技体制改革,着力建立比较完善的符合市场经济体制和科技自身发展规律的现代科技体制。

习近平同志在浙江工作期间,在许多会议和不同场合都反复强调浙江经济发展必须"腾笼换鸟、凤凰涅槃"。① "凤凰涅槃"主要靠的就是自主创新,其实质就是推进经济结构的战略性调整和增长方式的根本转变。2014 年 6 月,在中国科学院第十七次院士大会及中国工程院第十二次院士大会上,习近平同志指出,实施创新驱动发展战略,最根

---

① 习近平:《干在实处　走在前列——推进浙江新发展的思考与实践》,中共中央党校出版社 2006 年版,第 128 页。

本的是要增强自主创新能力，最紧迫的是要破除体制机制障碍。①
2016 年 3 月，习近平同志主持召开中央全面深化改革领导小组第二十
二次会议，会议强调，要准确把握改革试点方向，把制度创新作为核心
任务，发挥试点对全局改革的示范、突破、带动作用；要加强试点工作
统筹，科学组织实施，及时总结推广。②

　　作为国家创新型试点城市，嘉兴在科技体制机制方面的创新举措
受到肯定，也负有为全国同类城市探索科技体制机制创新提供示范的
任务。嘉兴近些年在体制机制及科技自主创新方面的主要探索集中
在五个方面：一是统筹城乡科技工作，积极构建市、县、镇三级联动的
科技工作格局，推动科技管理体制向乡镇及企业延伸，推进各具特色
的县（市、区）科技功能区建设，实行优势互补、资源共享；二是探索建
立院地合作的新模式，实行地方政府出土地、出资金、搭建平台，大院
名校出人才、出技术、转化成果的合作共建机制，促进政府资源与大院
名校科研资源优势互补、有机融合、相互促进，引导国内外优质创新资
源进入地方区域创新体系，加快形成嘉兴区域性的优质科技资源集
群；三是发挥民营经济运行机制灵活、创新需求旺盛等优势，培育和引
导民营企业成为科技创新的主体；四是大力推动科技成果转化和产业
化，努力破解科技经济"两张皮"的现象，促进科技第一生产力向现实
生产力转化；五是通过实施创新人才政策和探索技术、资本、知识产权
相结合的利益保护、激励机制，鼓励和调动创新创业的积极性。

　　当前，嘉兴为推动长三角一体化发展首位战略的落地落实，努力
打造一体化高质量发展的典范，明确了一体化助推高质量发展的"嘉
兴路径"，其中之一就是打造高能级产业集群。加快打造科技成果转
化高地，以大平台、大产业、大项目、大企业为依托，加大先进技术成果

---

　　① 《习近平：在中国科学院第十七次院士大会、中国工程院第十二次院士大会上的讲话（2014
年 6 月 9 日）》，《人民日报》2014 年 6 月 10 日。
　　② 《习近平：推动改革举措精准对焦协同发力　形成落实新发展理念的体制机制》，《人民日
报》2016 年 3 月 23 日。

的引进吸纳和转移转化力度,加强创新链与产业链的对接与协同,提供高能级产业集群发展所需的高质量科技供给,着力产业集聚、人才集中和功能集成,构建产业创新生态圈,以创新重塑优势、再造市场,加快培育以技术、品牌、质量、服务为核心的竞争新优势,依托创新型企业,打造若干高能级和竞争力强的创新型产业集群。

四、以国家创新型试点城市建设为契机,打造创新驱动示范城市

嘉兴是中国革命红船的起航地,革命精神薪火相传。2005 年 6 月 21 日,习近平同志在《光明日报》发表署名文章《弘扬"红船精神" 走在时代前列》,首次公开提出"红船精神"的概念,并对"红船精神"的内涵进行了概括和论述,认为"开天辟地、敢为人先的首创精神,坚定理想、百折不挠的奋斗精神,立党为公、忠诚为民的奉献精神,是中国革命精神之源,也是'红船精神'的深刻内涵"①。"红船精神"也是嘉兴促进科学发展、全面建设更高水平的小康社会、提前基本实现现代化的重要精神支柱。高扬"红船精神"的旗帜,最重要的举措就是从讲政治、讲大局的战略高度,把推动科技创新放在经济社会发展全局的重要战略地位,将创新引领战略作为全市主导战略来贯彻实施,使嘉兴的科技创新始终走在全省乃至全国前列,为"红船精神"注入新的内容,赋予新的时代内涵,为转型升级、科学发展提供鲜活的实践范本。

嘉兴继 2010 年成为首批"国家创新型试点城市",2016 年又被中国科学技术协会确定为全国创新驱动示范城市。2017 年 1 月 13 日,嘉兴市委、市政府召开全市科技创新大会暨推进全面创新改革试验区建设动员大会。会上全面总结"十二五"期间嘉兴科技创新工作成效,研究部署"十三五"期间科技创新主要任务,补齐发展短板,推动"十三

---

① 习近平:《弘扬"红船精神" 走在时代前列》,《光明日报》2005 年 6 月 21 日。

五"期间嘉兴创新驱动发展迈上新台阶,为"干好'十三五',奋勇当标尖",如期全面建成小康社会提供强大的支撑和动力。随即又制定了《嘉兴市全面创新改革试验实施方案》《关于进一步推动科技创新的若干政策意见》《关于打造最优人才生态促进人才优先发展的若干意见》《建设具有长三角影响力的"科技企业孵化之城"三年行动方案(2016—2018 年)》《嘉兴市科技创新"十三五"规划》等系列文件。努力在六方面取得新突破:一是在培育发展科技型企业上取得新突破;二是在加快创新型科技成果转移转化上取得新突破;三是在加快人才引进集聚上取得新突破;四是在加快推进创新平台集聚整合上取得新突破;五是在持续优化创新生态环境上取得新突破;六是在全力推进全面创新改革上取得新突破。

科技创新,以人为本。嘉兴近些年在科技创新领域取得的成绩,关键是抓住了人的因素。引进大院名校,实际上是引进人才,培育和建设科技人才队伍,"创新嘉兴·精英引领"计划以及多个配套人才政策的实施为大量高端人才集聚提供了保证。注重通过人才发展环境来集聚人才、开发人才,在人才成长条件、人才创新创业平台、人才服务及人才生活保障等诸方面不断创新实践,嘉兴的人才发展环境得到了显著的改善。

第三章　全面接轨大上海
深度融入长三角

2003 年,浙江省委、省政府明确提出将"进一步发挥浙江的区位优势,主动接轨上海,积极参与长三角地区的交流与合作,不断提高对内对外开放水平"写入"八八战略"。21 世纪以来,嘉兴坚持把弘扬习近平同志亲自提炼概括的"红船精神"作为最大前行动力,全面提升争做接轨上海"桥头堡"的战略自觉,大力实施接轨上海开放带动战略与全面融入长三角一体化发展首位战略,主动接轨上海、积极参与长三角地区合作与交流,以区域一体化发展奋力推动共同富裕示范区典范城市建设。

第一节　打造接轨上海的"桥头堡"

在浙江工作期间,习近平同志十分重视接轨上海、参与长三角地区交流与合作。2002 年 12 月,刚到浙江工作不到 3 个月,习近平就作出了一个影响浙江乃至长三角未来发展的重要判断,他指出,无论从国内区域经济发展格局的演进,还是从参与国际竞争的要求来看,加强长江三角洲地区的经济合作都显得十分紧迫。[①] 2003 年 3 月,浙江

---

① 习近平:《干在实处　走在前列——推进浙江新发展的思考与实践》,中共中央党校出版社 2006 年版,第 106 页。

省委提出要围绕"接轨上海、学习沪苏"，进一步提高对内对外开放水平，以更加积极的姿态参与长江三角洲地区合作与发展。①

自 21 世纪以来，嘉兴紧紧围绕打造接轨上海"桥头堡"的主题，根据不同发展阶段面临的不同形势，分别在"十五""十一五"时期和"十三五"期末，提出与实施了接轨上海开放带动战略、"与沪杭同城"战略、全面融入长三角一体化发展首位战略，并在"十三五"期间被列为浙江省全面接轨上海示范区，接轨上海融入长三角的工作不断深化，取得了显著成效。

一、实施接轨上海开放带动战略和"与沪杭同城"战略

1992 年，随着浦东开发开放的大幕开启，嘉兴市委、市政府在《关于加快改革开放和经济发展的若干意见》中，以"发挥优势、拓展外向、开放乍浦、双线联动、接轨浦东、服务全省"的 24 字方针，第一次明确提出了接轨上海的口号。1998 年，嘉兴市第四次党代会明确将接轨上海战略作为促进嘉兴经济和社会发展的五大战略之首。1999 年 4 月，嘉兴市委、市政府制定了《关于全面接轨上海战略的实施意见》，进一步提出"依托上海、主动接轨、重点突破、梯次推进、参引结合、以引为主、形式多样、注重实效"的指导思想。2003 年，"进一步发挥浙江的区位优势，主动接轨上海、积极参与长江三角洲地区交流与合作，不断提高对内对外开放水平"被列入引领全省发展的"八八战略"，与此相呼应，嘉兴明确提出实施接轨上海开放带动战略，并将其定为今后甚至更长时期嘉兴发展的首要战略。同时，成立市对外开放领导小组，设立市开放办，统一协调和指导全市接轨上海工作。当"接轨上海、融入长三角"上升为全省战略后，为解除新一轮接轨中嘉兴作为一个地级市如何与上海这样的直辖市直接对接的定位困扰，2004 年 8 月

① 何显明主编：《"八八战略"与中国特色社会主义在浙江的实践》，浙江人民出版社 2020 年版，第 77 页。

嘉兴与上海浦东新区签订了友好区市协议,将两地的人才交流、产业接轨作为接轨的重要内容。

随着沪杭高速客运线路(高铁)于 2010 年投入运行,嘉兴与上海实现"半小时经济圈",境内杭浦、沪杭、申嘉湖三条高速公路连接,嘉兴与上海时空距离大为缩短。同时,嘉善县着力打造临沪新区,平湖市启动张江长三角科技城平湖园建设,海宁市、桐乡市组建连(临)杭新区。2010 年,市委、市政府把接轨上海开放带动战略提升为"与沪杭同城"战略,积极推进与沪杭产业发展、要素配置、公共服务、政策环境等领域同城化,实现区域优势互补,资源共享,关联发展,进一步提高对内对外开放水平。同时,出台《嘉兴市全面实施"与沪杭同城"战略　加强区域合作交流工作三年指导意见》,提出了 29 项工作任务,推进与沪杭在交通、产业、教育、医疗保险、异地养老等诸多领域的全面合作。在实施"与沪杭同城"战略中,嘉兴经济技术开发区(国际商务区)重点打造国际商务区、创意创新软件园和先进制造业功能区三大平台,南湖区启动省级金融创新示范区建设,秀洲区推进上海交大嘉兴科技园,嘉善、平湖、海盐、海宁、桐乡等县(市)加快建设临沪、临杭产业园和特色产业园,承接上海、杭州等长三角产业转移项目来嘉兴落地生根,为经济社会发展注入活力与后劲。

"与沪杭同城"战略把合作领域扩展到农业、工业、服务业、金融、科技、人才、教育、卫生、会展、信息、物流、电子商务、港口、民生工程等诸多领域,取得多方面进展:开通了供沪鲜活农产品运输绿色通道;选派优秀人才赴沪杭挂职锻炼,接受沪杭青年专家、学者来嘉兴兼职、挂职,创建科技创业基地;吸引上海众多大专院校科研机构在嘉兴设立实习基地和科研成果转化基地;与沪杭等知名医院建立专家坐诊、双向转诊、定期会诊等合作关系;与上海、杭州等长三角城市合作办学、办医,交通卡、医保卡互通;出口创汇企业在上海设立办事处,在上海保税区投资办厂,等等。

二、建设浙江省全面接轨上海示范区

2016年6月,国家发改委发布《长江三角洲城市群发展规划》,将上海定位为"全球城市",并将包括嘉兴在内的6个长三角城市纳入城市群范围。面对这一重大战略机遇,嘉兴确立了"牢筑接轨上海的'桥头堡'思路"的发展定位。《嘉兴市国民经济和社会发展第十三个五年规划纲要》明确强调,抓住上海建设"四个中心"和具有全球影响力的科技创新中心契机,努力打造长三角(沪嘉)产业协同创新区和浙江省全面接轨上海示范区。2017年3月,浙江省政府批复同意嘉兴市设立"浙江省全面接轨上海示范区",同年7月嘉兴市委、市政府出台《嘉兴市创建浙江省全面接轨上海示范区行动计划(2017—2020年)》,提出把嘉兴着力打造成为浙江省与上海创新政策率先接轨地、高端产业协同发展地、科创资源重点辐射地、一体化交通体系枢纽地、公共服务融合共享地,建成浙江省全面接轨上海示范区。

一是着力打造上海创新政策率先接轨地。加强规划接轨,结合"多规合一"试点,在沪嘉两地跨区域重点领域共同开展规划研究编制。推动政策接轨,加快建立完善与上海统一的市场准入政策体系、制度规范和政务环境。完善机制接轨,优化党委政府、部门区域、商会协会等多层面合作交流互访机制和边界共管共治机制。2017年以来,嘉兴积极开展政务服务异地通办,围绕实现与上海"两个无差别"要求,充分运用"最多跑一次"改革成果,以优质政务服务惠及企业和群众,在全国首创跨省政务服务异地可办,50余个事项与沪嘉杭G60科创走廊城市实现"一网通办",实现跨省域人才服务等事项"无差别受理""同标准审核"。

二是着力打造上海高端产业协同发展地。推进省级以上开发区、高新区、服务业集聚区等与上海重点产业平台对接合作。2017年7月,嘉兴与上海方面签订《深化合作加快推进张江长三角科技城建设框架协议》，与上海市杨浦区签订《关于共同推进国家双创示范基地建设的合作协议》。2018 年，全市新引进上海产业项目 195 个。到 2018年底，全市省级以上开发区（园区）与上海各类开放创新平台建立紧密合作关系，实现县（市、区）全覆盖；2000 多家工业企业与上海建立多种形式的合作关系，工业合作发展到生产配套、联合开发、合资合作、定牌加工、赴沪投资、项目配套、成果转让、商标使用、投资参股等多种形式。

三是着力打造上海科创资源重点辐射地。建立健全项目制、候鸟制、兼职制、组合式等人才柔性流动机制，增强对上海高层次人才的吸引力。推进嘉兴科技城、嘉兴秀洲国家高新技术产业开发区、张江长三角科技城、海宁科技绿洲等科技创新平台与上海高校和科研机构的对接合作，争取高水平研发机构、产业创新中心和公共服务平台落户嘉兴。2017 年，与同济大学、上海大学等大院名校共建新兴产业研究院、研究生创新实践基地，并签订《嘉兴—金山"1＋4"区域人才工作合作框架协议》。2018 年，全市新引进上海高层次人才 350 名。到 2018年底，全市累计与上海签约科技合作项目 1200 多个，开展合作共建创新载体 60 多个。

四是着力打造浙沪一体化交通体系枢纽地。推动市域内轨道交通与上海轨道交通互联互通。2018 年，完成嘉兴市域轨道交通与上海轨道网的对接方案，沪乍杭铁路、沪嘉城际轨道项目列入《长三角一体化发展三年行动计划（2018—2020 年）》，沪嘉城际铁路、沪平城际铁路列入《浙江省都市圈城际轨道二期建设规划》，推动成立市轨道交通投资开发有限公司，重点推进沪嘉城际轨道"一号工程"。加快嘉兴港口岸全域开放进程，深化与宁波—舟山港、上海港合作。2016 年 12月，嘉兴港实现全港域对外开放，并与上海口岸互联互通。2019 年 7月，独山港区至上海港集装箱内支线成功开辟。

五是着力打造浙沪公共服务融合共享地。对标上海基本公共服务标准，逐步建立与国际化城市相适应的服务标准，加快引入上海优质的教育、医疗、文化等资源，全面提升市民对接轨上海的获得感。重点实施"沪嘉教育同行计划"，借鉴吸收上海先进的教育办学思路和模式，实现教育理念的同步提升；实施"沪嘉医疗三同"计划，依托上海名医院、名学科、名专家资源，深化医院管理合作，实现与上海"技术同城、服务同质、资源同享"；加强与迪士尼、"东方绿舟"等上海文旅资源联动，联合开展"重走一大路"等红色精品旅游，打造上海都市圈核心区域高品质文旅健康休闲地。2018年，全市新增合作办学项目27个、办医项目57个。

三、实施全面融入长三角一体化发展首位战略

嘉兴地处长三角中心腹地，是浙江省全面接轨上海的示范区，因此当之无愧成为浙江全面融入长三角的核心区和主阵地。在此背景下，2019年7月，嘉兴市委召开八届七次全体（扩大）会议，把全面融入长三角一体化发展正式确立为嘉兴发展的首位战略，并重点从加强顶层设计、健全推进机制、推动示范区建设、加快毗邻区域板块建设等方面全面推进首位战略的深入实施。

一是系统谋划落实国家战略的总体思路。在全省率先出台《嘉兴市推进长三角一体化发展行动计划》，确立了"12410"总体思路。"1"是坚定不移把全面融入长三角一体化发展作为引领和推动高质量发展的首位战略；"2"是坚决完成总书记赋予嘉兴的"全省接轨上海的'桥头堡'、承接上海辐射的'门户'"两大历史使命；"4"是"三城一地"的城市发展定位，即通过打造长三角核心区枢纽型中心城市、面向未来的创新活力新城、国际化品质的江南水乡文化名城、开放协同的高质量发展示范地，努力把嘉兴建设成为长三角城市群、杭州湾北岸一颗强劲活跃的璀璨明珠；"10"是打造高能级科创平台、产业平台、城市平台等"十大抓手"。围绕目标定位，加快形成示范区先行示范、中心城区引领带动、沪嘉杭G60科创走廊驱动支撑、临沪临杭滨海三带联

动推进的"一区一城一廊三带多板块"全域融入的发展格局。

二是建立健全一体化发展的推进机制。建立了1组、1办、3张清单、5项制度的"1135"工作推进体系。"1组"是成立市工作领导小组，下设16个专题组；"1办"是专门设立政府工作部门——市长三角一体化发展办公室；"3张清单"是编制《年度工作责任清单》《无差别破难清单》《标志性工程清单》，明确推进计划、时间节点和目标责任；"5项制度"是建立完善"工作例会、清单管理、疑难会商、督察督办、考核评价"5项制度，全市上下形成了齐心协力、齐抓共管的"一盘棋"工作格局。

三是举全市之力推动一体化示范区建设。建立了由市委书记、市长担任双组长的"一体化发展示范区建设工作领导小组"和"四联四考"推进机制。全力打造"一城一谷三区"五大高能级平台，对标虹桥商务区建设未来新城，对标张江长三角科技城打造世界级科创绿谷，加快建设长三角农业科技园区、临沪高能级智慧产业新区、长三角生态休闲旅游度假区。重点实施总投资超5000亿元的"六个一批"重大项目，全力推动利天万世锂电池及系统总成、格科微电子、IGBT功率半导体等项目建设。率先建立外国人工作居留"单一窗口"，实现异地就医免备案直接刷卡结算。

四是以"一盘棋"推动三大毗邻区域板块建设。加快推进嘉湖一体化合作先行区建设。建立一体化发展联席会议制度，共同编制《嘉湖一体化合作先行区建设方案》，协同推动嘉湖"五个一"标志性工程，以及嘉湖城际、太湖引水等34项重点合作事项。加快推进杭嘉一体化合作先行区建设。启动编制《杭嘉一体化合作先行区建设方案》，深化公共服务、综合交通、文化旅游、政务服务"一网通办"合作，推进一批一体化重大平台、重点事项与重点项目建设。加快推进平湖—金山产城融合发展区建设。联合编制发布《平湖—金山产城融合发展区建设方案》，重点推进毗邻区张江长三角科技城平湖园、浙沪新材料产业园、长三角汽车产业创新联盟、长三角"田园五镇"等四大平台建设。

第二节　加快交通、产业、生态等一体化

20 世纪 90 年代,随着沪苏浙经济的发展,三省市之间的相互竞争日益加剧,交通"断头路"现象到处可见,省际交界处道路不通、隔河相望,不得不绕路而行,极大地降低了通行效率;产业结构趋同,城市之间重复建设、恶性竞争现象十分严重;区域之间生态治理相互推诿等情况普遍存在;特别是行政阻隔、地方保护和部门利益一定程度上客观存在,严重阻碍了长三角区域之间的合作与交流。针对这些问题,习近平同志敏锐地指出要在互动共进中实现沪苏浙三省市发展的共赢。① 2003 年 3 月,习近平同志率浙江省党政代表团赴上海学习考察,并在两省市经济社会发展情况交流会上提出了"虚心学习、主动接轨、真诚合作、互利共赢"接轨上海总体思路,指出浙江和上海要在基础设施建设、产业分工、旅游资源的开发与市场的拓展、环境保护以及科技、信息、教育、人才等方面加强交流,双向对接,努力实现市场相通、体制相融、资源共享、交通共连、人才互通、产业互补的全方位、多层次、宽领域的合作。②

推进长三角区域合作与交流,规划统筹是关键,发挥着提纲挈领的重要作用,没有规划的统筹,就难有基础设施建设、产业分工、环境保护等领域的协同与合作,必须把抓统筹规划放在重要的位置。快速便捷的交通一体化,是统筹规划的首要任务。2003 年 3 月,习近平同志在沪浙两省市经济社会发展情况交流会上提出的七大领域合作事

---

① 习近平:《干在实处　走在前列——推进浙江新发展的思考与实践》,中共中央党校出版社2006 年版,第 108 页。

② 习近平:《干在实处　走在前列——推进浙江新发展的思考与实践》,中共中央党校出版社2006 年版,第 109 页。

项中,放在第一位的就是基础设施建设。① 这一决策部署有力推动了沪浙两地的交通互联,加速推进了嘉兴、绍兴、宁波、湖州等上海周边城市的区位优势转化为发展优势,为浙江主动接轨上海、积极参与长江三角洲地区交流与合作提供了坚实基础和保障条件。分工协作的产业一体化,是统筹规划的核心内容。沪浙两地产业之间,一方面各有各的优势和特色,另一方面也存在着各自的短板和不足。通过分析比较两地产业特点、把握产业发展的趋势,习近平同志深刻指出,要充分发挥浙江省民营经济发达和制造业的优势,积极呼应上海产业结构的调整和城市功能的升级,承接上海产业的辐射和转移,共同培育区域性的主导产业和支柱产业,形成布局合理、协作关系紧密的生产体系。② 这一判断为沪浙两地以产业为纽带深化区域合作进一步指明了方向,也为嘉兴更好承接上海的产业辐射和溢出提供了具体思路。自然和谐的生态环境一体化,是统筹规划的基础保障。长三角地区山水相连,河湖相通,生态功能相互支撑,污染要素也相互影响,传统的生态治理面临着"公地悲剧"的困境,成为区域合作中的矛盾焦点和协调难点,迫切需要一体化统筹保护、治理和监管。习近平同志站在全域"一盘棋"的视角和高度,提出了要加强太湖流域、黄浦江源头地区以及沿江、沿海等区域生态建设和环境保护工作,联合开发利用区域水资源。③ 这一思路为长三角区域"共护一江绿水、同享一片蓝天"提供了制度支撑,也为嘉兴推进生态文明建设营造了有利的外部环境。

一、加强基础设施建设,推进交通一体化

进入 21 世纪后,随着沪杭高铁开通,杭州湾跨海大桥、嘉绍大桥

① 习近平:《干在实处 走在前列——推进浙江新发展的思考与实践》,中共中央党校出版社2006 年版,第 109 页。
② 习近平:《干在实处 走在前列——推进浙江新发展的思考与实践》,中共中央党校出版社2006 年版,第 109 页。
③ 习近平:《干在实处 走在前列——推进浙江新发展的思考与实践》,中共中央党校出版社2006 年版,第 109 页。

通车，"三纵三横三连"高速公路网框架建成，嘉兴已经形成到沪、苏、杭等城市的铁路半小时、公路一小时交通圈。特别是2019年实施全面融入长三角一体化发展首位战略以来，基础设施一体化明显提速。

一是轨道交通取得实质进展。作为接轨上海"一号工程"的沪嘉城际铁路纳入省都市圈城际铁路网规划且先行工程已经开工，杭海城际铁路开通运营，沪平城际铁路列入《长江三角洲地区交通运输更高质量一体化发展规划》正式立项，通苏嘉甬铁路省界线位、嘉兴境内各车站规模等基本确定，沪乍杭铁路完成预可研编制；金山、平湖、海盐建立全面合作关系，共建金山至平湖市域铁路项目，实现上海与杭州湾北部近沪地区的一体化、同城化。

二是陆路交通更加便利。到2020年底，嘉兴率先开通跨省毗邻公交线路13条，其中与上海开通10条，与江苏开通3条，极大方便了毗邻地区群众的出行。上海枫泾至嘉善的跨省公交班线，是连接浙江和上海的第一条省际公交化班线。平湖公交实现了与上海虹桥机场的"无缝对接"，嘉善开通了嘉善归谷园区、科创中心至上海松江9号线通勤巴士，实现与上海地铁站点对点的通勤。嘉兴市与毗邻地区的先行先试，为全国其他跨省毗邻地区客运班线公交化改造提供了路径、为毗邻地区互通共享公共交通资源积累了经验。

三是空海对接更加紧密。2013年9月，浙江省政府批复设立嘉兴滨海港产城统筹发展试验区。2017年，浙江海洋经济示范区领导小组办公室出台《加快推进嘉兴滨海港产城统筹发展试验区建设行动方案(2017—2020)》，明确了打造全省海河联运引领区等4项主要任务。依托省级滨海港产城统筹发展试验区建设，嘉兴港先后开启13条集装箱海河联运航线，与宁波舟山港和上海港结成"港口联盟"，不断将港口腹地由浙北向长三角地区延伸、拓展。2019年7月，独山港区至上海港集装箱内支线成功开辟，嘉兴港开启了一南(宁波舟山港)一北(上海洋山港)两条内支线，港口吞吐量节节攀升，一跃成为全球百大集装箱港口。2020年11月，嘉兴军民合用机场工程奠基，机场道路工程、机场安置区域工程和管线迁移工程等配套工程正式开工。

二、培育壮大优势产业，推进产业一体化

21世纪以来，随着嘉兴与上海合作与交往的日益密切，一、二、三产业接轨上海工作"全面开花"，逐渐形成二成农产品销往上海，三成工业企业为上海相关企业配套生产，四成外商投资通过上海引进，五成游客来自上海，六成出口产品通过上海走向世界的格局。尤其是近两年来，产业发展一体化步伐明显加快。

一是推进产业平台深度合作。上海漕河泾"新兴技术"开发区海宁分区、张江长三角科技城平湖园、中新现代产业园等产业合作园合作更加深入。中新嘉善现代产业园入选首批浙江省"万亩千亿"新产业平台培育名单，到2020年底园区引进博升光电等产业项目16个，总投资超240亿元。加快嘉兴高铁新城建设，与新加坡企业联合体签订共建协议，并已引进上海建工、上海城建等区域性总部落户。总投资130亿元的大数据项目——润泽长三角国际信息港——落户张江长三角科技城平湖园。

二是推进产业链上下游合作。嘉兴经济开发区与苏州工业园区签订全面战略合作协议，海盐与宁波慈溪、安徽铜陵签订共建产业链协议，推动高端装备及汽车零部件产业链上下游合作。加大承接上海辐射力度，引进了中晶大硅片、中意直升机等百亿项目，加快培育集成电路及航空航天等新兴产业的产业链。

三、协同强化生态共治，推进环保一体化

长三角地区山水相连，河湖相通，生态功能相互支撑，同时污染要素也相互影响，迫切需要进行生态环境一体化统筹保护、治理和监管。近些年来，嘉兴与上海、江苏的生态环境保护一体化深入推进。

一是协同强化生态共治。与青浦区签订《生态环境保护一体化战

略合作框架协议》，与金山区建立"绿水青山就是金山银山"议事堂机制。嘉善、吴江、青浦签订《一体化生态环境综合治理框架协议》，创新"联合河长制"、太浦河饮用水源地联动监测等机制，初步建立起长三角一体化示范区生态环境综合治理制度。平湖市、金山区创新建立交界区域项目联审制度，有效防范了邻避效应。

二是协同推进环境共保。联动沪苏杭等周边城市深化"蓝天、碧水、净土、清废"四大行动，2020 年全市地表水水质、空气质量改善幅度列全省第一。在临沪、临杭、临苏等毗邻区域建立跨界环境污染纠纷处置和应急联动、联合监测和联合执法等机制，秀洲区与江苏省苏州市吴江区实现省际边界水域 13 条河道（湖荡）58 名联合河长全覆盖，江浙交界断面水质首次达到Ⅱ类。嘉善县与青浦区、吴江区打破行政区域，创新建立实施"五联"治水机制，成立由"嘉青吴"三地共同组建的生态环境综合执法队，构建执法一体化监管新模式。

三是协同开展美丽共建。"嘉青吴"联合推动示范区内美丽乡村共建共享，围绕美丽乡村高质量发展新模式达成 9 项共识，西塘和姚庄分别打造梦里水乡风景线和桃源渔歌风景线，与长三角"水乡客厅"相连，最大限度还原江南水乡的文化风情。金山—平湖交界处的长三角"田园五镇"完成乡村振兴先行区规划编制，乡村振兴学院启用，两地连续 3 年举办浙沪跨省乡村马拉松赛事。

四、深化公共服务共享，推进民生一体化

21 世纪以来，嘉兴着力加强与上海社会民生领域的对接，逐步深化与上海优质医疗、教育等方面合作，提高公共服务能力和生态宜居水平，构建资源共享的大服务格局，增强了市民对接轨上海的获得感。特别是近两年来，随着长三角一体化发展国家战略的深入实施，嘉兴与上海等长三角城市公共服务一体化硕果累累。

一是共享高品质医疗资源。嘉兴加快推进与上海有关医院深度

合作,并组织医务人员赴上海培训,提升嘉兴医疗服务水平。嘉兴市第一医院与上海交通大学附属第一人民医院、嘉兴市第二医院与复旦大学附属华山医院、嘉兴市妇幼保健院与同济大学附属第一妇婴保健院等建立了紧密合作关系。2019年以来,与21家长三角知名医疗卫生机构建立合作关系,平均每周约100位沪杭专家来嘉兴坐诊,实现长三角跨省异地就医门诊医疗费用直接结算参保地全覆盖。

二是提升教育合作水平。基础教育方面,嘉兴与华东师范大学、上海外国语大学、上海师范大学等合作,在嘉兴设立附属中学、附属小学,极大地丰富了嘉兴的优质教育资源;高等教育发展方面,上海交通大学嘉兴南洋职业技术学院、同济大学浙江学院、上海杉达学院嘉善光彪学院、浙江大学国际联合学院(海宁国际校区)等合作办学持续稳步推进。2019年以来,与上海、杭州等长三角城市建立教育合作平台6个,开展合作办学项目52个,与上海普陀区、江苏苏州市、安徽芜湖市共同发起成立"长三角一体化四地教育联盟"。

三是开展公共领域合作。近几年来,畅通公共服务共享通道,全面实现医保、公交双向"一卡通"。加快推动沪嘉两地社保卡在两地医疗机构实时刷卡结算,借助全国跨省异地就医结算平台,实现沪嘉医保双向"一卡通",嘉兴参保人员可以在上海490家定点医院住院实时刷卡结算,上海参保人员可以在嘉兴18家定点医院住院实时刷卡结算。加快嘉兴市民卡和上海公交卡在地铁、公交领域的互通使用,嘉兴市民卡与上海公交卡实现城际互联。实现固定电话021区号在上海与嘉兴市接壤县域同步使用,推动三大通信运营公司在临沪区域取消用户通话双向漫游费,嘉善、平湖全域开通上海电信021区号电话号码。

五、共享上海城市功能,推进要素一体化

进入21世纪,嘉兴依托浙江区域创新体系"副中心"城市建设,大

力推进与上海等长三角城市在人才、技术等生产要素方面的合作，尤其是实施全面融入长三角一体化发展首位战略以来，要素一体化成效明显。

一是加快推进人才要素一体化。嘉兴充分利用上海创业型高端人才的"溢出效应"，组织"百家企业上海行""百名上海高层次人才嘉兴行"等活动，鼓励上海高层次人才申报"创新嘉兴·精英引领计划"，建立上海高层次人才项目库，加快聚集上海人才等高端要素资源。2019 年 9 月，在嘉兴发起下，沪苏浙皖"三省一市"24 个城市共同成立长三角人才一体化发展城市联盟，在全国首创轮值城市负责制。建成启用浙江长三角人才大厦等人才创新平台，打响中国浙江"星耀南湖·长三角精英峰会"、长三角全球科创项目集中路演等标志性活动品牌。到 2020 年底，累计引进诺贝尔奖、图灵奖获得者和海内外院士等顶尖人才 108 名、"国千"专家 230 名，2019 年中高端人才净流入率进入全国前十。

二是加快推进科技创新协同共享。2010 年，成立嘉兴市长三角技术转移促进中心，上海交通大学（嘉兴）科技园、上海交通大学（平湖）科技园、嘉善上海人才创业园、上海交通大学—平湖智能光电研究院等沪嘉共建创新平台建设加快推进。企业也与上海高等院校和科研机构联合开展技术攻关，联合实施科技成果转化。实现与上海创新券的互认互通，作为浙沪两地科技创新券跨区域使用试点，2020 年全市创新券使用额 20718 万元，列全省第三，其中上海创新券使用额 1455 万元。截至 2020 年底，上海已有 700 多家机构的 1 万多台/套大型仪器可为嘉兴企业提供 1.3 万项技术创新服务。

三是深化院（校）地合作模式。2017 年，与同济大学、上海大学等大院名校共建新兴产业研究院、研究生创新实践基地。2019 年以来，引进北理工长三角研究院、浙江大学嘉兴研究院、浙江大学长三角智慧绿洲创新中心等创新平台。与清华大学共建清华航空发动机研究院嘉兴分院，与中国电子科技集团共同打造中国电子科技南湖研究院。推进实施浙江清华长三角研究院"深根计划",嘉兴市与浙江清华长三角研究院共同设立科创基金,首期基金规模 10 亿元,市、县(市、区)每年支持不少于 1 亿元,着力打造"1+N"科创服务体系。

第三节　构筑接轨上海和利用外资的平台

21 世纪初,浙江的发展进入了统筹对内对外开放的关键时期。习近平同志在科学分析立足浙江和跳出浙江的辩证统一关系基础上,指出浙江要在新起点上实现更快更好的发展,既需要"立足浙江发展浙江",又必须"跳出浙江发展浙江"[1],强调浙江要更加注重内源发展与对外开放、外向拓展相结合,坚持以我为主,充分利用国际国内两个市场、两种资源,不断提高本土经济的竞争力。[2]"跳出浙江发展浙江",就必须积极参与区域合作,不断提高对内对外开放水平。不论对内开放还是对外开放,平台建设都是推动经济发展的重要载体。在"八八战略"和"跳出浙江发展浙江"思路引领下,嘉兴大力实施接轨上海开放带动战略,优化投资环境,加大招商引资力度,利用外资水平不断提升,外向型经济成为推动全市经济发展的重要力量。

一、协同推进沪嘉合作产业园区建设

21 世纪以来,嘉兴积极开展沪嘉两地园区对接活动,深化省级以上开发区、高新区、服务业集聚区与上海重点平台合作,大力引进优质产业项目,积极承接上海高端产业溢出。到 2020 年底,全市 15 个省级以上开发区(园区)与上海重点平台建立了合作关系,张江长三角科

---

① 习近平:《之江新语》,浙江人民出版社 2007 年版,第 145 页。
② 习近平:《干在实处　走在前列——推进浙江新发展的思考与实践》,中共中央党校出版社 2006 年版,第 102 页。

技城平湖园、上海漕河泾新兴技术开发区海宁分区、嘉善国际创新中心（上海）成为接轨上海的典型。

一是推进上海漕河泾新兴技术开发区海宁分区建设。2008 年，海宁市与上海漕河泾新兴技术开发区合作成立上海漕河泾新兴技术开发区海宁分区，成为沪浙首个紧密合作并进入实质性建设的国家级开发区合作项目。2016 年 5 月，上海漕河泾新兴技术开发区海宁分区与商务部上海基地签订产业园区资源转移共享平台合作共建协议。2020 年被授予"长三角共建省际产业合作示范园"，在浙江省内首次引入开发区公司化合作新模式，施行运作、产城、资源和协作一体化，签署了漕河泾—海宁双向科创飞地框架协议。园区聚焦半导体专用装备、基础材料、核心元器件三大方向，形成了泛半导体产业"四大系列"（"天通"系、"芯盟"系、"欣晖"系、"大基金"系），"杭州湾电子信息产业园""半导体基础材料产业园"初现规模。

二是深化临沪产业平台合作。加快平湖—金山产城融合发展区建设，聚焦张江长三角科技城平湖园、浙沪新材料产业园、长三角"田园五镇"三大毗邻区平台建设，加大承接上海辐射力度。张江长三角科技城，作为中国第一个跨省市、一体化发展的实践区，探索在平湖—金山界河两岸划定 1 平方公里的"示范区"，以筹建华东高校联盟为突破口，深度探索政府主导、公司运营的联合开发模式，引进了中意直升机、润泽长三角国际信息港等百亿项目，加快培育集成电路及航空航天等新兴产业产业链；浙沪新材料产业园与中石化上海石化成立浙沪新材料产业园开发建设领导小组，A3 码头及库区一体化项目签约，硫化氢数据实现共享，跨区域化公共管廊一期投入使用；长三角现代农业园，完成"田园五镇"乡村振兴先行区规划编制，乡村振兴学院启用，"田园五镇"共同发布 2020 年总投资 80 亿元的 68 个建设项目。

二、共推沪嘉杭 G60 科创走廊建设

随着 2017 年 7 月《沪嘉杭 G60 科创走廊建设战略合作协议》的签

署,沪嘉杭三地间的科创合作踏上了新征程。作为沪嘉杭 G60 科创走廊的倡议者之一,嘉兴对于沪嘉杭 G60 科创走廊建设始终高度重视、积极参与,不断加大合作力度,加快资源集聚,加强协同创新,科创走廊建设成效明显。

一是加强了顶层制度设计。2018 年 3 月,在省内率先制定出台了《嘉兴 G60 科创走廊建设规划》,确定了"一城两带"的总体定位,明确了"一核引领、两翼联动、多点支撑"科创平台空间布局,形成了"未来产业、新兴产业、特色产业"三位一体的重点产业发展体系。2018 年 6 月,全面接轨上海示范区推介大会暨 2018 上海·嘉兴周开幕式上,嘉兴在国内率先发布了沪嘉杭 G60 科创走廊创新指数体系,为长三角科创活动提供了衡量标尺。2019 年 12 月,又制定出台了《关于深入实施创新驱动发展战略　加快建设面向未来的创新活力新城的若干意见》,重点围绕打造"长三角科创企业聚集高地""长三角科创平台高地""长三角科技成果转化高地""长三角最优创新生态高地"等,提出了 23 条举措,有力地推进了嘉兴沪嘉杭 G60 科创走廊和未来创新活力新城的建设。

二是加强了重大战略协同。2017 年 4 月,浙江省委、省政府批复嘉兴为浙江省全面接轨上海示范区,建设沪嘉杭 G60 科创走廊成为嘉兴创建浙江省全面接轨上海示范区的重要载体与战略支撑,进一步放大了改革和接沪融杭优势,推动了沪浙优质科技源开放共享,加速了本地产业转型升级。2018 年 5 月,嘉兴沪嘉杭 G60 科创大走廊又被纳入浙江省大湾区"一港、两极、三廊、四新区"空间格局,属于"三廊"(杭州城西科创大走廊、宁波甬江科创大走廊、嘉兴沪嘉杭 G60 科创大走廊)之一,成为浙江省大湾区建设的重要内容。

三是加强了区域城市合作。2017 年 7 月,嘉兴举办了沪嘉杭 G60 科创走廊建设论坛,签订了基金、人才和知识产权合作协议,发布了《沪嘉杭 G60 科创走廊建设嘉兴宣言》。2017 年 11 月,沪嘉杭三地在杭州共同举办 G60 科创走廊专利联合执法活动。2018 年 9 月,嘉兴与其他八城市共同发布了《G60科创走廊九城市工业互联网协同发展实施方案》，方案中嘉兴经编产业智能制造云平台被列入G60科创走廊九城市第一批工业互联网平台推荐目录。11月，与其他八城市共同发布协同扩大开放、促进开放型经济一体化发展的30条措施，并参与成立G60科创走廊采购商联盟。12月10日至11日，在嘉兴举行了九城市政协共商G60科创走廊更高质量发展活动。

四是加强了创新资源集聚。2018年6月，成功举办了"2018上海·嘉兴周"活动，与上海市松江（区）、杭州市等八地签订《共建G60科创走廊战略合作协议》，启动嘉兴驻沪孵化器总部建设，嘉善与苏州新加坡工业园区共建产业合作园，张江长三角科技城平湖园建设取得新进展。2018年，全市新引进上海产业项目195个、高层次人才350名。实施"沪嘉民生同行"行动，新增合作办学项目27个、办医项目57个，全面实现医保、公交双向"一卡通"。2019年4月，联合清华大学、中电科集团、中国证券投资基金业协会举行了首届长三角全球科创项目集中路演，签订落地项目385个、意向项目436个、金额336亿元。

三、共建长三角生态绿色一体化发展示范区

2019年11月1日，长三角生态绿色一体化发展示范区揭牌成立，青浦、吴江、嘉善"聚"为一体，"吴根越角"开始书写一体化高质量发展的新故事。建设长三角生态绿色一体化发展示范区，是实施长三角一体化发展战略的先手棋和突破口。2020年以来，一体化示范区嘉善片区深入贯彻落实习近平总书记系列重要讲话精神，对照"重要窗口的重要窗口"新目标新要求，紧扣"生态绿色、高质量、一体化"的战略要求，形成了一批具有引领意义、带动作用、体现示范区标识度的改革发展成果，各项经济指标位列省、市前列。

一是聚力架构变革，健全工作体系。建立健全"1510"工作体系，"1"是指在示范区内率先成立示范区党工委和管委会，负责统筹规划、

开发管理、政策研究等;"5"是指成立征地拆迁、全域土地综合整治、生态环境整治、产业平台提升、交通基础设施提升等五大攻坚行动指挥部;"10"是指设立工业、投资、出口、消费、建筑业和房地产、农业、政策、国资、招商、科技人才等十大经济工作专班,推动各领域重点工作取得新实效。高起点编制形成嘉善片区"1+1+1+N"重点规划体系,制定重大平台、重大项目、重大改革、重大政策"四个重大"清单。编制印发推进示范区建设方案,形成"5 大功能板块引领带动、6 个标杆性项目示范驱动、7 条关键廊带协同联动、8 项重点任务 33 条具体举措"的发展路径。

二是聚力筑基赋能,提升产业体系。聚焦"3+3"现代产业体系,启动运作长三角(嘉善)招商引才服务有限公司,创新"基金+股权+项目"招商模式,先后签约阿里巴巴长三角智能计算基地、格科半导体、云顶新耀等 3 个超百亿元项目和物产中大、正威国际等世界 500 强项目。按照世界眼光、国际标准、高点定位,打造"一城一谷三区"(嘉善未来新城、祥符荡科创绿谷、临沪高能级智慧产业新区、长三角农业科技园区、长三角生态休闲旅游度假区)五大高能级平台。深入实施科技强县战略和"祥符英才"计划,与大院名校合作共建科创载体,与浙江大学共同打造长三角智慧绿洲等高端项目。

三是聚力环境提升,促进民生共享。实施交通基础设施提升攻坚战,以"50 年不落后"为标准,加快推进"2221"轨道和"三纵三横"公路综合交通体系建设。2020 年,沪昆铁路嘉善段高架改造等总投资 960 亿元的 33 个交通基础设施项目全面启动,姚杨公路省界段建成通车。加快推进全域河湖水系综合提升项目,实施《生态优先绿色发展三年行动计划》,开展生态环境整治攻坚战,打好治污、建美、转化组合拳。2020 年以来,全县 11 个市控以上地表水监测断面Ⅲ类水占比 100%,太浦河饮用水水源地水质达标率为 100%,空气优良率提高到 91.5%。与浙江省人民医院等 24 家沪杭三甲医院开展合作办医,挂牌成立浙江大学医学院附属第二医院嘉善分院,全县 20 家医疗机构开通长三角门诊直接联网结算。引进上海世外教育集团托管先行启动区（嘉善）两所公办学校，成立上海大学嘉善教育发展集团。

四是聚力改革创新，加强先行先试。实施系统性改革创新，做到资源互通、资质互认、政策互惠，取得了一批开创性的创新成果。比如，在规划管理上，参与编制的示范区国土空间总体规划，将作为国内首个跨省域共同编制、具有法定效力的国土空间规划由国务院批复实施。在生态保护上，建立"联合河长制"，共同开展河道联合保洁、联合治理和联合执法。在土地管理上，嘉善盘活土地存量的经验做法得到国家发改委高度肯定，将作为示范区首个经验在长三角地区推广。在要素流动上，实现了两区一县企业登记标准、办理流程的统一，嘉善企业注册登记可冠名"长三角一体化示范区"字样。在项目管理上，共同制定示范区政府核准投资项目目录及先行启动区产业项目准入标准。在财税分享上，三地可相互设立自助办税终端，多个涉税事项实现跨区办理。在公共服务上，嘉善参保人员在青浦、吴江就医可直接刷医保卡；职业教育实现统一招生。

四、共建国家自由贸易试验区联动创新区

2019 年 12 月，浙江省政府办公厅正式批复嘉兴设立中国（浙江）自由贸易试验区联动创新区，联动创新区涵盖国际商务区片区、综合保税区片区 A 区和 B 区、临沪片区的张江长三角科技城平湖园区块和中荷（嘉善）产业合作园区块、乌镇大数据产业园片区等 4 个片区。获批后，嘉兴紧扣长三角一体化国家战略，结合跨境电商综试区建设和综合保税区争先晋位等重点工作，加快推进联动创新区建设。到2020 年底，全市已经复制推广自贸区改革试点经验 175 项。其中，2020 年新复制推广 26 项，形成具有嘉兴特色的改革试点案例 19 项，联动创新区建设取得了"357"的成绩。

一是在工作部署上做到全省 3 个"第一"。第一个发布联动创新

区建设实施方案,第一个建立联动创新区建设领导小组,第一个召开联动创新区建设工作推进会。2020 年 6 月,嘉兴出台《中国(浙江)自由贸易试验区嘉兴联动创新区总体方案》,明确嘉兴联动创新区将着力推动 5 大方面、18 项重点任务,主要包括:更大力度推广自贸区改革成果,积极复制推广全国自贸区 223 条改革试点经验和最佳实践案例;更接地气开展创新探索,加快推进长三角一体化示范区嘉善片区建设;更高质量建设开放平台,积极对接上海张江、虹桥商务区等重点功能区,深度融入"一带一路"和长江经济带建设,推进国际投资经贸合作,等等。

二是在创新探索上做到全省 5 个"首家"。首家"进口船边直提、出口抵港直装"模式落户嘉兴港区;在嘉善长三角一体化示范区开设首个外国人工作居留"单一窗口";首家知识产权跨域一体化司法服务机制在嘉兴法院推出;首家跨省转入项目蓝怡科技集团(上海)在嘉兴首次实践长三角医疗器械注册人制度;全省首家外汇业务"驻点办"落户中国银行嘉兴嘉善姚庄支行,且为全国首创、示范区首办。

三是在工作成效上做到全省 7 个"领先"。在全省率先推出一般企业投资项目"交地即施工"快速审批服务,企业开工建设时间大幅缩短;2019 年 12 月全市共有 2432 份贸促会原产地证书通过"单一窗口"申报,申报数量占全省 47.4%,位列全省第一;金融便利化改革试点、货物贸易外汇收支便利化试点、资本项目收入支付便利化三项改革试点业务均走在全省前列;跨境双向人民币资金业务备案家数全省第一;在事中事后监管举措上,"一项一策"的先进经验走在全省前列并获省市场监管局肯定。

五、建设全省高质量外资集聚先行区

2003 年,嘉兴提出接轨上海开放带动战略,市委、市政府出台了《关于加快构筑对外开放新平台的若干意见》。自此,嘉兴外资从弱到强,从小到大,逐渐形成了有梯度、多行业、加速快、成规模的全省高质量外资集聚地。2019年,面对复杂多变的国际形势,嘉兴全力招大引强,全年引进世界500强外资项目10个,引进总投资超亿美元产业项目55个,双双位居全省第一。同年11月,浙江省委、省政府授予嘉兴市"全省高质量外资集聚先行区"称号。

一是打好组合拳全力招大引强。从2004年开始,嘉兴形成了"瞄准世界500强,瞄准行业龙头,以重点产业招商为导向,放大现有产业优势,深挖产业潜在优势"的引资路径。采用更为聚焦、更具针对性的招商方式,包括在欧美发达国家设立相关办公室,以更接近目标国家、目标企业的方式开展定向国别招商;结合重点产业、优势行业进行产业招商;以浙江清华长三角研究院海外产业创新综合服务体为基点,实行"海外产业创新综合服务体精准引智"模式;利用好浙江投资贸易洽谈会、中国国际进口博览会等开展"展会招商",在北京、上海、深圳、杭州等重点城市开展驻点招商等。2020年,嘉兴首次开展"云招商",首次举办长三角医药产业大会,首次把长三角(嘉兴)国际投资贸易洽谈会(简称"嘉洽会")搬到上海举办。组织开展利用外资"百日竞赛",形成比学赶超的良好氛围,其间累计实到外资11.7亿美元,一个季度的成效达到了半年的工作目标,8月起实到外资规模和增速均保持全省第二的位置。

二是聚焦高质量打造高能级平台。从1992年起,嘉兴就开始陆续建立各类经济开发区,并将其打造成利用外资主平台。近年来,嘉兴加快推动中德、中荷、中法等13个国际产业合作园建设,加快建设12个高能级产业生态园,全面推进21个万亩产业平台整合提升,打造高端外资集聚主平台。至2020年底,全市共有国家级经济技术开发区3个、国家级高新技术开发区1个、国家级综合保税区1个(A、B区)、省级经济技术开发区9个和高新区6个。2019年,3个国家级经济技术开发区在全国排名连续进位,均进入全国百强,其中嘉兴经济开发区列国家级开发区综合排名第12位。嘉兴经济开发区和海宁经

济开发区进入年度对外贸易十强开发区,嘉兴经济开发区、嘉善经济
开发区和平湖经济开发区进入年度利用外资十强经济开发区。2019
年,全市 21 个"万亩千亿"平台实际利用外资 35.1 亿美元,占比达到
85.1％;引进世界 500 强、国际行业领先企业和总投资超亿美元产业
项目 62 个,占比达到 75.6％。同时,在高质量外资招商中,逐步形成
了"1＋4＋8"国际产业合作园平台体系,即 1 家由工信部授牌的中德
中小企业合作区,中德、中日、中荷、中法等 4 家由省政府批复的国际
产业园区,8 家由县(市、区)建设、有一定规模和影响力的国别产业园
区,对来自欧美高质量外资招商全面开花。浙江中荷(嘉善)产业合作
园成为"2017 年浙江省十佳对外合作单位",是全省 19 个省级以上国
际产业合作园中唯一获此殊荣的平台。

三是对标国际化持续优化营商环境。嘉兴按照国际标准和规则
为外资企业提供高效服务,不断完善营商环境,提升投资贸易便利化。
在省级以上开发区推进了以一个国际产业合作园、一家海外招商联络
处、一支产业合作基金、一家紧密合作型科研机构、一个特色产业创新
服务综合体为主的"五个一"工程。深入开展精准服务外资企业行动,
建立领导联系服务企业制度,针对企业个性问题,实施"一企一策"。
在"嘉兴市企业服务平台"开设服务外资企业平台,整合服务资源,拓
宽服务渠道,实现企业反映问题收集、交办、销号、反馈、回访等服务闭
环。建立快速反应、处理机制,全天候响应全市外资企业,提升服务企
业效率。组建百亿项目推进专班,提供个性化服务、开通绿色通道,切
实解决项目推进过程中涉及用地、用能等问题。2020 年,全市有 2 个
项目列入国家重大外资项目用地指标解决名单,占全省一半。全市 21
个项目列入省年度重大外资项目推进计划,入选项目数和总投资额均
列全省第一。

第四节　接轨上海与融入长三角一体化
发展的实践与创新

多年来，嘉兴主动接轨上海，积极参与长江三角洲地区交流与合作，坚定不移把全面融入长三角一体化发展作为引领嘉兴高质量发展的首位战略，举全市之力答好一体化发展示范区建设"联考卷"，争当长三角一体化发展的先锋，打造以一体化发展推动高质量发展的典范。纵观嘉兴坚决贯彻落实习近平同志对嘉兴作出的接轨大上海、融入长三角、扩大新开放的重要指示批示精神的具体实践，结合习近平新时代中国特色社会主义思想，可以发现凝聚嘉兴实践中的经验与启示主要表现在三个方面：一是坚持"借上海之势，扬各自所长"，从大力实施接轨上海开放带动战略向积极落实长三角一体化发展国家战略迭代升级，不断扩大对上海辐射溢出带动效应的承接；二是坚持"跳出嘉兴发展嘉兴"发展理念，推动全市从参与长三角地区交流与合作迈向参与推动形成优势互补高质量发展的区域经济布局，不断深度融入区域协同发展大格局；三是坚持内源发展与内外双向开放相结合，从"全面推动对内对外开放"走向参与"加快构建以国内大循环为主体、国内国际双循环相互促进的新发展格局"，不断以更高水平开放促进新发展格局构建。

一、借上海之势，扬各自所长：从主动接轨上海到实施长三角一体化国家战略

在浙江工作期间，习近平同志就高度重视上海在长三角一体化中的重要地位和对浙江发展的辐射带动作用，强调要充分认识上海在长三角经济圈中的龙头地位与经济全球化中的独特作用，提出了"主动

接轨、全面融入、发挥优势、实现共赢"的接轨上海总体方针,并规划了
"借上海之势,扬各自所长,实现长江三角洲地区的共同繁荣"①的互利
共赢新路子。

在"主动接轨上海、积极参与长江三角洲地区交流与合作"的理念
指引下,作为全省接轨上海"桥头堡"和承接上海辐射门户的嘉兴,始
终把接轨上海摆在全市经济社会发展的突出位置。2003 年,市第五
次党代会明确提出把接轨上海开放带动作为发展的首要战略,"十二
五"规划又深化提出了"与沪杭同城"战略并作为全市七大战略之首。
2017 年,嘉兴成功获批浙江省全面接轨上海示范区,在轨道交通接
轨、园区建设等八大重点事项,以及科技成果转化机制、特色小镇创
建、人才引进培养机制等 15 项创新改革项目方面全面推进接轨上海
工作。通过充分发挥地处长三角区域几何中心和浙江省接轨上海前
沿阵地的区位优势,嘉兴在长期不懈地主动对接中,与上海在产业、科
技、基础设施、公共服务及体制机制等领域开展了全面的交流合作,有
效带动了全市经济发展迈上新的台阶。

二、跳出自身发展自身:从参与长三角合作到推动形成优势互补区域经济布局

在浙江工作期间,习近平同志始终高度重视加强区域合作与交
流。他站在全局视角和战略高度,提出既要"立足浙江发展浙江"又要
"跳出浙江发展浙江",指出浙江在加快自身发展的同时,要积极参与
西部大开发、中部崛起、东北地区等老工业基地振兴,促进长三角地区
和长江经济带的联动发展,努力为全国大局做出积极贡献,并强调这
不仅是浙江的政治责任,也是浙江的发展机遇。②

① 习近平:《干在实处　走在前列——推进浙江新发展的思考与实践》,中共中央党校出版社
2006 年版,第 109 页。
② 习近平:《干在实处　走在前列——推进浙江新发展的思考与实践》,中共中央党校出版社
2006 年版,第 113 页。

在"跳出浙江发展浙江"发展理念和"参与长三角地区交流与合作"战略部署的引领下，嘉兴不断推进自身的区域发展与周边区域相融合，实现了从更大的空间范围内整合资源，有效破解了面临的资源、市场瓶颈，打开了发展空间。作为长三角核心区枢纽中心，嘉兴充分发挥自身区位优势，大力实施"与沪杭同城"战略、全面融入长三角一体化发展首位战略，不断加强与上海、杭州、苏州、宁波等城市的联动发展，逐步形成示范区先行示范、中心城区引领带动、G60科创走廊驱动支撑、临沪临杭滨海三带联动推进的"一区一城一廊三带多板块"全域融入的发展格局。同时，按照浙江省第十五次党代会的要求，深入推进长三角高质量一体化发展，助力高水平建设长三角生态绿色一体化发展示范区、嘉善县域高质量发展示范点和上海虹桥国际开放枢纽南向拓展带。同时深入推进东西部对口支援和山海协作，全面参与和服务全省、全国的统筹协作发展大局。

三、内源发展与内外开放相结合：从推动内外开放到构建双循环新发展格局

21世纪初，习近平同志就敏锐地指出"内源发展不是封闭发展""要更加注重内源发展与对外开放、外向拓展相结合"，提出了要让开放成为推动浙江经济发展的新驱动，让开放成为浙江经济的新特征，让浙江的对内对外区位优势更突出的目标愿景。[①] 他还创造性地提出"三个坚持"的开放发展要求，指出要坚持在参与国际竞争中提升本土经济，坚持在与外资企业互动融合中提升本土经济，坚持在"走出去"过程中提升本土经济。[②] 这些理论和思考，为浙江包括嘉兴全面推动对内对外开放注入了强大的动力。

---

① 习近平：《干在实处　走在前列——推进浙江新发展的思考与实践》，中共中央党校出版社2006年版，第102页。

② 习近平：《干在实处　走在前列——推进浙江新发展的思考与实践》，中共中央党校出版社2006年版，第102—103页。

　　作为浙江"北大门"的嘉兴，历届市委、市政府始终沿着习近平同志指引的路子，积极推动内源发展与对外开放、外向拓展相结合，充分利用国际国内两个市场、两种资源，形成了内源发展与外源发展"两个轮子"一起转、"两种动力"一起驱的良好局面。多年来坚持内外驱动、双向拓展，有力推动了嘉兴的区位优势转化为对外开放优势，产业优势转化为出口竞争优势，在实现开放型经济发展上取得了新突破。

第四章　统筹城乡大发展
推进城乡一体化

21 世纪以来,嘉兴大力统筹城乡经济社会发展,加快推进城乡一体化与新农村建设。2020 年,嘉兴城乡居民收入比缩小到 1.61∶1,农村居民人均收入连续 17 年居全省第一,在全省率先实现所有村经常性收入超过 100 万元,乡村振兴综合评价列全省第二,7 个县(市、区)全部列入"中国城乡统筹百佳县市"。嘉兴是全国第一个制定出台城乡一体化发展规划纲要的地级市。在"八八战略"指引下,嘉兴以深化统筹城乡发展为建设共同富裕示范区的典范城市的主要路径,开启了从"统筹城乡发展的典范"到"共同富裕的典范"蝶变跃升、跨越发展的新征程。

第一节　打造全省乃至全国统筹城乡发展的典范

城乡关系是经济社会发展中极其重要的一对关系。统筹城乡发展,是一项事关全局和长远的重要任务。嘉兴是全省在统筹城乡发展方面进行较早探索实践的城市之一。"八八战略"提出以后,市委、市政府牢牢把握所处的历史方位,深刻认识推进城乡一体化对嘉兴发展的深远意义,对城乡一体化发展作出了一系列具体部署。嘉兴市第五次党代会将"城乡一体化"确立为全市经济社会发展"五大战略"之一。2004 年,又印发了《嘉兴市城乡一体化发展规划纲要》,并制定了推动城乡发展一体化的 6 个专题规划,在统筹城乡发展各个方面进行了积极的探索,取得了初步的成效。

嘉兴始终按照习近平同志指引的方向,统筹推进城乡经济社会发展各方面工作,纵深推进"六个一体化",深化"十改联动",加快建设现代化网络型田园城市,初步形成了一整套系统完善的工作机制,取得了明显成效。

一、"六个一体化"统筹城乡发展

2004 年以来,嘉兴大力实施城乡空间布局、城乡基础设施建设、城乡产业发展、城乡劳动就业与社会保障、城乡社会发展和生态环境建设与保护等"六个一体化",统筹城乡发展取得了显著成效。

一是深入推进城乡空间布局一体化。加强对各类规划的统一管理,强化各类规划的系统性、规范性、有用性和权威性,逐步建立相互配套、衔接、管理有序的规划体系。按照城乡一体化的思路,科学编制完善市域生产力布局规划、城镇体系、镇村规划、土地利用总体规划、水利规划等,构筑城乡联动发展、整体推进的空间发展形态,编制完成《嘉兴市域总体规划(2005—2020 年)》《嘉兴市城市总体规划(2003—2020 年)》,实现规划市域、城乡全覆盖。大力发展中心城市,积极培育壮大中小城市,扶持发展中心镇,整合中心村和农村居民点的建设,基本形成了城乡居民点体系布局合理、基础设施配套完善、生活环境良好、产业布局科学的新型城乡空间布局体系。

二是深入推进城乡基础设施建设一体化。实施交通一体化工程,基本形成内外衔接、城乡互通、方便快捷的交通网络,建成"三纵三横三连"的高速公路网络,实现嘉兴市区到各县(市)行政中心之间均有两条以上快速干道相连,各县(市)之间有一级公路相连。加快推进农村公路标准等级化、路面铺装高级化、道路结构网络化建设,全面推进道路"通村到组达户",市域内各镇、中心村基本实现 15 分钟内上高速公路。全面实施公交一体化工程,基本构筑起了从中心城市到副中心城市、城市到镇(街道)、镇(街道)到村的三级公交网络,公交行政村通达率达到100％。按照城市服务设施的标准,建设与农村居民日常生活密切相关的公用服务设施,深入推进城乡供水、燃气、电力电信网络等一体化建设。

三是深入推进城乡产业发展一体化。充分发挥区域经济的"集聚效应"与"扩散效应",构筑城镇与产业结构布局合理、市场体系完善、政策制度一体、信息资源共享、交通体系完备的区域经济共同体。加快传统农业向现代农业跨越,大力发展设施农业、都市农业、观光休闲农业、外向型农业、生态型农业,推动农业结构战略性改革。大力实施以中心工业园区为核心的集中工业化战略,积极引导相对分散的同类企业进行集聚,形成了皮革、毛衫等一批具有一定规模和比较优势的产业集群。大力发展现代物流业和旅游业,积极改造提升传统商贸业,培育和发展大型专业市场,建设现代物流园区,形成"大市场、大贸易、大流通"的发展格局。三次产业实现了在城乡之间广泛融合互动、协调快速发展。

四是深入推进城乡劳动就业与社会保障一体化。制定《关于全面推进城乡就业一体化工作的若干意见》,推出统一失业登记制度、统一就业制度、统一就业援助政策、统一劳动力市场、统一公共就业服务,建立健全劳动就业一体化网络体系,完善城乡劳动力资源的优化配置,基本实现城乡就业一体化。探索构筑城乡社会保障相衔接的框架体系,逐步缩小城乡差别。建立多层次的养老保险体系,积极推进城乡养老保险协调发展。率先全部开展新型农村合作医疗试点,实行统一筹资标准、统一参保对象、统一起报线、统一报销比例、统一封顶线、统一统筹年度,建立合作医疗筹资增长机制。完善城乡最低生活保障制度,在生活、就业、就学、就医、住房、法律援助等方面实行分层分类救助,基本形成新型社会救助体系。

五是深入推进城乡社会发展一体化。统筹城乡"两个文明"建设,大力发展教育、卫生、文化体育等社会事业,加快现代文明向农村辐射、扩散和城乡融合的步伐,不断提高农村居民生活质量。按照"学校布局城乡同步规划、学校建设城乡同标准实施和学校设施城乡同水平装备"思路,推进城乡教育均衡、协调发展,全面提高城乡教育整体水平。以提高医疗卫生服务能力、完善基本医疗制度、加强公共卫生为重点,全面推进城乡卫生一体化,构筑覆盖城乡居民的社区卫生服务网络,社区卫生服务覆盖率和乡村卫生服务机构一体化管理率达到100%,各镇(街道)卫生院全部转变为社区卫生服务中心,提供"六位一体"服务。坚持以"覆盖全市、城乡一体、资源共享、公平便利"的基本定位,打造以市级文化场馆为核心、县级文化场馆为主干、镇(街道)文化站为枢纽、村(社区)文化活动中心(室)为基础的覆盖城乡的公共文化基础设施网络。

六是深入推进生态环境建设与保护一体化。以全面开展创建生态市、县(市、区)、镇活动为载体,大力发展生态经济,改善城乡生态环境,培育生态文化,逐步实现区域经济社会和人的协调发展。成功创建国家园林城市、全国绿化模范城市,五县(市)均成功创建"国家级生态示范区"。率先建立"城乡一体、四级联动"的垃圾集中收集处理机制。加大农业农村面源污染治理力度,实现"家居温暖清洁化、庭园经济高效化、农业生产无害化"。

二、"十改联动"实施省级统筹城乡综合配套改革

2008年1月,市委、市政府制定出台了《嘉兴市打造城乡一体化先行地行动纲领(2008—2012年)》,提出以争取成为省统筹城乡发展综合配套改革试点为契机,全面实施空间布局、产业发展、基础设施、公共服务、社会保障、生态环境、组织保障等七个推进体系建设。4月,省委、省政府站在战略和全局的高度,设立三大省级综合配套改革试点区,在嘉兴部署开展全省统筹城乡综合配套改革。7月29日,省政府批复同意《嘉兴市统筹城乡综合配套改革试点总体方案》。8月4日,市委、市政府印发了《关于开展统筹城乡综合配套改革试点的实施意见》《关于开

展节约集约用地试点　加快农村新社区建设的若干意见》，提出全面开展以优化土地使用制度改革为核心，包括统筹城乡就业、社会保障制度、户籍制度、居住证制度、涉农工作管理体制、村镇建设管理体制、农村金融体制、公共服务均等化体制、规划管理体制等的"十改联动"综合配套改革，以"一改带九改"，以"九改促一改"，整体推进各项配套改革。

一是优化土地使用制度，城乡土地节约集约利用和优化配置机制不断完善。探索开展节约集约用地（"两分两换"）试点，按照土地节约集约有增量、农民安居乐业有保障的总体要求，将宅基地与承包地分开，搬迁与土地流转分开，推动实现农业生产经营集约、农村人口要素集聚，切实提高农民生活水平和生活质量。一方面，以承包地换股、换租、换保障，推进集约经营，转换生产方式。在"依法、自愿、有偿"基础上，对以租赁或入股形式长期（10年以上）全部流转土地承包经营权的，土地流转收益归农户所有。对于参加城乡居民社会养老保险的，可选择按城镇居民缴费基数缴费，并给予对应的财政补贴；参加职工养老保险，按有关规定给予衔接计算；对自愿全部放弃土地承包经营权且符合有关条件的，按不同情况参加社会养老保险。另一方面，以宅基地换钱、换房、换地方，推进集中居住，转换生活方式，对放弃宅基地（包括住宅）进入城镇购买商品房的农户，对原住房直接给予相应的货币补贴，不再另外安排搬迁安置房用地；进入城市和新市镇规划区置换搬迁安置（公寓）房的农户，按照搬迁政策对原住房建筑面积实行房屋补偿；另外也可以到镇（街道）、村统一规划的城乡一体新社区选择一个地方自建。通过实施"两分两换"改革试点，农村整体布局全面优化，新农村建设路子得到拓展，土地节约集约效果明显，农民财产性收入切实增加。

二是深化统筹城乡就业改革，城乡劳动者平等充分就业的政策体系和服务体系基本建立。完善以就业培训、就业援助和就业扶持为主的促进就业政策，形成促进城乡劳动者平等充分就业的长效机制。通过加强职业教育和技能培训,提高城乡劳动者的就业创业能力,同时建立市、县(市、区)、中心镇三级联动的人力资源市场体系和以村(社区)为基础的就业信息服务网络,提高就业服务质量与效率。2008年,嘉兴被列为联合国统筹城乡就业试点城市。

三是深化社会保障制度改革,全面覆盖城乡居民的社会保障体系基本建立。全面落实统筹城乡社会养老保险制度,完善企业职工基本社会养老保险制度,全力扩大城乡居民社会养老保险覆盖面,鼓励有地居民以土地承包经营权置换社会保障,成为全国首个实现社会养老保险全覆盖的地级市。不断完善覆盖城乡居民的医疗保障体系,将职工基本医疗保险之外的城乡居民全部纳入城乡居民基本医疗保险范围,实现城乡居民医疗保险的全覆盖。2009年,嘉兴被列为全国城乡合作医疗试点城市。

四是实施户籍制度改革,建立城乡统一的新型户籍管理制度,公民迁徙自由基本实现。在全市取消农业户口、非农业户口性划分,实行城乡统一的户口登记制度,按照公民经常居住地登记户口的原则,将公民户口统一登记为"居民户口"。积极推进劳动就业、社会保障、土地承包、计划生育等相关政策与户籍制度改革的配套衔接,城乡差距进一步缩小。探索农村居民转为城镇居民的有效途径,有地居民土地被全部征收或全部放弃土地承包经营权后,和无地居民一样享受相应的各项社会保障和公共服务等政策。

五是实施居住证制度改革,创新新居民服务管理体制,统筹兼顾新居民利益的体制机制基本建立。探索建立与经济社会发展水平相协调、与产业结构调整力度相匹配、与环境资源承载能力和公共财政供给能力相适应的居住证制度政策,深化完善新居民子女教育、住房保障、生育健康等方面的政策配套。创新构建市、县两级新居民事务局以及新居民事务所、新居民工作站四级联动的新居民服务管理网络。2010年,嘉兴被国家人口计生委等四部门确定为创新流动人口服务管理体制、推进流动人口计划生育基本公共服务均等化试点城市。

六是实施涉农工作管理体制改革,统筹城乡"三农"管理服务体制和机制不断完善。成立市委农业和农村工作委员会,实行市农办和市农业经济局合署办公,有效整合力量资源。创新发展"新仓经验",扩大和深化农民生产、供销、信用"三位一体"改革试点,健全和完善现代农业社会化服务体系,市、县(市、区)、镇(街道)三级农合联组织组建率达到100%。加大土地流转,率先全面构建县(市、区)、镇、村三级土地流转服务组织网络,推进农业规模化经营,引导农民由家庭经营向规模经营转变。积极培育现代农业生产经营主体,引导工商资本、社会资本投资现代农业。

七是实施村镇建设管理体制改革,新市镇和新农村建设扎实推进。制定实施以"权力下放、超收分成、规费全留、干部配强"为主要内容的强镇扩权政策,培育发展现代新市镇,加强市镇工业功能区建设,把市镇建设成为经济发达、功能完善、特色明显、环境优美、文化繁荣、生活富裕的小城市,积极引导人口向新市镇集聚。加强农村新社区建设与管理,完善村务公开等民主管理制度,提高村民自治水平。加强农村各类基层组织建设,构建城乡党的基层组织互帮互助机制、城乡一体党员动态管理机制。发展壮大村级集体经济。

八是深化农村金融体制改革,建立完善统筹城乡和服务"三农"的金融体系,金融支农服务水平不断提高。积极构建多元化的新型农村金融组织体系,鼓励政策性银行依托地方商业银行等中小金融机构进行信贷产品结构调整和金融产品创新,大力发展农村小额信贷和适合"三农"特点的微型金融服务。完善以政府财政投入为引导、企业投入为主体、金融投入为支撑、社会投入为补充的风险创业投入机制。建立多层次政策保险体系,完善风险保障及担保机制。创新基础设施投融资机制,建立城乡一体基础设施规划建设和运行管理长效机制。

九是推进公共服务均等化体制改革,建立城乡资源共享机制和管理服务机制,城乡基本公共服务均等化水平不断提高。深化教育体制改革,完善"以县为主"的义务教育管理体制,探索"管、办、评"联动机制,城乡基础教育均衡协调发展向纵深推进。深化文化体制改革,构建城乡一体的公共文化服务体系框架,探索形成富有活力的文化管理体制和文化产品生产经营机制。深化医疗卫生体制改革,完善城乡一体公共卫生体系、医疗服务体系和医疗保障体系。

十是实施规划管理体制改革,市域一体、城乡联动的规划体系逐步完善。健全城乡规划委员会制度,加大统筹城乡规划的力度,建立集中统一的市域规划管理体制,形成市域统筹规划布局重大基础设施、重大产业、公用事业和社会发展项目的城乡建设新格局。建立由市域总体规划—县(市)域总体规划—城市总体规划—新市镇总体规划—控制性详细规划和村庄规划组成的覆盖城乡的规划体系。

三、"1640"构建现代化网络型田园城市

2007年,嘉兴提出"1640"现代化网络型大城市的战略构想;2010年,提出要加快形成"1640300"城乡布局体系,并把"现代化网络型田园城市"作为"十二五"时期城市发展定位;2016年,进一步统筹优化城乡功能布局和空间形态,提出要加快构建"1640"和"四百一千"城乡空间结构,并坚持把"具有国际化品质的现代化网络型田园城市"作为城市发展定位。20年来,嘉兴始终按照"整体规划"的理念和思路,全力推进现代化网络型田园城市建设。

一是突出中心城市发展。不断完善区域规划布局,推进中心城市"东拓西进、北控南移",理顺湘家荡管理体制,联动推进城市有机更新和海绵城市建设,加速开发国际商务区等重点区块,中心城市能级和功能品位得到了有效提升,基本形成了"三横、三纵、三环、十放射"的城市道路主体框架,现代化网络型大城市的强大引擎基本构成。

二是协调推进副中心城市发展。实施"强县战略",深入推进六个副中心城市建设,为构建网络型大城市奠定坚实基础。嘉善县不断优

化城乡空间布局,加快中部以中心城区为核心的城镇空间集聚发展,整合北部湿地、古镇旅游休闲资源一体发展,推进县域其他城镇特色化发展和美丽乡村建设,构建"一主、两副"网络型城乡发展格局;平湖市统筹新区开发和城市有机更新,推进中心城区"南进、东拓、北延、中提升、西预留",加快形成"一心四廊、一主四片"格局,同时基本建成"一环、五纵、六横、七连"的公路主干路骨架网格局;海盐县按照空间有机集中、组团式发展理念,将全县打造为"一城、一区、三片"网络型组团城市;海宁市按照"城乡兼顾,择优集中"的原则,构筑"两核、四区、一带"网络型城乡协调发展的空间结构;桐乡市根据桐乡平原网络化地区的地形特色和城乡居民点分布基础,着力推动产业集聚、人口集中、资源要素集成,形成"一市三城、以城带区"总体格局;滨海新区着力构建"港产城相互融合、产业功能集聚、设施配套均衡、生态功能完善"的多组团网络化区域空间格局,基本形成"一心、一带、两翼"总体空间架构。

三是深入推进小城镇发展。坚持完善城市功能配套、合理城市化布局。深化市镇培育工程,深入开展小城市培育试点和特色小镇建设,强化市镇功能定位,将市镇建设成为所在农村地区经济、文化、服务中心,区域特色经济发展和城乡居民安居乐业的各具特色的小城市,主、副中心城市的特色功能区和卫星城,现代化网络型大城市的基础性节点以及推进城乡一体化、统筹城乡发展的重要载体和联结纽带。通过财权下放、事权下放、重心下移,让市域内所有镇获得"特别待遇",加快小城镇向新市镇提升发展。

第二节　建设全面体现小康社会水准的、城乡一体化的社会主义新农村

21世纪初,浙江经济社会发展程度已经走在了全国前列,从全面

建设小康社会、提前基本实现现代化的要求来看,全省人民生活水平总体上已达到小康。但这个小康仍是低水平、不全面、发展很不平衡的小康,集中反映在农村,"脏、乱、散、差"的人居环境,较为落后的道路、水、电等基础设施,发展滞后的教育、医疗、卫生、文化等公共事业,与农民群众对美好生活的需求形成了强烈反差。针对这一问题,2003年1月,浙江省委全省农村工作会议指出,要全面建设小康社会,提前基本实现现代化,增加农民收入的任务最迫切,发展现代农业的任务最艰巨,改变农村面貌的任务最繁重。[①] 同年6月,浙江省启动"千村示范、万村整治"工程,明确从全省选择1万个左右的行政村进行全面整治,把其中1000个左右的中心村建成全面小康示范村。遵照省委这一重大决策,嘉兴市委、市政府于2003年9月召开全市"百村示范、千村整治"工作会议,全面动员和部署"百村示范、千村整治"工作,提出用5年左右时间,对全市1000多个行政村进行全面整治,并建成100个左右规划科学、环境优美,经济繁荣、生活富裕,设施健全、服务配套,管理民主、社会和谐的全面小康示范村。2005年8月2日,全省"千村示范、万村整治"工作现场会在嘉兴召开。会议充分肯定了嘉兴村庄整治建设工作,并提出要"建设全面体现小康社会水准的、城乡一体化的社会主义新农村"。

一、实施"千村示范、万村整治"工程建设

2003年,遵照省委实施"千村示范、万村整治"工程的决策部署,嘉兴市委、市政府提出用5年左右时间,对全市所有行政村进行全面整治,至2008年末,基本完成"千村示范、万村整治"任务。

一是深入推进示范村创建。将全面小康,"村美、户富、班子强",物质文明、精神文明与政治文明协调发展作为示范村建设总体标准,

---

① 何显明主编:《"八八战略"与中国特色社会主义在浙江的实践》,浙江人民出版社2020年版,第105页。

同时将"布局优化、道路硬化、村庄绿化、路灯亮化、卫生洁化、河道净化"作为环境整治标准。在全市范围内选择经济社会发展水平较高和环境建设基础较好、村级班子战斗力较强的村，开展村庄整治建设规划编制实施工作。2003年，全市第一批确立了34个试点示范村，其中省级村庄整治规划试点村2个。

二是全面推进重点整治村建设。2004年，市委提出在两年内每个县（市、区）要选择一个基础条件较好的镇作为重点镇。重点镇以镇为单位，全面开展村庄整治建设，其中一个村要完成示范村建设，其余村要完成重点整治村建设。重点镇以外的镇要选择一个条件较好的村，完成重点整治村整治建设。重点整治村建设主要开展道路硬化、环境洁化、河道净化、民居美化、村庄绿化"五化"建设，同时加快农村各项配套建设，促进农村公共服务和社会事业发展，加强基层民主政治建设，使城市文明向农村延伸和覆盖。

三是扎实推进一般整治村建设。明确把示范村和重点整治村以外的其他行政村作为一般整治村。因地制宜地开展以治理"脏、乱、差、散"为重点的环境整治，努力推动实现"环境整洁、设施配套、布局合理"。

二、实施"美丽乡村"建设

2004年，嘉兴市以部署落实"千村示范、万村整治"工程为契机，推进全面小康示范村创建，开展了以公共基础设施和服务设施建设、村容村貌整治为重点的村庄环境整治，推进包括道路硬化、环境洁化、河道净化、民居美化、村庄绿化、配套建设的"五化一配套"建设。2008年，嘉兴又以农村环境综合整治为重点，深化开展村庄整治建设，扎实推进包括畜禽粪便污染整治、生活污水整治、垃圾固废整治、化肥农药污染整治、河流疏浚整治和提高村庄绿化水平的"五整治一提高"工程。通过由点及面的村庄环境整治，形成了一批路畅、水净、地绿、村美、户富的江南水乡新农村。

2011年,市委、市政府出台《关于提升村庄整治水平　建设美丽乡村的意见》,并成立了嘉兴市美丽乡村建设工作领导小组,进一步明确了美丽乡村建设的总体要求、目标任务和工作重点。2012年,全面启动省级美丽宜居示范村创建工作。经过多年创建,美丽乡村建设取得了阶段性成效:一是"四级联创"机制形成,县级层面每个县(市、区)美丽乡村建设规划全部编制完成;镇级层面积极进行市级美丽乡村先进镇创建活动;村级层面积极创建精品村;农户层面积极创建"优美庭院"。二是稳步推进全市72个省级美丽宜居示范村建设,并制定实施方案推进省级中心村建设。三是把保护利用历史文化村落作为美丽乡村建设的重要内容,统筹安排、同步建设。四是建设示范性城乡一体新社区,树立了嘉善姚庄,南湖区七星、余新,桐乡濮院等一批村庄集聚的先进典型,涌现了南湖区梅花洲、秀洲区王店聚宝湾等一大批美丽乡村建设的示范点。

在第一轮美丽乡村"四级联创"的基础上,2016年以来,嘉兴以美丽乡村风景线建设为重点,提升扩面、串点成线、连线成片,把点线的美丽逐步扩展到成片的区域美丽,全面启动新一轮美丽乡村系列示范创建工作。嘉兴美丽乡村的知名度、美誉度和影响力不断提升,打响了"江南小乌镇、田园新生活"品牌,涌现出了秀洲区潘家浜、海宁市梁家墩等一批"网红示范村"。嘉兴美丽乡村建设呈现的"浙北江南水乡金花"模式,被列为全省"五朵金花"之一。

三、实施国家新型城镇化试点建设

2006年8月召开的浙江省城市工作会议,首次提出"坚定不移地走新型城市化道路"。10余年来,嘉兴始终坚持这一发展战略,联动推进新型城市化和新农村建设,一幅以城带乡、以乡促城的城乡一体化图景日渐清晰。从总体上看,新型城镇化增强了对农村的辐射和带动作用,有利于解决"三农"问题和加快新农村建设。2014年12月,嘉兴市被国家发改委等11个部委列为首批国家新型城镇化综合试点地区之一。作为全省唯一列为试点的地级市,嘉兴市不断探索、创新、丰富城镇化发展的经验和模式,走出了一条具有嘉兴特色的新型城镇化发展道路。

一是改革资源要素差别化配置机制。着力解决产业层次低、产品附加值低、亩均产出低、资源能源消耗高等产业结构性、素质性突出问题。2013年9月,率先在海宁市开展资源要素市场化配置改革试点工作。2014年5月,出台《嘉兴市关于加快推进要素市场化配置改革实施方案》,并经省政府批复成为首个资源要素市场化配置改革全覆盖的地级市。2015年9月,省政府印发《关于全面开展县域经济体制综合改革的指导意见》,资源要素市场化配置改革经验做法在全省全面推广。

二是改革新型城镇化标准体系。2015年,国家标准委、国家发改委确定嘉兴市为国家10个新型城镇化标准化试点城市之一。按照"以人为本、绿色发展"原则,编制了《嘉兴市国家新型城镇化综合试点标准化工作实施方案》,着力实施"1511计划",即构建1个以公共服务和社会治理、基础设施、资源环境、农业现代化为主要框架的新型城镇化标准体系,推进全市域统筹规划、产业优化发展、城乡一体化建设、新型城镇化投融资改革、基层社会治理创新等5个重点领域标准化项目建设,树立1批新型城镇化标准试点,培养1批新型城镇化标准化人才。通过改革,基本构建了涵盖基础设施标准化、就地城镇标准化、城乡一体标准化、特色小镇标准化、美丽乡村标准化、循环经济标准化、基层政务标准化、基层治理标准化等方面的一系列标准体系。

三是改革城乡空间规划体系。制定了"163"的空间规划改革方案,构建了统一的"多规合一"入库技术标准和图斑差异比对标准。同时,按照"战略—规划—计划—项目"的思路对现有规划体系进行梳理,创新性提出了"1+4+N"全新空间规划体系,有效理顺了各类规划之间的关系。完成了市域总体规划修编,编制了《嘉兴市空间发展与保护总体规划(2014—2030)》,通过优化"四条界线",着力建设空间调优机制,着力保障三区空间落地,着力保障城乡"1＋X＋Y"规划布点,全力推进现代新市镇、城乡一体新社区和传统自然村落建设,完成了新一轮村庄布点规划编制工作。

四是改革农村产权制度。引导农村土地承包经营权有序流转,探索建立了土地承包经营权流转政策激励、平台服务、价格调节、主体培育、金融服务、风险保障、利益保护和纠纷调处等"八大机制",规范引导农村土地经营权有序流转。不断深化农村产权制度改革,组织镇、村全面开展农村宅基地历史遗留问题调查,加快对符合发证条件的宅基地进行确权登记,深化农村集体资产产权制度改革。加快构建农村产权交易体系,市、县、镇三级全部建立农村产权交易(分)中心,出台了农村产权交易管理实施办法、农村集体资产股权登记备案和交易管理细则等一系列制度。

五是创新基层社会治理。探索形成了"社区、社团、社工"服务型治理与"法治、德治、自治"约束型治理相结合的社会治理新路径。建立了全省首个市级社会组织培育发展中心,实现市、县两级社会组织服务平台全覆盖。深化网上网下联动工作机制建设,全面整合了派出所协管员、新居民协管员、城市协管员、消防监督员、工商协管员、护村队等基层各类资源,统筹分派到网格担任全科网格员,网格管理实现全覆盖。

四、实施国家城乡融合发展试验区建设

2019 年 12 月 19 日,国家发展改革委、中央农村工作领导小组办公室、农业农村部等 18 部门联合印发《国家城乡融合发展试验区改革方案》,公布了 11 个国家城乡融合发展试验区名单,其中浙江嘉湖片区作为整体入选,嘉兴全域纳入嘉湖片区试验范围。2021 年 2 月 3

日,国家发展改革委发布了《关于国家城乡融合发展试验区实施方案的复函》,原则同意了浙江嘉湖片区等 11 个试验区方案。嘉湖片区建设以缩小城乡发展差距和居民生活水平差距为目标,以协调推进乡村振兴战略和新型城镇化战略为抓手,以促进城乡生产要素双向自由流动和公共资源合理配置为关键,突出以工促农、以城带乡,破除制度弊端、补齐政策短板,重点聚焦 5 项内容进行先行先试的改革,包括建立进城落户农民依法自愿有偿转让退出农村权益制度、建立农村集体经营性建设用地入市制度、搭建城乡产业协同发展平台、建立生态产品价值实现机制、建立城乡基本公共服务均等化发展体制机制等。

　　2020 年 12 月底,嘉兴确定了秀洲区作为试点,通过 5 个"最"建设,以点带面,先试点、再推开,争取通过 3—5 年的努力达到欧美发达国家的城乡融合水平。一是打造"最特色"的集镇。采取"一个最优秀的设计师团队和一个最有集镇开发经验的运营商,联手包干一个集镇"的模式,先策划、后规划、再改造提升,并且尽可能把城市的现代商业和文化生活元素导入集镇,让农民享受现代文明生活。二是打造"最乡愁"的村落。对试点区域 1642 个村落进行了梳理,以"人走村留"和"人留村留"两种形式,共保留 195 个村落,并且把这些村落一个一个打造成为宜居、宜业、宜游的美丽乡村"升级版"。三是打造"最宜居"的社区。对试点区域搬迁农户的安置点,按照省里建设未来社区的要求,吸收和借鉴日本、新加坡等地的先进理念,力争将其建设成为能够代表未来的新型城市社区。四是打造"最江南"的水乡。把嘉兴北部湖荡水系全部进行贯通,让这些湖荡像珍珠一样串联起来,形成"绿色田园、古朴乡村、现代城镇、小桥流水"融合共生的水乡格局。五是打造"最美丽"的公路。全力打造浙江省最美农村公路,统筹布局步道、骑道、游道、碧道等,让公路两旁的美丽村庄像葡萄串一样呈现在人们面前。

第三节　建设嘉善县域科学发展示范点

县域作为最大的战术单元和最小的战略单元,是推进城乡一体化的关键。嘉善县地处太湖流域杭嘉湖平原和长三角城中心地带,是全国综合实力百强县之一,也是浙江省接轨上海第一站和浙江省唯一同沪苏都接壤的县。改革开放以来,嘉善县积极推进县域发展,在产业转型升级、城乡一体化、对外开放和区域合作等方面取得了积极成效。

一、嘉善县域科学发展示范点"四区一园"建设

2010 年 5 月,国务院批复《长江三角洲地区区域规划》,明确提出"建立浙江嘉善县域科学发展示范点"。2013 年 2 月,国家发改委批复了《浙江嘉善县域科学发展示范点建设方案》,明确了示范点建设 2015 年和 2020 年两个阶段目标任务。2015 年底,第一阶段目标任务基本完成。2016 年初,由中国行政体制改革研究会牵头,对嘉善县示范点建设第一阶段实施情况进行了第三方评估。2016 年 4 月 12 日,习近平总书记在第三方评估专报上作出重要批示,要求进一步总结嘉善县经验,继续制定新的发展改革目标,争取全面建成小康社会新成绩。[①]为贯彻落实习近平总书记重要批示精神,嘉善县编制了《浙江嘉善县域科学发展示范点发展改革方案》(以下简称《发展改革方案》)。2017 年 2 月 9 日,《发展改革方案》正式获得批复。《发展改革方案》明确要求把嘉善县建设成为全面小康标杆县和县域践行新发展理念的示范点,以创新、协调、绿色、开放、共享新发展理念为引领提出了"四区一园"建设任务,即产业转型升级引领区、城乡统筹先行区、生态文明样

---

① 《国家发展改革委积极推动浙江嘉善县域科学发展示范点建设》,中国政府网,2017 年 6 月 26 日,http://www.gov.cn/xinwen/2017-06/26/content_5205682.htm。

板区、开放合作先导区和民生幸福新家园。同年 8 月 2 日，浙江省委、省政府在嘉善召开嘉善县域科学发展示范点建设现场交流会，学习推广嘉善经验。

一是坚持创新发展，深入推进产业转型升级引领区建设。嘉善县不断完善创新创业体制机制，优化创新创业环境，集聚吸引创新要素，走出了一条集群发展、集约发展、集聚发展、创新发展"三集一创新"的发展之路。其一，深入实施创新驱动战略。全面构建"孵化—转化—产业化"的创新链"嘉善模式"，高标准建设新型工业平台体系，通过重点扶持和跟踪服务，有力地推动了科技型初创企业、省科技型中小企业、高新技术企业、创新型企业梯度发展。其二，加速打造现代产业集群。积极打造装备制造、电子信息、新能源等三大主导产业集群，提升发展传统产业，培育壮大新兴产业，促进工业由低端制造迈向高端智造。加快发展旅游、文化、物流、电子商务等现代服务业，大力创建国家全域旅游示范区。大力发展"农业＋旅游"和农村电商，推动农业规模化、专业化经营。其三，持续推进经济集约发展。全面贯彻落实供给侧结构性改革，持续深入打好"机器换人""退散进集"、要素配置市场化等经济转型升级组合拳，不断提升质量效益。

二是坚持协调发展，深入推进城乡统筹先行区建设。嘉善县坚持新型城镇化和新农村建设双轮驱动，不断推动城乡全面深度融合，基本形成了体制全面接轨、产业相融配套、社会协调发展、差距显著缩小的城乡一体化发展新格局。其一，加快推进"产城融合"新城区建设。积极探索城乡规划布局一体化与基础设施一体化，城市功能有效提升，城乡规划体系进一步完善。城乡公交、供水、污水处理等一体化扎实推进，城乡路网等基础设施日益完善。统筹城乡交通一体化科学发展的"嘉善经验"成为全国样板。其二，全力推进节点型中心镇建设。坚持把小城市试点镇和特色小镇建设作为推动经济转型升级和城乡统筹发展的重要抓手，加快推进新市镇建设步伐。"均衡发展"的"姚庄模式"，被列为浙江小城市培育"八大模式"之一。其三，深入推进升级版新农村建设。在全省率先开展农村产权"三权三抵押"改革,稳步推进农村土地制度改革,在破解农村产权确权和产权收益困局上取得新突破。同时,不断优化完善村庄布点规划,稳步推进农房改造集聚,实现市级"美丽乡村"先进镇(街道)全覆盖。

三是坚持绿色发展,深入推进生态文明样板区建设。嘉善县坚持"绿水青山就是金山银山"的发展理念,统筹推进治城、治乡、治水、治气,打造宜居、宜业、宜游的精致江南水乡,促进人与自然和谐共存。2014年,成功创建国家生态文明建设示范区。其一,联动推进美丽嘉善建设。坚持绿色发展,加大环境治理力度,联动推进美丽县城、美丽城镇、美丽乡村、美丽通道建设,"美丽嘉善"水更清、天更蓝、地更绿,人民群众生产生活环境实现根本好转。其二,全面推进"五水共治""五气共治"。建立"天上无人机、地上摄像机、面上智能机"等治水长效监管机制,实现河道长效保洁全天候、工业污水纳管全覆盖、城乡生活污水全治理、污水处理设施全联网,建立部门联动和区域联防机制,成为创建省级"清三河"达标县,被授予浙江省"五水共治"优秀县(市、区)"大禹鼎",成为全省10个"绿水青山就是金山银山"样本之一。其三,扎实推进"三改一拆"。严格实行有违必拆,不断提升防控违法建筑手段,健全整治工作长效机制,拆出了未来发展的新空间,也为"腾笼换鸟"奠定了坚实基础。

四是坚持开放发展,深入推进开放合作先导区建设。嘉善县积极打造浙江接轨上海的"第一站"和"桥头堡",努力探索"小县城"的"大开放"之路,为县域经济依托特大都市加快发展提供了示范。其一,全面加强接轨上海工作。建立"沪—浙—善"科技合作机制,开展与上海高科技园区、孵化器、高校、科研院所、科技服务中介和科技部门等"六位一体"的科技合作,积极承接上海科技、人才外溢,全面加强与上海毗邻地区的合作,基本形成了"总部在上海,制造服务在嘉善县;创意设计在上海,孵化转化在嘉善县"的经济合作模式。其二,加快打造引智引资新高地。坚持高端外资、优质民资和央企国资并举,引资、引智和引项目并行，大力推进招商引资"一号工程"。坚持并完善"四百招商"制度，建立健全县镇招商工作机制，先后引进了富通等一批总投资超 50 亿元的大项目以及喜力啤酒等世界 500 强企业。其三，高标准构筑开放合作平台。加快推进中荷（嘉善）产业合作园与海峡两岸（嘉善）青年创业创新试验区建设。

　　五是坚持共享发展，深入推进民生幸福新家园建设。嘉善县大力实施富民、惠民、安民等民生工程，全力推进民生事业建设，不断满足老百姓对美好生活的向往。其一，深入推进"两富"建设。深化大众创业促进机制改革，实施大学生就业促进和创业引领计划，推广创客空间、创新工场等新型孵化模式，不断拓展城乡居民创业就业渠道。全面构建县、镇、村三级公共文化服务网络，实现公共文化阵地全覆盖。其二，逐步完善公共服务体系。全面实施义务教育学校教师流动试点工作，实现城乡学校"零差异"、城乡师资"零差距"、城乡学生"零择校"。率先实施中小学教师"县管校聘"工作，实现教师队伍县域内统管统用、合理配置。不断深化基层医疗卫生机构综合改革，建立健全基层首诊、双向转诊、分级诊疗的就医制度，基本形成了"20 分钟医疗圈"。全面建立覆盖所有城乡居民、分类分享、制度贯通的多层次社会保障体系。推进省级养老服务示范区建设，基本建立了以"居家为基础、社区为依托、机构为支撑"的养老服务体系。其三，打造最具安全感县城。推动网格化管理与平安建设信息系统"两网融合"，推进"智安小区"全覆盖和"雪亮工程"提质扩面。创新推行矛盾减少在源头、纠纷发现在苗头、小事解决在村头、大事控制在镇头的"四头工作法"，健全"大调解"和多元化排查化解体系。完善公共安全监管体系，把平安建设相关内容纳入企事业单位和个人的征信体系。探索"互联网＋"社会治理新模式。完善社会共治机制，充分发动社会组织和广大群众参与社会治理和平安建设。

二、嘉善县域科学发展示范点综合配套改革创新

2014年1月,浙江省政府批复实施《嘉善县域科学发展综合配套改革总体方案》(简称《综合配套改革总体方案》)。《综合配套改革总体方案》围绕示范点建设2015年阶段目标任务,提出实施产业转型升级的体制创新、城乡统筹发展体制改革、扩大开放合作新机制、民生幸福保障体制改革四大领域改革。

嘉善县充分利用示范点先行先试权,全力推进《综合配套改革总体方案》任务落地落实,率先实施大众创业促进机制等24项省级以上改革试点,努力解决制约县域科学发展的共性问题,综合配套改革经验获省政府总结推广,发挥了改革"试验田"的作用。

一是深入实施"最多跑一次"改革。嘉善县加快推进政府"放管服"改革,全面实施以"项目设立零审批、建设许可零障碍、指导服务零距离、竣工验收零时差、政府监管零容忍"为主要内容的零审批模式。2017年启动"最多跑一次"改革,按照"一窗受理、集成服务"的要求,因地制宜突破"一窗全科受理"难题,整合投资项目、商事登记、不动产登记等服务,新设"农经质监"等专业窗口、水电气等便民服务窗口,以及社会事务与公积金服务等综合窗口。全面压缩审批、审查、公示环节和时限,新增用地项目审批流程持续提速。县、镇两级实现"红色代办"全覆盖,为县级以上重大工业项目、"两创中心"项目、零土地技术改造项目等实施全程代办。

二是率先试点综合行政执法改革。把分散的行政处罚职权、人员、资源向执法前段集中,向基层一线下沉。突破传统人事管理模式,把强化乡镇对派驻机构人员的属地管理和刚性调控作为"四个平台"建设最关键的基础工作,通过人员管理、考核、任免权的彻底下放,集聚派驻机构人员与乡镇干部的力量,有效提升基层的执行力和战斗力。突破传统执法管理模式,彻底下沉权力,推动乡镇责权一致。突

破传统条块分割管理模式,通过县级考核指挥棒把部门和镇(街道)的工作捆绑在一起,倒逼部门把工作重心转移到业务培训、工作指导、执法监督等工作上来,切实围绕乡镇主体转。

三是深化县城基础设施投融资体制改革。嘉善县积极推广运用政府和社会资本合作的PPP模式,在省内率先采用该模式开发高铁新城,并创造性地推出"一二三四"工作方法。即营造"一个氛围",通过举办PPP专题"善政讲堂",对PPP模式进行广泛宣传,增进了政府、社会和市场主体共识,提高了公众对PPP模式的认可度。破解"两个难题",通过举办PPP专题培训班,开展理论研讨、操作指导和交流推介等,破解PPP运用能力提升难题;通过建立全县PPP项目专家库和PPP咨询机构库,选聘23名专业指导人员,破解项目实施推进难题。强化"三个保障",完善机制保障,成立全县PPP工作领导小组和PPP项目中心;强化制度保障,从计划评审、采购审批、建设执行等方面对PPP进行规范;抓好资金保障,由县财政专门安排专项工作经费。突出"四个重点",建立了PPP项目储备库,分年度规划PPP项目数和总投资额;强化推介促合作,在县相关门户网站开辟PPP项目中心专栏;强化服务抓指导,每月定期召开PPP工作联席会议;强化跟踪保进度,建立了PPP项目跟踪协调机制。2017年,嘉善县成为全省唯一入选国家"重大市政工程领域PPP创新工作重点城市"。

三、长三角生态绿色一体化发展示范区嘉善片区建设

2019年5月底,《长江三角洲区域一体化发展规划纲要》印发。10月底,《长三角生态绿色一体化发展示范区总体方案》(以下简称《总体方案》)获国务院批复同意。嘉善县和上海青浦区、江苏苏州吴江区一起被划入示范区范围。11月1日,长三角生态绿色一体化发展示范区正式揭牌,拉开了一体化示范区建设大幕。2020年3月,浙江省委、省政府和嘉兴市委、市政府相继召开推动建设长三角生态绿色一体化发

展示范区大会,举全省、全市之力推进示范区建设。嘉善县始终坚持改革破题、创新开局,围绕改革开放新高地、生态价值新高地、创新经济新高地、人居品质新高地建设目标,会同青浦、吴江两地率先探索了跨行政区域的规划管理、生态保护、土地管理、项目管理、要素流动、财税分享、公共服务和公共信用等方面一体化发展。

一是聚焦重大平台,以空间优化全面提升发展能级。全面推进规划编制,系统性重塑县域空间,明确"一城一谷三区"的空间总体布局。北部利用世界级湖区优势,打造祥符荡科创绿谷,环湖规划智慧学镇、创新总部、科技研发等七大水乡创新单元,争创国家级高新区。东部针对产业平台层级次、数量多、规模小、业态低端等制约问题,将中新嘉善现代产业园、姚庄经济开发区等平台整合纳入国家级嘉善经济技术开发区,打造临沪高能级智慧产业新区。中部整合高铁新城、嘉善主城区和北部拓展区,按照未来社区理念,打造国际化产城融合新社区。西部通过"三生"重构,打造农业经济开发区,争创国家级农业科技园区。南部利用现有 4A 级景区,通过全域规划设计、全域提升,打造国家级旅游度假区,成为长三角重要休闲旅游目标地。

二是聚焦重大项目,以"百项千亿"加快形成标志性成果。产业链补链强链方面,打造数字经济、生命健康三大主导产业,紧盯头部企业、头部院校、头部团队,创新开展"基金＋股权＋项目"的产业链精准招商。围绕产业链安全,落实"链长制",积极培育壮大更多优质企业。交通基础设施方面,启动现代交通示范区创建"3199"行动,力争通过 3—5 年时间,总投资 1000 亿元,推进交通基础设施九大体系建设,全面补齐嘉善片区交通基础设施短板。

三是聚焦重大改革,以系统集成推进一体化制度创新。按照《总体方案》中 8 个方面的制度创新要求,协同青浦、吴江形成 32 项具有开创性的制度成果,新增省级以上改革试点 38 项,758 个政务事项实现异地通办。比如,规划管理方面,会同青浦、吴江高标准编制全国第一个跨省域示范区国土空间规划,并报国务院批复。生态保护方面,建立联合检测、联合执法、联合治理、联合河长、联合保洁等"五个联合"治水机制，县控以上监测断面Ⅲ类水占比达到100%。土地管理方面，全域土地综合整治经验做法在全国推广。要素流动方面，三地建立外国人工作居留"单一窗口"，审批时间由30个工作日缩减到5个工作日；三地专技人才资料和继续教育学时、外国高端人才工作许可实现互认。公共服务方面，三地实现中等职业教育统一招生、异地就医免备案刷卡。

第四节　城乡一体化与县域科学发展的实践与创新

多年来，嘉兴把推进统筹城乡发展作为破解发展不平衡不充分问题的关键抓手，不断缩小城乡发展差距，努力奏响新时代的田园牧歌，复兴升级版的农耕文明，打造世界级的诗画江南，建设高质量乡村振兴示范地。嘉兴实践中的经验与启示主要表现在三个方面：一是推进统筹城乡发展向城乡一体化、城乡融合迭代升级，坚定不移、久久为功把统筹城乡发展的事业引向深入，构建以工促农、以城带乡、工农互惠、城乡一体的新型工农城乡关系；二是推动繁荣、富裕、民主、文明、和谐的社会主义新农村建设向实现产业兴旺、生态宜居、乡风文明、治理有效、生活富裕全面乡村振兴整体跃升，持续拓展农村建设发展内涵和外延；三是推进以科学发展观为实践指引向以新发展理念为发展遵循的理论升华，运用马克思主义中国化的最新理论成果推动县域实践不断开创新的发展局面。

一、构建新型工农城乡关系是解决"三农"问题的重要遵循

构建新型工农城乡关系是解决"三农"问题的重要遵循：从统筹城

乡发展到城乡融合发展。只有跳出"三农"抓"三农",用统筹城乡发展的思路和理念,才能切实打破农业增效、农民增收、农村发展的体制性制约,从根本上解决"三农"问题,进一步解放和发展生产力,加快农业农村现代化建设。在深入分析全省经济社会发展和城乡结构的基础上,习近平同志指出浙江有条件、有必要、有责任抓好城乡统筹发展,逐步破除城乡二元结构,加快推进城乡一体化,并提出浙江要率先走出一条以城带乡、以工促农、城乡一体化发展的路子。[①]

嘉兴市委、市政府全面贯彻落实"八八战略"和省委决策部署,牢牢把握"成为全省乃至全国统筹城乡发展的典范"的重要嘱托,坚持把统筹城乡协调发展作为新时期、新阶段经济社会发展的突破口和"牛鼻子",把城乡发展作为一个整体,深入推进"六个一体化"和"十改联动",统筹城乡产业发展,统筹城乡就业和社会保障,统筹城乡社会事业发展,统筹城乡基础设施建设,统筹城乡环境保护和生态建设,努力打破城乡二元体制结构,推动城乡资源要素合理流动,充分发挥城市对农村的带动作用和农村对城市的促进作用,形成以城带乡、以乡促城的发展新格局,并以此推动经济社会全面协调可持续发展。党的十九大报告明确提出,要建立健全城乡融合发展体制机制和政策体系。按此要求,嘉兴在 2019 年全域纳入国家城乡融合发展试验区嘉湖片区范围后,就以秀洲区为先行改革试点,高水平推进城乡融合大发展。

二、实现农业强、农村美、农民富是乡村振兴的根本追求

实现农业强、农村美、农民富是乡村振兴的根本追求:从社会主义新农村建设到乡村振兴战略。在浙江工作期间,习近平同志亲自部署推动"千村示范、万村整治"工程。党的十六届五中全会后,习近平同志又创造性地将中央部署同"千村示范、万村整治"工程紧密结合起

---

① 习近平:《干在实处　走在前列——推进浙江新发展的思考与实践》,中共中央党校出版社2006 年版,第 157 页。

来，提出要把"千村示范、万村整治"工程作为浙江社会主义新农村建设的主要抓手，努力建设体现科学发展观要求、全面小康社会发展水准、城乡一体化发展趋势和社会主义本质特征的繁荣、富裕、民主、文明、和谐的新农村^①，为全省社会主义新农村建设清晰勾画了美好前景和实现路径。

嘉兴在推进社会主义新农村建设走在了全省乃至全国前列。嘉兴市委、市政府按照统筹城乡经济社会发展的要求，以村庄规划为龙头，建立"多规合一"规划机制和多层次规划体系，构筑"1640""四百一千"的网络型城乡村庄布局结构，加快村庄环境整治力度，并且坚持把村庄整治与发展农村经济结合起来，与治理保护农村生态环境结合起来，与发展农村教育、文化、卫生、体育等社会事业结合起来，与推进农民素质提升结合起来，与推进农村民主法治结合起来，全面推进社会主义新农村建设。通过推动产业新发展、建设新社区、培育新农民、树立新风尚、构建新体制，全方位各领域推进社会主义新农村建设，全市城乡面貌发生了巨大变化。

党的十九大把"实施乡村振兴战略"作为决胜全面建成小康社会、全面建设社会主义现代化强国、解决我国社会主要矛盾的一项重大战略任务。2019年，中央又进一步提出了乡村振兴战略"五个振兴"要求，即乡村产业振兴、乡村人才振兴、乡村文化振兴、乡村生态振兴、乡村组织振兴，对实施乡村振兴战略的目标和路径作出明确指示。与此相呼应，嘉兴当前正在按照"奏响新时代的田园牧歌，复兴升级版的农耕文明，打造世界级的诗画江南，建设高质量乡村振兴示范地"的目标要求，全面推进城乡融合发展，勇当高质量乡村振兴排头兵。

---

　　① 习近平：《干在实处　走在前列——推进浙江新发展的思考与实践》，中共中央党校出版社2006年版，第168—169页。

三、贯彻新发展理念是县域科学发展的关键

贯彻新发展理念是县域科学发展的关键：从贯彻科学发展观到贯彻新发展理念。在浙江工作期间，习近平同志就高度重视发展理念的问题，他指出："发展是当代世界的主题，也是当代中国的主题。""要发展，就面临着四个基本问题：什么是发展？为什么要发展？怎样发展？如何评价发展？发展观就是要回答这四个基本问题。"[①]

县域作为最大的战术单元和最小的战略单元，是推进城乡一体化的关键。2008年，习近平同志亲自选择嘉善县作为深入学习实践科学发展观活动的联系点，并指示要把联系点建设成为学习实践科学发展观活动的示范点。[②] 在习近平同志的亲自指导下，嘉善县全面贯彻落实"八八战略"和省委、市委各项决策部署，牢牢把握"转变发展方式、主动接轨上海、统筹城乡发展"三篇文章的发展定位，在县域范围内率先开展践行科学发展观和新发展理念的探索，积极破解县域经济社会发展面临的突出矛盾，推动县域科学发展取得显著成效，全县经济质效水平、区域开放水平、城乡统筹水平、发展集约程度、环境友好程度、社会文明程度等持续提升，人民群众获得感、幸福感、安全感不断增强，并且形成了一些行之有效的做法经验，在全省乃至全国都产生了一定的示范效应。嘉善县域现代化和高质量发展的实践探索，可以说是"八八战略"在县域的生动实践。

---

① 习近平：《干在实处　走在前列——推进浙江新发展的思考与实践》，中共中央党校出版社2006年版，第22页。

② 《嘉善，迈向全国县域发展典范》，《浙江日报》2022年11月4日。

第五章　放大文化新优势
打造新时代文化高地

文化是民族的精神命脉和创造源泉,2006 年 10 月,习近平同志在《浙江日报》"之江新语"专栏发表署名文章《"文化经济"点亮浙江经济》。[①] 2021 年 10 月,习近平同志在第 20 期《求是》杂志刊发《扎实推动共同富裕》一文,强调指出,"我们说的共同富裕是全体人民共同富裕,是人民群众物质生活和精神生活都富裕"[②],对文化建设提出了更高的要求。2022 年 10 月,党的二十大报告强调要"推进文化自信自强,铸就社会主义文化新辉煌"。21 世纪以来,嘉兴按照习近平同志在浙江工作时关于文化建设的重要指示批示、重要讲话精神要求,积极实施文化大市和文化强市战略,创建国家历史文化名城、全国文明城市和全国公共文化服务体系示范区,打造人文生态城与和谐幸福城,建设具有国际化品质的江南水乡文化名城、没有围墙的江南水乡城市博物馆、新时代文化高地典范城市和共同富裕示范区典范城市,推动了品质嘉兴建设和禾城文化的传承发展与复兴,也为嘉兴奋力打造"重要窗口"中最精彩板块、坚定文化自信提供了强大的思想保证、舆论支持、精神力量和文化支撑。当前,嘉兴正按照浙江省第十五次党代会"高水平推进文化强省建设,打造新时代文化高地"要求,放大"两个文化"交相辉映的新优势,奋力打造新时代文化高地的典范城市。

---

① 习近平:《之江新语》,浙江人民出版社 2007 年版,第 232 页。
② 习近平:《扎实推动共同富裕》,《求是》2021 年第 20 期。

第一节　积极发展文化事业

习近平同志高度重视文化事业的发展,在推进浙江文化大省建设过程中,深入系统地进行了多次调查研究。2005 年 7 月,中共浙江省委十一届八次全会做出加快建设文化大省的决定。在这次会议上,习近平同志在肯定浙江文化建设取得重大成就的同时,提出了"三个不相适应"和"一个不够协调",其中"三个不相适应"是指浙江的文化建设和社会事业发展与经济发展不相适应;文化建设与人民群众日益增长的精神文化需求不相适应;文化建设与经济全球化、世界多极化、社会信息化和文化多样化的客观现实和发展趋势不相适应。"一个不够协调"是指文化建设在城乡之间、区域之间不够协调。要解决这些问题,就要"进一步深化文化体制改革,进一步推进文化事业繁荣,进一步壮大文化产业,进一步加强教育、科技、卫生、体育、社会事业的发展",同时构建加快推进文化大省建设的整体框架。① 2005 年 8 月,习近平同志在《浙江日报》"之江新语"专栏发表短论,提出了"文化是灵魂"和"文化育和谐"的论断,认为"文化事业即养人心志、育人情操的事业"。② 这些指示、论断和观点为嘉兴的文化建设指明了方向,文化兴市战略得以持续推进,加快文化大市、文化强市建设先后进入嘉兴市委、市政府的战略部署。其中,关键性的事件包括:2005 年,嘉兴市委在五届七次全会上做出了加快建设文化大市、打造人文嘉兴的战略部署,同年,决策部署争创以全国文明城市为龙头的"五城联创";2010年,《嘉兴市国民经济和社会发展第十二个五年规划》纲要提出要"实施文化兴市战略"、建设"江南水乡生态型文化大市";2016 年,《嘉兴

---

① 中央党校采访实录编辑室:《习近平在浙江》(上),中共中央党校出版社 2021 年版,第 343 页。

② 习近平:《之江新语》,浙江人民出版社 2007 年版,第 149－150 页。

市国民经济和社会发展第十三个五年规划纲要》明确提出"实施文化强市战略""全力打造江南水乡历史文化名城"；2020年，嘉兴市委、市政府提出要建设"国际化品质的江南水乡文化名城"；2022年，嘉兴市委文化工作会议指出要全力打造新时代文化高地的典范城市，为推动高质量发展建设共同富裕示范区的典范城市提供强大的思想保证、舆论支持、精神动力、文化条件。

经过多年持之以恒地不断推进，嘉兴文化兴市战略取得了明显成效。其中，最为典型，也最令全国瞩目的"嘉兴经验"包括公共文化服务总分馆体系建设的"嘉兴模式"、基层公共文化队伍"两员"制度和公共文化服务的"互联网＋"创新平台——"文化有约"。此外，嘉兴立足全域化，着力打造乡村文化新地标的文化礼堂也率先实现了行政村全覆盖。

一、构建公共文化服务总分馆体系建设的"嘉兴模式"

（一）公共图书馆的总分馆模式

公共文化服务"嘉兴模式"的主要特色就在于资源共享、服务联动、均衡发展。嘉兴公共图书馆的总分馆模式不但是这种特色的标杆，更是这种特色逐步形成和不断完善的先行者与试验田。

迄今为止，嘉兴公共图书馆总分馆模式的探索和建设大概经历了4个阶段。2003—2007年的起步阶段。标志性成果是2003年嘉兴市少儿图书馆成为嘉兴市图书馆的第一个分馆，2005年，嘉兴市秀洲区政府与嘉兴市图书馆签订共同建设嘉兴市图书馆秀洲分馆的协议。2007—2011年的乡镇、街道分馆建设阶段。标志性成果是以南湖区余新镇和秀洲区王江泾镇乡镇分馆建设试点为开端，乡镇、街道分馆建设在嘉兴市本级和下辖五县（市）全面启动，市、区、镇三级政府或县（市）、镇二级政府的合作共建机制和长效管理机制也逐步建立起来。2011—2013年底，覆盖城乡的公共图书馆服务体系全面构建阶段。

嘉兴图书馆总分馆模式品牌效应显现。标志性成果是分馆建设从乡镇(街道)分馆进一步向村(社区)分馆纵向延伸,截至 2013 年底,已经建成 1 个中心馆、8 个区(县)馆、57 个镇(街道)分馆、72 个村(社区)分馆,基本实现总分馆体系在大嘉兴范围内全覆盖;同时,实施了嘉兴市"图书馆联盟"和"社会资源整合"的横向拓展,以数字图书馆、手机图书馆等服务方式将公共图书馆服务向社区、乡村、工矿企业等延伸,实现了城乡人民在"家门口"享受公共图书馆服务的愿景,有嘉兴特色的公共图书馆总分馆制度设计、体系架构和管理方式得以形成,嘉兴首创的"城乡一体化公共图书馆总分馆体系"作为第一批国家公共文化服务体系示范项目,被称为"嘉兴模式",先后受到李长春、刘云山等领导同志的高度评价,2013 年 5 月嘉兴市图书馆总分馆模式以总得分全国第一的成绩荣获第一批国家公共文化服务体系示范项目。2014 年至今,总分馆服务体系标准化建设阶段。2013 年 8 月,嘉兴市成功获得第二批国家公共文化服务体系示范区创建资格,作为嘉兴市总分馆模式的升级版,嘉兴在全国率先制定了公共图书馆总分馆服务体系标准《公共图书馆中心馆—总分馆服务体系建设管理规范》,全面提升图书馆总分馆服务体系运行质量,重点推动镇(街道)分馆功能全面升级,推广统筹农家书屋与公共图书馆服务体系融合发展的"嘉兴做法",实现资源统一检索、通借通还、共享共用,探索"定时、定点、定线"的公交化图书流动车服务方式,以期提供可借鉴、可复制、可推广的经验和做法。2019 年 1 月 15 日,浙江省市场监督管理局正式发布《公共图书馆中心馆—总分馆建设服务规范》(DB33/T 2180-2019),将嘉兴的图书馆总分馆建设经验正式上升为省级地方标准。

　　嘉兴公共图书馆总分馆体系的突出特色在于"政府主导、统筹规划,多级投入、集中管理,资源共享、服务创新"。其中,"政府主导、统筹规划"明确了各级政府的主体责任,"多级投入、集中管理"明确了经费保障机制,"资源共享、服务创新"明确了日常运行机制,由此形成了"总馆—乡镇(街道)分馆—村(社区)分馆—图书流通站"的层级式城乡一体化公共图书馆服务体系，在服务资源、服务终端下移的同时实现了责任主体、服务管理的上移。另外，为了打破以县域为单位的"分灶财政"带来的行政管理壁垒，嘉兴市在县域总分馆体制的基础上进一步创新性构建了"中心馆—总分馆"体系，让嘉兴市图书馆发挥中心馆的功能、各县（市、区）馆发挥总馆的功能，实现了"大嘉兴"范围内公共图书馆的互联互通和资源共享，实现了从一级政府建设一个图书馆到多个政府、多级政府共同建设一个图书馆服务体系的历史跨越。不仅如此，嘉兴还通过图书馆联盟馆建设协同机制和社会公共文化资源整合机制，构建公共图书馆、高校图书馆、行业图书馆、企业图书馆等[①]共同参与、协同建设的图书馆联盟服务体系和文化、教育、宣传、工会、党建等部门资源[②]的共建共享，实现各类型、各行业、各部门之间资源的互联互通、共建共享和优势互补，最大限度地节约建设成本、提升建设效益。

（二）文化馆的总分馆模式

为了破解文化馆（站）长期以来存在的城乡二元、以"块"为主、各自为政、运行脱节、各类资源分散等问题，2015年4月，结合创建国家公共文化服务体系示范区，嘉兴市政府总结推广海盐经验，出台了《关于构建城乡一体化文化馆总分馆服务体系的实施意见》，并召开现场会，推动全市文化馆总分馆体系建设全面实施。2015年底，嘉兴市形成了以市文化馆为中心馆，由1个中心馆和7个县域总分馆体系构成的"1+7"中心馆—总分馆服务体系，实现全市文化馆（站）设施成网、资源共享、人员互通、服务联动。这一模式于"十三五"期间在全市推进。2017年1月，嘉兴市率先在全国制定发布了《文化馆总分馆服务体系管理规范》地方标准，梳理总结了全市文化馆总分馆服务体系的

[①] 成员单位包括嘉兴学院图书馆、嘉兴市中小学图书馆、嘉兴市教育装备与信息中心、嘉兴市农业科学研究院等。

[②] 比如文化部门的数字图书馆推广工程、公共电子阅览室建设工程，教育部门的中小学远程教育工程，宣传部门的文化共享工程，工会的职工书屋工程，党建的党员远程教育工程等。

建设经验和成果,进一步量化体系的服务指标,推动文化馆总分馆服务的标准化、均等化工作继续走在全国前列。2019 年,嘉兴的《文化馆总分馆服务体系管理规范》正式纳入省市场监督管理局的省地方标准制修订计划,并进行专家论证,现已成为省定地方标准。

文化馆总分馆体系建设的"嘉兴模式",一是以县域为单位构建"文化馆总分馆服务体系"。即以县(市、区)文化馆为总馆,镇(街道)文化站为分馆,村(社区)文化活动中心(文化礼堂)为支馆,构建"文化馆总分馆服务体系"。二是在全市范围构建"中心馆—总分馆服务体系"。即明确嘉兴市文化馆为全市文化馆服务体系的中心馆,从而与县域之间构建设施成网、资源共享、人员互通、服务联动的"中心馆—总分馆服务体系"。中心馆除履行好现有地区馆职能外,通过调整内设机构重点加强中心馆职能建设,承担起规划协调中心、业务支持中心、人才培训中心、创新研究中心和数字服务中心等五大职能,强化中心馆对县(市、区)文化馆的统筹引领和辐射作用。三是整个服务体系形成"五统一"工作机制。即统一网点布局、统一服务标准、统一数字服务、统一效能评估、统一"下派上挂"。四是强化各项运行保障。重点抓好三项保障,包括资金保障、队伍保障、制度保障。主要成效体现在统筹了文化资源、规范了服务标准、提升了队伍素质、对接了群众需求、促进了均衡发展。

嘉兴构建以"人"为纽带的文化馆总分馆服务体系,使群众文化艺术服务领域以标准化、体系化促进均等化的路径变得特别清晰。其制度创新和实践样本,对于全国文化馆总分馆建设极具借鉴价值和示范意义。

二、首创基层公共文化队伍"两员"制度

进入 21 世纪,嘉兴市文化馆(站)建设发展迅速,市、县两级文化馆均达到部颁一级标准,镇(街道)综合文化站、村(社区)文化活动中

心（室）实现了全覆盖。然而人员"上强下弱"、服务城乡有别的问题依然存在，与现代公共文化服务城乡一体化、均等化的要求不相适应，与基层群众日益增长的文化需求不相适应。早在 2013 年，嘉兴市就开始推行"十三五"期间全面推广文化员下派制度及村（社区）文化专职管理员制度（简称"两员"制度）。2017 年 2 月，嘉兴发布《关于进一步加强基层公共文化"两员"队伍建设的意见》，着力培养造就一支具有嘉兴特色、助推城乡公共文化服务均等化的"两员"骨干队伍。截至 2018 年初，嘉兴全市 73 个乡镇（街道）、1000 多个村（社区）实现了"两员"全覆盖。

就"两员"制度的具体做法而言，主要是以"人"为纽带优化重构了文化馆的长效运行机制，实现了真正的人员互通。不但首次明确了镇（街道）分馆馆长的镇中层副职待遇，而且创新实施了文化下派员制度，即由各县（区）文化馆向所属乡镇（街道）文化站下派 1 名文化员、各镇（街道）派遣文化下派员 1 名到各村（社区）支馆任专职文化管理员并兼任分馆联络员，文化下派员实行"县聘镇用、镇聘村用"的双重管理模式，同时明确了村级专职文化管理员为支馆干事。由此，既强化了县（区）文化馆与镇（街道）文化站、村（社区）文化中心的业务联系，又夯实了基层文体活动的组织基础和工作机制。

创新实施并推广基层公共文化队伍"两员"制度，目的是将优秀文化力量下沉到基层，打通公共文化服务"最后一公里"。一是设施有人管。"两员"制度实施后，提高了乡镇（街道）综合文化站的专业水平，建立了村级文化设施"建、管、用"的长效机制，基层各类公共文化设施和阵地做到按时开放、免费开放、有效开放。服务时间上墙公示，服务项目公开透明，服务流程规范有序，服务内容有据可查。二是团队有人带。培育、组建业余文艺团队是"两员"的重要职责。"两员"制度实施以来，全市基层群众性业余文艺团队得到了蓬勃发展，作为组织者、指导者、参与者的"两员"，起到了引领、示范和带动作用。2020 年，全市各类业余文艺团队达 4000 多支，平均每个村（社区）3.6 支，参与的业余文体骨干人数 5 万多人,居全省前列。三是活动有人办。"两员"制度的实施,大大提升了公共文化产品和服务的总量、质量,群众文化活动风生水起。全市实现了平均每个行政村每月看 1.17 场电影、每年看 5.45 场戏剧或文艺演出、每年组织 8.4 次以上规模较大的群众文体活动,促进了基层文化的繁荣发展。四是品牌有人创。"两员"十分注重地方特色文化的保护与传承,充分挖掘、整理当地的民间艺术、风土人情,加强文艺创作,打造文化精品,全市形成了"一镇一品""一村一特"的公共文化服务品牌。通过创作、辅导、培训、比赛,建立工作机制,锻炼"两员"队伍,激发群众参与的积极性和主动性,提高了群众的满意度。五是需求有人问。"两员"长期在基层工作,直面群众、了解需求,作为文化部门密切联系群众的桥梁和纽带,他们将文化产品、文化服务、文化项目和文化惠民政策及时向群众传递传达,同时也将群众的文化诉求进行反馈,有针对性地提供服务,从而推动了公共文化服务与群众文化需求的有效对接。

以提升基层公共文化服务效能、引导文化资源向城乡基层倾斜、促进公共文化服务均衡发展为目的的"两员"制度,得到了省领导的批示肯定,并入选全国宣传干部学院《宣传思想文化工作案例选编(2016)》、第六届"浙江省宣传思想文化工作创新奖"、《浙江省公共文化服务保障条例》和浙江省《关于加快构建现代公共文化服务体系的实施意见》,在全省推广实施。

三、打造公共文化服务"互联网＋"创新平台——"文化有约"

早在 2011 年 7 月,嘉兴市就启动了以"共享和均等"为理念,以"资讯便捷、双向互动和零距离参与"为目标的"文化有约"项目及数字化互动平台建设。2013 年,"文化有约"网站全新改版,借鉴团购网站运营模式,将公共文化服务供给打包成活动项目(文化产品)供群众预

约参与,推出公共文化服务"团购式"互联网平台——"文化有约"网
(http://whyy.jxcnt.com),并开通了微信公众号,"文化有约"品牌效
应进一步扩大。2015 年,嘉兴市运用"互联网＋"的理念,实施公共文
化供给侧改革,推出"文化有约"平台 3.0 版。2017 年,建立了"文化有
约"宣传展示中心,实现"文化有约"大数据实时呈现。"十三五"期间,
"文化有约"功能全面提升,实现了互联网电脑端、手机客户端、数字电
视端三大平台的互联互通、同步运行。2020 年,嘉兴"文化有约"公共
文化服务平台迎来了系统再次升级,新增市民参与活动可通过二维码
核销的功能、老年市民报名成功后短信收到通知的功能和平台页面电
脑端、手机端自适应功能,进一步解决了市民活动签到不便利、老年人
不会使用智能手机查阅活动信息、网页视觉舒适度不高等痛点。"文
化有约"是科技创新与公共文化服务的深度融合,是"互联网＋"公共
文化服务的创新示范。目前,"文化有约"正探索公益众筹、拓展社会
供给,利用互联网平台吸引更多的文化类机构、企业和公众参与,同时
更多地探索运用大数据分析、数字化手段,开展互联网综合性、体系化
的公共文化服务。

　　"文化有约"运用互联网思维,建立统一服务和管理平台,提高了
文化资源供给和服务能力;依靠数字化把文化活动送到需要的老百姓
身边,创新了服务形态,提高了服务效能,保障了文化民生。从制度创
新而言,"文化有约"主要从三个方面突破了传统公共文化服务的
瓶颈。

　　第一,打破了行政壁垒,公共文化服务从文化系统内拓展到系统
外的科技馆、工人文化宫、青少年宫、妇女儿童活动中心等场馆,并已
延伸到了县(市、区),同时吸引了多家社会力量兴办的文化机构加盟
参与,实现了跨部门、跨行业、跨地域公共文化资源的有效整合。嘉兴
市公共文化服务方式已从原来的"单一式""被动式"转向"交互式""预
约式",满足了城乡各类人群的文化需求,提高了群众的参与度,增强
了品牌的社会公认度。据统计,截至 2020 年 12 月,"文化有约"开展

各类公益文化项目 2200 多个,举办活动 5000 多场次,受益人群超过 200 万人次,"文化有约"社会合作机构增至 90 多家,公共文化供给的数量和种类不断丰富。

第二,实现了公共文化服务横向拓展、纵向延伸,重心下移、资源下沉,全面提升功能,对接群众文化需求,提供更加丰富、多样的公共文化产品和服务,成为嘉兴市"互联网＋"公共文化服务创新平台。一是"百姓有约"拓宽了公共文化服务的覆盖面。满足了各类人群文化需求,甚至增加面向特殊群体的公共文化服务,并将公共文化服务延伸至村文化礼堂,活动范围也扩大到"大嘉兴"范围。二是"场馆有约"促进了各类资源的统筹协调。实现了部门联动和跨领域合作,进一步促进区域内公共文化资源互补。三是"政府有约"实现了需求与供给的有效对接。将以往政府文化部门盲目、单向地送文化到基层改为群众自主选择、双向互动的模式,将文化需求与文化产品进行有效对接,提高了文化活动的针对性和实效性,提高公共文化服务的精准性和效能,扩大了"文化有约"的品牌效应。四是"社会有约"调动了社会力量的积极参与。"文化有约"不仅调动了群众参与公共文化活动的积极性,更鼓励社会力量承接文化项目,以政府购买公共文化服务的方式,引进社会力量参与。

第三,以文化众筹彰显群众主体地位。在"文化有约"的"我要参与"众筹平台上,有 3 个模块,即"活动征求""发起活动""活动应聘"。"活动征求"模块用于市民对文化场馆推出的活动项目进行投票,活动项目达到最低支持人数才能推出,以此彰显市民对文化活动的投票和选择权;"发起活动"模块用于市民自主发起文化活动招募项目,达到最低支持人数后同样可以组织推出,发起人有优先参与权,以此彰显市民对文化活动的组织和发起权;"活动应聘"模块用于市民应聘参与相应项目的组织,应聘成功者可以享受相应待遇或活动奖励,以此彰显市民对文化活动的参与和享受权。

"文化有约"通过对公共文化资源的整合有效拓宽和加深了公共

文化服务的覆盖面和群众的参与度，并精准对接群众文化需求，从而提升了群众主动参与公共文化服务的积极性和主动性，取得了积极效果：截至 2020 年 12 月，累计举办 50000 余场活动，每年推出各类公共文化服务活动 6400 余个、网站点击量突破 900 万次，注册人数达32000 余人。

四、着力打造乡村文化高地的文化礼堂

从 2013 年嘉善姚庄桃源新邨文化礼堂在嘉兴市首先"开堂迎客"，到全市 755 个农村行政村在全省率先实现农村文化礼堂全覆盖（至 2019 年底，累计建成文化礼堂 791 家），嘉兴在农村文化礼堂均衡发展的基础上，探索出一条独特的嘉兴路径：将农村文化礼堂打造为集文体娱乐活动、思想道德建设、知识普及为一体的农村文化服务综合体，使其成为传承优秀传统文化的重要平台，弘扬社会主义核心价值观的有效载体，基层党组织沟通联系农民群众的桥梁纽带，彰显嘉兴文化特色的"文化地标"。

礼堂建起来，关键在使用。近年来，嘉兴市坚决扛起浙江"三个地"典型代表的使命担当，坚持农村文化礼堂和新时代文明实践中心建设"双轮驱动""联通融通"，着力于文化礼堂的提质增效，奋力打造新时代的乡村文化地标。其做法主要有以下三点。①

（一）借智借力强投入，助力礼堂持续提质

强保障激励。完善奖补政策，在累计投入 10.48 亿元建设资金基础上，进一步增加财政投入，由"建设补助"转向"提升补助"，由"普惠性运营奖励"转向"竞争性运营激励"，激发完善功能、提高效能意识，完成 138 家早期建成的文化礼堂品质提升工程。探索文化礼堂"公益金""乡贤基金"等筹资机制，实现全市文化礼堂年运行经费不低于 10 万元。

---

① 以下数据统计时间截至 2019 年底。

重借智借力。邀请中国美院等高端设计团队围绕同一文化礼堂案例在内容内涵挖掘呈现上路演比拼、发布"TOP 榜",为文化礼堂改造提升提供参考借鉴、打开思路。

扩阵地网络。突出示范带动、打造阵地集群,建成社区文化家园278 家,覆盖 90％以上的城市社区,建成企业文化俱乐部 87 家、城市文化公园 35 家。

(二)四管齐下建机制,助力礼堂持续增效

加强日常管。建立周、月、季、年"五步考评法",即每周督查暗访,每月"互看互学互比互评",每季邀请代表、委员实地评议,每半年召开推进会,年终举办擂台比拼赛,常态化增强意识、压实责任。每月随机抽取 1 乡镇(街道)3 个村的文化礼堂召开现场会,为创建省级文化礼堂建设示范县(市、区)、示范乡镇(街道)夯实基础。

推广群众管。引入社会化评价机制,建立以群众满意度为主要参数、以服务供给为主要依据、以第三方评估为主要方式的测评体系,3年来共听取吸纳群众意见建议 1000 余条,助力管理改革创新。

创新智慧管。借力融媒体优势,创新建成"礼堂嘉云"智慧管理平台,一键完成进度监测、导航定位、大数据分析、建档立案、通报督查、年终考评等工作。发布嘉兴文化礼堂"活跃指数",不断提升新媒体传播影响力。

落实专人管。持续壮大镇级文化下派员和村级文化专职管理员的"两员"队伍,提升业务素养,带动培育 5000 余支村级文艺团队、4570 支志愿服务队伍,有效推动团队动态建、阵地规范管、活动常态办。

(三)五色礼堂呈特色,打造礼堂最美风景

着力打造革命红色、经济蓝色、生活金色、文化青色、生态绿色交相辉映的"五色礼堂"。

革命红色光彩夺目。发挥嘉兴作为革命红船起航地、"红船精神"

凝聚升华地的政治优势，围绕"建红色礼堂、融'红船精神'"，把红色文化资源丰富的文化礼堂培育为爱国主义教育基地。推广"李家播报"等模式，深化"红船微党课"等品牌，每年组织开展理论宣讲 2.5 万余场，现场受教育群众超 200 万人次。

经济蓝色澎湃汹涌。发挥文化礼堂作为文旅融合"金名片"的优势，发起"我在文化礼堂等你"系列活动，发布全市 7 条最美文化礼堂精品线，打造一批"网红打卡点""人气集聚地"。

生活金色温暖人心。发挥嘉兴公共文化服务标准化、均等化优势，打通"文化有约""志愿汇"等平台，依托"网格连心、组团服务"机制，每年开展惠民活动 10 余万场，服务群众 300 余万人次。特别是抗疫期间，上线全国首个公益互动心理服务平台"嘉兴心理抗疫平台"，为群众戴好"心灵口罩"。

文化青色精彩纷呈。发挥"勤善和美、勇猛精进"新时代嘉兴人文精神深入人心的优势，持续 4 年开展文化礼堂"最美"系列评选，培育人物、团队、非遗、活动、礼仪、提升、管理等"最美"典型，推动文明风尚传播活动。

生态绿色沁人心脾。发挥嘉兴资源禀赋和城乡一体化发展优势，举办"云端文化礼堂拍客行""文化礼堂相册——100 个瞬间"主题摄影大赛等活动，展现美丽乡村文化新地标。

第二节　重视文化遗产保护与开发

多年来，嘉兴不断加大历史遗产的保护和开发力度，推动嘉兴历史文化遗产"在保护中开发""以开发促保护"。先后出台了《嘉兴历史文化名城保护规划》《嘉兴市文物事业发展"十二五"规划》《嘉兴市非物质文化遗产保护发展规划（2010—2015 年）》《大运河（嘉兴段）遗产保护规划》《马家浜遗址保护规划》等全局性和专项性保护规划。市政府还与各县(市、区)签订了《文物保护责任书》,进一步明确各级政府的责任,致力于传承、发扬江南水乡文化和提高合理利用水平,大手笔绘就了江南地域文化传承与弘扬的"嘉兴画卷"。尤其值得注意的是,嘉兴市还专门出台了《嘉兴市本级文物保护志愿者管理办法》《嘉兴市文物保护志愿者安全巡查程序》《嘉兴市促进民办博物馆发展的意见》《〈嘉兴市促进民办博物馆发展的意见〉实施细则》,并成立了"嘉兴市文物保护工程管理专家库",动员包括民营企业、专家学者和文化志愿者在内的社会力量参与文物保护和传承工作,从文物保护的系统内循环走向全民保护的社会大循环。其中,最为典型的包括古镇遗产的保护开发和再利用、大运河遗产的保护与有效利用,以及文化遗址的保护与开发。

一、古镇遗产的保护开发和再利用

位于杭嘉湖平原腹地的嘉兴素有鱼米之乡、丝绸之府的美誉,河道纵横、人文荟萃,留下了诸多千古水乡名镇,成就了嘉兴"小桥、流水、人家"这种充满诗意的江南水乡文化。嘉兴的两个申遗古镇:"生活着的千年古镇"——西塘、"最后的枕水人家"——乌镇便是其中的典型代表。在中国文化遗产研究院组织的研究中,乌镇获得江南古镇保护总体评估 A 类、西塘获得总体评估 B 类。

(一)乌镇的保护与开发

如果说"小桥、流水、人家"是江南水乡古镇的共性的话,那么,乌镇的个性品牌则是以文化性和民俗性见长的深厚历史文化底蕴。乌镇有一句生动形象的宣传语:"一样的古镇,不一样的乌镇。"这个不一样,就是乌镇在文化遗产保护中重视文化抢救保护,挖掘地方特色,弘扬传统文化的结果。乌镇始终坚持"以保护历史遗产来开发旅游"的发展理念不动摇,牢牢地把"深厚文化底蕴"作为古镇的灵魂,提出了不仅要保护众多的古建筑,更要保护完整的生活形态和深厚的地域文化,特别是把"名人文化""传统文化""新兴文化"体现得淋漓尽致,先后获得中国(首批)十大历史文化名镇、亚太地区遗产保护杰出成就奖。具体而言,乌镇保护开发的做法主要有以下五点。

第一,采取"管委会＋公司"的组织模式。早在 1999 年,桐乡市委、市政府实施乌镇古镇保护与旅游开发之始,就成立了乌镇古镇保护与旅游开发管理委员会(简称"乌管会")和乌镇旅游开发有限公司。"乌管会"主要负责古镇保护和旅游开发的统一规划、指导、协调和管理,公司具体运作旅游产业的开发与建设。2010 年,桐乡市政府在原有"乌管会"基础上成立"乌镇国际旅游区建设管理委员会",主要负责乌镇国际旅游区的规划建设及旅游行政管理,进一步明确并丰富了"乌管会"的定位和职能,实现了乌镇古镇管理主体的升级。同时,原乌镇旅游开发有限公司也更名为乌镇旅游股份有限公司。

第二,高度注重保护规划。早在 1998 年,乌镇镇政府就委托上海同济城市规划设计研究院和国家历史文化名城研究中心编制了《桐乡市乌镇古镇保护规划》。规划明确乌镇古镇保护和旅游开发的整体发展方向,将保护类别分为文物保护单位的保护和历史地段的保护,并将整个镇区划分为绝对保护区、重点保护区、一般保护区、区域控制区等 4 个不同等级的保护区域。2001 年,乌镇镇政府和"乌管会"共同委托杭州市城市规划设计研究院编制了《桐乡市乌镇历史文化保护区保护规划》。该规划对历史文化保护区实行重点保护与一般保护相结合的原则,通过节点、轴线和区域 3 个层次空间上的相互联系,组构乌镇古镇传统空间格局,形成系统性、整体性的古镇风貌特征。同时,通过文人文化、水乡风貌、传统民俗 3 条线索,使乌镇的历史文化得以充分展现。规划从 2002 年到 2015 年,设定近、中、远 3 个期限,确定不同的保护重点。

第三,彻底贯彻"以旧修旧,整修如故"的保护开发理念和坚持"环保、生态、人文"的宗旨。在古镇修缮工程中,乌镇聘请民间砖、石、木工艺高手,购买老石板、旧木料、旧门窗、老家具用品等不可再生资源,严格按照传统工艺以旧修旧、修旧如故。这个前瞻性的决策使乌镇的古建筑修复最大限度上保持了原真性,乌镇也因此被誉为"原汁原味的水乡"。更为重要的是,乌镇的保护不仅要保护众多的建筑,更要保护完整的生活形态和深厚的地域文化。乌镇的保护从乌镇的特点出发,牢牢抓住乌镇的文化精髓,通过挖掘乌镇自身的历史文化积淀,赋予新的内容,重新使民俗文化发扬光大。比如,乌镇重新挖掘恢复沿袭几百年的传统节日"香市",恢复了曾在乌镇历史上显赫一时的商铺、当铺、药铺,百年老字号叙昌酱园、亦昌冶坊和益大丝号等,这些传统文化表演和传统作坊、展馆让乌镇充满了浓郁的人文色彩,成为"江南活的博物馆"。此外,乌镇注重古镇整体风貌的原真性和与自然环境的有机融合。为还原历史本来面貌,乌镇在众多古镇中第一个提出了"生态保护、环境第一"的原则。全国率先实施"管线地埋"工程,把所有原来竖立在古镇上的电力、电信、电视等线缆埋到了老街石板下,对裸露的太阳能、空调进行了移位、隐藏,完整地恢复了古镇风貌。

第四,遵循"全面规划,分期实施,量力而行"的原则。乌镇古镇保护与旅游开发遵循"全面规划,分期实施,量力而行"的原则,协调保护与开发关系,有步骤、分阶段地开展古镇的旅游开发。2000年5月,修真观建成开放;2001年元旦,一期工程(东栅景区)建成对外开放;2007年2月,集旅游观光、休闲度假、商务会展于一体的乌镇西栅正式对外开放。至2007年西栅景区开放,一期工程、二期工程共修复老厅26个,保护百余处。

第五,不断融入新元素驱动古镇产生新活力。乌镇古镇保护与旅游开发,经历观光旅游、度假休闲、文化小镇3个发展阶段。乌镇并不固守于既有成功,而是不断融入新元素,以国际视野和前瞻理念赋予创新发展新动力。乌镇在展示中国古老文化的非凡魅力和东方生活传统精髓的同时,也成为一个传统文化的传播者和中外文化的交流使者。2013年,新建乌镇大剧院,由陈向宏、黄磊、赖声川、孟京辉共同发起,将现代艺术形式引入古镇,举办第一届乌镇戏剧节,此后每年成功举办。在乌镇戏剧节以后，2016 年举办乌镇国际当代艺术邀请展，进一步为当代艺术的交流及融合提供了独特的交流空间与环境。此外，随着 2014 年第一届世界互联网大会在乌镇召开，并将乌镇作为永久举办地，乌镇进一步发展成会展小镇、互联网小镇，逐步走向国际一流风情小镇。

古镇保护与旅游开发，使乌镇成为中国的一个展示窗口。2010 年 5 月，乌镇凭借国内外的良好口碑及旖旎景色，以"历史遗产保护与再利用"为主题，在 2010 年上海世博会城市最佳实践区未来探索馆设专馆展示乌镇的历史街区保护与再利用经验。经过十多年的保护与开发，今天的乌镇已成为世界的乌镇，乌镇旅游业已取得了世人公认的成绩。景区自 2001 年 1 月 1 日对外开放以来，游客人数年年攀升，2008—2018 年，乌镇客流从 252 万人增长到 915 万人，增长了近 4 倍，年复合增速高达 14％。2019 年，乌镇累计接待游客 918.26 万人次。

（二）西塘的保护与开发

西塘，是位于嘉善县境中部偏北的"生活着的千年古镇"，处于江、浙、沪三地交界地带，自古就有"吴根越角"之称，是古代吴越文化的发祥地之一。相传春秋时期，伍子胥在此兴水利、通漕运，唐宋时期形成市镇。春秋的水、唐宋的镇、明清的建筑、现代的人，是对西塘古镇历史沿革最为恰当的概括。古镇核心保护区内有 25 万平方米的明清古建筑群，以"桥多、弄多、廊棚多"为特色，镇区共有桥 27 座、各类弄堂 122 条、廊棚 1.5 公里。

自 1997 年西塘古镇保护和开发领导小组成立开始，西塘走上了古镇保护与开发并举之路。西塘古镇保护与开发走的是"行政推动、市场运作、企业管理"的道路。与乌镇类似，西塘注册成立了西塘文化旅游发展有限公司并编制了西塘古镇保护和旅游开发规划，明确了省级历史文化保护区的保护主题：一是突出"桥多、弄多、廊棚多"的典型江南"水乡古镇"主题；二是突出以历史传统为主的"历史古镇"主题；

三是延续以尊师重教、文化育人、弘扬传统艺术文化为主的文化民俗风貌保护，突出"文化古镇"主题。

　　多年来，西塘古镇的保护与开发，始终坚持"整旧如旧，以存其真"原则，保护的出发点是原汁原味地保护古镇，走的是开发式的保护之路。2003年以后，西塘古镇旅游发展先后迎来了"从有到大"的壮大成长期（2003—2008年）和"从大到强"的快速发展期（2009—2013年）。其中，关键性的时间节点和事件包括：2003年，西塘被列入《中国世界文化遗产预备名单》；2005年，西塘被列为国家4A级旅游景区；2009年，浙江省首个旅游产业专业商标品牌基地"嘉兴市专业商标品牌基地"在西塘成立；2011年，"生活着的千年古镇"被评为浙江省著名商标；2012年，西塘位列中国旅游百强景区第29位；2013年11月，西塘获"最美中国·文化魅力主题特色旅游目的地"称号；2013年6月至2014年10月，西塘古镇景区围绕"生活"重心，提炼了西塘古镇"生活的""宁静的"两大游憩价值，挖掘了以明清建筑群为代表的古建筑文化、以获得第11届中国文华大奖的原创音乐剧《五姑娘》为代表的田歌文化、以国内漆器工艺最高水平的剔红漆器为代表的手工艺文化、以南社柳亚子为代表的名人文化等，梳理了古镇五级（特级）资源单体13个、四级（优质）资源单体26个及其他珍稀的旅游单位资源172个，拉开了创建国家5A级旅游景区的大幕；2017年，西塘古镇景区成功晋升国家5A级景区。

　　如今，西塘古镇原真性地保存了西塘人的生活情态，西塘田歌、越剧、七老爷庙会、跑马戏、摇橹船、荡湖船、踏白船、杜鹃花展、剪纸艺术等民俗文化，已成为物质与非物质文化并存的典范，成为研究中国民间建筑史、民俗史的原始物证和"活教材"。

二、大运河遗产的保护与有效利用

　　2014年6月，"中国大运河"正式列入《世界遗产名录》，嘉兴有6

段河道（总长 110 公里）和 2 个遗产点——位于大运河嘉兴段最南面的长安闸和最北面的长虹桥——入选，标志着嘉兴成功跻身世界文化遗产城市行列。

大运河是嘉兴境内规模最大的活态线性文化遗产，具有历史悠久、脉络清晰、地位重要、遗产丰富、功能多样等鲜明的自身特点。围绕着大运河的申遗保护与有效利用，近年来嘉兴做了大量工作。

在有效保护方面，大运河申遗成功后，嘉兴市将大运河保护申遗工作领导小组改名为嘉兴市大运河遗产保护委员会，纳入嘉兴市历史文化遗产保护委员会，并明确了大运河遗产保护的内容，划定了遗产区和缓冲区，建立了监测数据报送制度，构建了遗产所在地标识系统，启动了市区"月芦文杉"和海宁长安东、西街历史街区等片区的整治改造，出台了《大运河（嘉兴段）遗产保护规划》《浙江省海宁市世界遗产长安闸保护规划》，制定了《嘉兴市大运河世界文化遗产保护条例》，强化大运河遗产执法监督，确保大运河遗产真实性和完整性不受破坏，实现了大运河世界文化遗产保护与经济社会发展双赢。

在有效利用方面，嘉兴市委、市政府非常重视并珍惜大运河世界遗产品牌，出台了《大运河文化保护传承利用规划纲要》《加快推进大运河（嘉兴段）文化保护传承利用实施方案》《大运河（嘉兴段）文化保护传承利用"百项千亿"重大项目计划》《大运河（嘉兴段）文化保护传承利用工作市县联席会议制度》等实施方案和工作机制，提出了打造运河国际休闲旅游城市的发展目标。主要是在做好运河遗产保护的前提下，充分利用运河资源优势和特色，积极探索运河遗产的利用模式，加快发展市区水上旅游及特色文化产业，走出运河遗产保护与经济社会发展共赢的新路。为此，嘉兴坚持活态传承，举办中国·嘉兴端午民俗文化节、江南网船会、轧蚕花等具有浓郁地方特色的水乡民俗活动，推进非遗特色小镇、村庄建设。2015 年，嘉兴编制了《嘉兴市运河国际旅游休闲城市专项规划》；桐乡市组织编制了《京杭大运河桐乡段综合保护和旅游开发规划》。2020 年，嘉兴发布了《禾城文化复兴三年行动计划》,根据国家《长城、大运河、长征国家文化公园建设方案》,提出了要进一步打造运河文化品牌,把以运河为纽带的大运河国家文化公园区作为禾城文化复兴6大片区之一,打造嘉兴运河文化的集中展示区,全面展示大运河(嘉兴段)历史文化,将嘉兴建设成大运河遗产保护传承利用的示范区。目前,"嘉兴运河文化陈列馆""大运河长安闸"两个运河专题展示馆已常年对外开放,《嘉兴运河文化论文汇编》《运河嘉兴》《运河名城——嘉兴》《运河船民口述史》等书已经出版,其中,《运河记忆——嘉兴船民生活口述实录》荣获第十三届(2018年)中国民间文艺山花奖。另外,围绕"品质嘉兴"大会战,南湖湖滨片区建设加速推进,新塍、长安、濮院等运河古镇保护与文化旅游一体化联动发展,2018年省政府发文批复同意设立的嘉兴(王江泾)运河文化省级旅游度假区建设初见成效,2019年度总接待人数达96万人,旅游总收入逾1.5亿元,极大提高了嘉兴运河的知名度、美誉度和开发利用成效。

三、文化遗址的保护与开发

文化遗址的保护与开发是嘉兴市的又一个重要工作。近年来,嘉兴致力于推动文化遗址,尤其是马家浜文化遗址和子城文化遗址的保护与开发工作。2020年嘉兴发布的《禾城文化复兴三年行动计划》,明确提出要打造以马家浜遗址为重点的史前文化展示区和以子城为中心的城市中轴区。

马家浜遗址是在1959年3月嘉兴市农村大规模群众性积肥运动中发现的文化遗址,后被称为"江南文化之源",2001年被公布为全国重点文物保护单位。2009年《嘉兴马家浜遗址保护规划》获国家文物局批复,2013年马家浜遗址公园又被列为首批省级考古遗址公园。2015年5月,浙江省政府批准公布了《马家浜遗址保护规划》。2016年10月,嘉兴召开了《马家浜考古遗址公园概念性规划》论证会,邀请省文物局、考古所和复旦大学有关专家对方案进行论证，根据会议精神，委托浙江省古建筑设计研究院于 2017 年 5 月完成《马家浜考古遗址公园总体规划》，2018 年嘉兴市政府批准同意遗址公园总体规划方案。马家浜遗址公园规划分为马家浜文化博物馆区、遗址发掘现场展示区和文化休闲服务区等功能区，其中的马家浜文化博物馆已于 2020 年 5 月建成开放。马家浜文化博物馆是一座以马家浜遗址为依托的考古遗址博物馆，也是一座以环太湖地区马家浜文化为主题的考古学文化博物馆。

子城是嘉兴的城市坐标，是国内罕见的保存完好的州府衙署遗址，对研究中国古代城市制度和嘉兴的地方历史具有不可替代的重要价值。该片区的文化遗产价值高、规模大、类型多，历史文化底蕴十分深厚，是嘉兴历史文化的核心区。2005 年，子城被公布为浙江省级文物保护单位。2015 年 10 月开始，浙江省文物考古研究所的考古人员对子城遗址进行了为期 8 个月的考古挖掘，考古结果震惊了考古界。2017 年 2 月，嘉兴子城遗址公布为第七批省级文物保护单位，与第五批省级文物保护单位嘉兴子城合并，扩大了遗址保护范围。2017 年 10 月，嘉兴市文化局（市文物局）又组织召开了《嘉兴子城保护规划》《嘉兴子城遗址公园总体规划》评审会。2019 年 10 月 7 日，嘉兴子城遗址入选为第八批全国重点文物保护单位。2020 年 2 月，子城遗址公园（一期）向市民试开放，"厚重的历史＋智慧导览系统＋光电沙盘"、AR（增强现实）互动、VR（虚拟现实）展示等前沿黑科技让游客在这里完成"古今对话"。如今，遗址公园已成为嘉兴市民新的"网红打卡地"。

第三节　大力发展文化产业

早在 2003 年，时任浙江省委书记习近平在《浙江日报》"之江新语"专栏发表了短论《文化产品也要讲"票房价值"》，认为先进的文化产品"应当既体现先进性,又能体现群众性""既不'趋利媚俗',又不远离市场、忽视市场",其"社会效益与经济效益是一致的";①2006 年,习近平在"之江新语"专栏又发表了短论《"文化经济"点亮浙江经济》,认为"文化经济是对文化经济化和经济文化化的统称,其实质是文化与经济的交融互动、融合发展""我们在推进'文化经济'的发展中,要始终坚持以人为本"②,并明确指出"这是浙江改革发展中的一大特色和一大亮点"。这些观点无疑为浙江文化产业的发展指明了方向,也对浙江发展好文化产业充满了信心。

多年来,嘉兴秉持习近平总书记的指示精神,大力发展文化产业,积极推动文化与经济的交融互动和融合发展,制定了《嘉兴市文化产业发展"十三五"规划》《嘉兴市文化产业发展三年行动计划(2019—2021 年)》《关于加快推动文化产业成为千亿级产业的若干政策意见》,成立了全省首家由文化企业自主发起成立、自主运营的地市级文化产业协会——嘉兴市文化产业协会,市、县两级文化产业协会实现了全覆盖,设立了嘉兴银行文创支行,政策力度不断加大,产业导向逐步强化。截至 2019 年,嘉兴文化及相关特色产业实现增加值 226 亿元,增加值占 GDP 比重 5.2%,已培育国家级文化产业园区 1 个、省级文化产业园区 5 个、市级重点文化产业园区 10 个、市级重点文化企业 20 家。2020 年初,嘉广集团下属浙江嘉广信息科技股份有限公司股票在全国中小企业股份转让系统挂牌,成为嘉兴市本土国有文化企业挂牌第一股;嘉兴中润光学科技股份有限公司通过研发国内领先的电影镜头产品,成功入选浙江民营中小企业高质量发展创新案例。其中,就"文化经济"点亮"嘉兴经济"的典型做法至少包括推动端午民俗文化节做强做大、促进特色文化小镇做特做精、引导文化创意产业做深做细。

---

① 习近平:《之江新语》,浙江人民出版社 2007 年版,第 9 页。
② 习近平:《之江新语》,浙江人民出版社 2007 年版,第 232 页。

一、做强做大端午民俗文化节

嘉兴民俗文化十分丰富，仅入选国家级非物质文化遗产的民俗文化就有桐乡的含山轧蚕花、嘉兴端午习俗、秀洲的网船会、海宁的潮神祭祀4项；入选省级非物质文化遗产的民俗文化除了以上4项国家级非遗外，还有海盐的海盐骚子、嘉兴南湖荷花灯会、海宁的钱江观潮、桐乡的双庙渚蚕花水会、海宁的元帅庙会、海宁的云龙蚕桑生产习俗、平湖的做社、嘉善淡水捕捞习俗、嘉善的护国随粮王信俗会、秀洲的七月七香桥会、桐乡的乌镇香市11项，一共入选省级和国家级非遗15项，在70个嘉兴省级及以上非遗项目中占比21.4%。近年来，最有影响力的嘉兴民俗文化活动是举办嘉兴端午民俗文化节。

嘉兴端午习俗萌芽于南宋时期，明清时期达到鼎盛，民国以来遗风尚存，新中国成立以后再次盛行。近年来，一年一度的"中国·嘉兴江南文化节"将端午民俗文化活动作为固定项目在端午节期间举办，使这一项民间习俗得以恢复和传承。2008年，端午节成为我国法定假日后，嘉兴在原来的"中国·嘉兴江南文化节"（2000年开始举办的"南湖船文化节"于2003年更名为"江南文化节"）和"中国粽子文化节"（2005年开始举办）基础上于2009年创办了"中国·嘉兴端午民俗文化节"，由中宣部、中央文明办、文化部（现为文化和旅游部）、中国文联和浙江省委、省政府主办，嘉兴市委、市政府和中央电视台承办，文化节上举办了民俗大巡游、民俗文化传承论坛、龙舟竞渡等主题活动和群众性活动；2010年的嘉兴"中国·嘉兴端午民俗文化节"由文化部、浙江省人民政府主办，浙江省文化厅（现为省文化和旅游厅）、中共嘉兴市委、嘉兴市人民政府承办，开展了6大主体活动和10项群众性活动，充分体现了嘉兴地域特色文化，充分展示了"过端午，到嘉兴"的民俗文化品牌。2011年，嘉兴端午习俗被列入第三批国家级非物质文化遗产名录，嘉兴成为全国首个"中国端午文化研究基地"，嘉兴端午民俗文化节成功从地方走向了全国,当年的"中国·嘉兴端午民俗文化节"活动主题定为"嘉兴端午、中国味道",这个主题一直沿用至今。2017年开始,"中国·嘉兴端午民俗文化节"更加突出民俗性、趣味性、群众性三大特色,节日活动也更加丰富。2020年,嘉兴端午民俗文化节还首次采用了多平台网络直播和短视频的方式,展示嘉兴端午多彩的活动和浓厚的氛围,与全国、全世界的朋友共享"云上端午",开展的活动多达11项。

嘉兴端午民俗文化节既有对中国传统民俗的深度挖掘,也有对嘉兴地方文化的创新继承,还有对地方特色产业发展的热切呼应。2012年起作为嘉兴端午民俗文化系列活动之一的"中国掼牛"争霸赛很有特色,不仅在国内受到关注,国际上也有不少人在关注这项运动。2016年的"中国掼牛"争霸赛有100多名来自海内外的选手慕名参加,其中包括来自美国、乌克兰等国的选手,国内选手不少还是全国性武术、摔跤、散打、自由搏击赛的冠军。目前,"中国掼牛"争霸赛已经成为具有嘉兴传统特色的文化旅游体育活动。

经过多年的积累、沉淀和发展,时至今日,嘉兴端午民俗文化节已经成为一张具有国际影响力的城市金名片,越来越得到国内外专家的认可和媒体的关注,充分体现了文化与经济、节庆与产业的融合发展。

二、做特做精特色文化小镇

自2014年浙江省首次提出"特色小镇"并成功运行后,全国掀起了特色小镇建设潮,国家及地方纷纷出台政策支持特色小镇创建和发展。从住建部公布的第一批和第二批403个国家级特色小镇的类型看,文化旅游类特色小镇占比最多(占比62.85%)。嘉兴也高度重视特色小镇的建设,早在2015年就发布了《关于加快市级特色小镇规划建设的指导意见》,并在全省首先出台了特色小镇地方标准,围绕产业定位,坚持产业、文化、旅游三位一体,始终把文化、旅游基因植入产业发展和产业链延伸的全过程。目前,嘉兴有 3 家全国特色小镇——桐乡市濮院镇、嘉善县西塘镇、秀洲区王店镇;18 家省级特色小镇,其中命名特色小镇 4 个、创建类特色小镇 10 个、培育类特色小镇 4 个;还拥有 16 个市级特色小镇。

嘉兴特色小镇十分注重做特做精特色文化,积极发展文化旅游。2018 年初,嘉兴市首批 5 个省级特色小镇创建对象就均已完成 3A 级以上景区的建设,其中仅嘉善巧克力甜蜜小镇就已拥有碧云花海・十里水乡、云澜湾温泉、歌斐颂巧克力 3 个国家 4A 级景区;2018 年底,嘉兴市的 12 个省级特色小镇中就有 8 个达到了国家 3A 级旅游景区标准,占全市省级特色小镇总数的 66.6%;2019 年,桐乡毛衫时尚小镇获批省级工业旅游示范基地。

嘉兴特色小镇文化经济发展的亮点集中在"特"和"精"上。比如,嘉善巧克力甜蜜小镇的重要项目歌斐颂巧克力乐园在规划设计、发展理念方面创新工业旅游模式,以巧克力文化为核心、巧克力生产为依托,致力于巧克力文化主题旅游,发展集巧克力文化创意、研学、休闲度假等功能于一体的特色旅游,成为浙江省工业旅游示范基地和旅游类示范特色小镇;桐乡毛衫时尚小镇通过高质量举办中国・濮院国际毛针织服装博览会、中国・濮院时尚周、"濮院杯"PH Value 中国针织设计师大赛、中国纺织服装品牌大会等时尚活动,着力营造浓郁的时尚产业氛围,培育时尚文化,致力于打造以时尚产业为主导,集创意设计、针织材料开发、毛衫文化展示、流行趋势发布和旅游驱动于一体的国际一流特色小镇和中国时尚第一镇;海宁潮韵小镇通过引导文化创客以"盐官文化"的利用为创意导向,形成盐官文化创意休闲旅游产业聚集区,举办海宁国际追潮马拉松、钱江(海宁)观潮节、海宁潮音乐节等重大活动,推动小镇向文化旅游度假区转化升级,在嘉兴市级特色小镇 2019 年度考核中荣获优秀奖,列旅游类小镇第一名。

三、做深做细文化创意产业

文化产业发展重在创意。作为 21 世纪的朝阳产业,文化创意产业成为经济社会发展的重要动力。近年来,嘉兴高度重视文化创意产业的做深做细,并在政策上予以扶持。

第一,大力扶持创意产业发展。针对创意人才的重要性,嘉兴通过举办南湖创意设计大赛、长三角(嘉兴)文化创意设计大赛等创意设计大赛发现创意人才、对接创意项目,并通过设立文化创意奖、落实市级文化人才专项经费、制定特殊文化人才倾斜政策等大力扶持创意产业发展。不仅如此,嘉兴还以创意设计大赛为支点,撬动文化产业创新发展,不断推动"文创＋互联网""文创＋数字""文创＋设计""文创＋产业"等新模式,将文化内涵融入产品设计开发,推动文化创意与相关行业融合发展,形成文化产业发展新优势。

第二,着力于文化创意产业发展体系的构建。目前,嘉兴已拥有国家级文化产业园区 1 个、省级文化产业园区 5 个、市级文化产业园区 26 个、省级文化创意街区 3 个、市级重点文化产业园区 10 个,重点文化企业 20 家,已基本形成具有一定优势的四大主导型文化创意产业。其一,基于文化休闲旅游产业优势的文化旅游业。作为国家优秀旅游城市,截至目前,嘉兴拥有 5A 级旅游景区 3 个(乌镇景区、西塘景区、南湖景区)、4A 级旅游景区 10 个、3A 级旅游景区 19 个和 2 个 4A 级景区城——南湖区城区、桐乡市城区。其二,基于时尚设计产业优势的工业设计业。作为时尚产业的后起之秀,嘉兴拥有服装、皮革、羊毛衫等 3 家省级文化产业设计基地,时尚产业成熟度和区域知名度都已达到相当高的水平,海宁中国皮革城品牌风尚中心、桐乡濮院 320 创意广场均已集聚了 100 余家设计服务企业,雅莹时装、安正时装等逐渐成为工业设计翘楚,皮革、服装、箱包、经编、小家电等特色行业通过创意设计引领了时尚潮流。其三,基于产业布局优势的文化影视产业。作为文化影视产业的希望之地，嘉兴已拥有中国首家定位于影视产业国际合作的国家级影视基地、国内唯一以影视产品进出口为导向的国家级影视产业园区——中国（浙江）影视产业国际合作实验区海宁基地。基地集聚 400 多家影视企业，承接了"中非影视合作工程"三分之一的译配任务。其四，基于传媒产业基础的新闻传媒业。目前，嘉报集团已拥有 3 份报纸、4 家网站、1 本杂志、1 个文化创意园区，嘉广集团已有 3 个电视频道、3 个广播频率、1 个网站、1 份报纸、1 本期刊，1 个手机客户端禾点点共 10 大媒体，有 10 多家子公司和一个现代传媒文化创意产业园。

第三，高度重视优秀原创作品的扶持。在政策方面，制定了《嘉兴市文化精品工程重点项目扶持管理办法》，设立了年度文化精品工程重点项目扶持资金，修订了文学艺术南湖奖评奖办法。近年来，诞生了歌剧《红船》、实验音乐剧《五色螺》、越剧《五姑娘》、话剧《初心》、歌曲《美丽天使》、舞蹈《奋战》、小品《筒子楼》等优秀节目，歌曲《石榴花开》获得省"五个一工程"奖，小品《父与子》获得全国"群星奖"，群舞《村里的画室》获省"群星奖"。

第四节　文化强市与公共文化服务体系建设的实践与创新

多年来，嘉兴积极贯彻习近平关于社会主义文化建设重要论述，紧跟党和国家、浙江省委的文化发展战略，坚持文化兴市，建设文化大市和文化强市，文化软实力得到进一步增强。就嘉兴文化发展的经验与启示而言，至少包括 3 点：一是从"积极发展文化事业"到"提升公共文化服务水平"，不断满足人民日益增长的基本文化需求；二是从"以保护历史遗产来开发旅游"到"推动文化和旅游融合发展"，满足人民对美好生活的新期待；三是从"文化经济"到"文化产业持续健康发展”,提高国家文化软实力和中华文化影响力。

一、从"积极发展文化事业"到"提升公共文化服务水平"

改革开放以来,特别是党的十四大以来,党和国家不断加快建设社会主义公共文化事业,相关政策目标先后经历了从"积极发展文化事业"到"构建公共文化服务体系"再到"提升公共文化服务水平"的历史性转变。进入新世纪,在"八八战略"的指引下,嘉兴始终把公共文化服务摆在党委、政府各项工作的重要位置,把公共文化服务体系纳入经济社会发展总体规划,纳入"城乡一体化"改革试点,经过不断摸索创新,逐步形成了独具特色的"嘉兴模式",并于 2016 年 8 月以东部地区第一的优异成绩成功创建第二批国家公共文化服务体系示范区。其中的示范性项目,如公共文化服务总分馆体系建设的"嘉兴模式"、基层公共文化队伍"两员"制度、公共文化服务的"互联网＋"创新平台——"文化有约"和乡村文化新地标——文化礼堂建设等都是"提升公共文化服务水平"的创新体现。

二、从"以保护历史遗产来开发旅游"到"推动文化和旅游融合发展"

传承历史文脉,在保护中开发、在利用中保护是历史文化资源得以永续的重要路径。2009 年,文化部与国家旅游局联合发布了《关于促进文化与旅游结合发展的指导意见》,国家在政策层面开始大力推动文化与旅游结合发展。党的十八大以来,以习近平同志为核心的党中央高度重视文化和旅游工作,文化、旅游产业日益成为国民经济支柱性产业。党的十九届五中全会通过的《中共中央关于制定国民经济和社会发展第十四个五年规划和二○三五年远景目标的建议》和 2021 年全国人大通过的国家"十四五"规划和 2035 年远景目标中都明确提出要"推动文化和旅游融合发展,建设一批富有文化底蕴的世界级旅游景区和度假区，打造一批文化特色鲜明的国家级旅游休闲城市和街区"，"以文塑旅、以旅彰文"的文化与旅游融合发展思想进一步彰显。

以乌镇、西塘、南湖为代表的嘉兴文化旅游景区从最初的"以保护历史遗产来开发旅游"发展到今天的"推动文化和旅游融合发展"，旅游发展的质量越来越高，效益越来越好。以乌镇的开发历程为例。乌镇最早开发的东栅景区采取的是"以保护历史遗产来开发旅游"的模式，当时开放的主要是清末样式的民居、蓝印花布和茅盾故居、江南木雕陈列馆、百床馆等历史文化类景点，属于"观光型"文化旅游景区。从 2003 年开始的西栅景区保护开发更加注意文化与旅游的结合，较好地融合观光与度假功能，属于"观光＋休闲体验型"景区，景区内主要是名胜古迹、手工作坊、经典展馆、民俗风情、休闲场所等文化旅游景点。2013 年，以继承并发扬乌镇传统民间文化、传播乌镇悠久历史文化与旅游资源、形成有乌镇特色文化产业链为目的的乌镇戏剧节开始举办。戏剧节以乌镇大剧院为核心，汇集西栅历史街区的古戏台、沈家厅剧场、秀水廊东小剧场、秀水廊西小剧场、西大街户外剧场以及西栅水剧场在内的多家剧场，上演几十台不同剧目，成为乌镇的文化与旅游开始进入融合发展阶段的标志性事件，从此乌镇已不仅仅是一个旅游胜地，更是一个传承展演中国文化的殿堂。此后，随着文化和旅游的融合，乌镇开启了"文化三部曲"模式，每年 10 月是乌镇的"戏剧狂欢节"，木心美术馆成为著名的文化场馆，此外还有世界互联网大会、乌镇国际当代艺术邀请展、以传统村落保护为主题的乌村等。这些多元文化和国际文化领域的现代文化元素展示，使乌镇旅游业的"文旅"内涵更加丰富多彩。

三、从"文化经济"到"文化产业持续健康发展"

21 世纪以来，文化与经济的相互交融在国家综合国力竞争中已经越来越重要，经济与文化的一体化趋势也日益明显。早在 2006 年，习近平同志对这种文化经济现象就展开了深入思考。他在《"文化经济"点亮浙江经济》一文中认为"文化经济是对文化经济化和经济文化化的统称,其实质是文化与经济的交融互动、融合发展",并明确指出"这是浙江改革发展中的一大特色和一大亮点"。同时,他也明确提出,"我们在推进文化经济的发展中,要始终坚持以人为本",从而为文化经济的发展指明了方向。[①]　嘉兴的文化产业始终坚持以人为本,坚持以社会效益为主、社会效益和经济效益相统一的持续健康发展思路。在《嘉兴市文化事业发展"十一五"规划》中明确"执政为民"和"统筹协调"的基本原则,并在"统筹协调"原则下具体明确了"营造和谐社会、追求社会效益与培育文化市场、提高经济效益的统筹";在《嘉兴市文化产业发展"十二五"规划》和《嘉兴市文化产业发展"十三五"规划》中均把"社会效益与经济效益相结合"作为首条基本原则。该原则在"十二五"规划中具体明确为"正确处理两种'属性',坚持把社会效益放在首位,社会效益和经济效益相统一";在"十三五"规划中具体明确为"把社会效益放在首位,实现社会效益和经济效益相统一"。

---

① 习近平:《之江新语》,浙江人民出版社 2007 年版,第 232 页。

第六章　坚持可持续发展
建设生态嘉兴

良好生态环境是最普惠的民生福祉,也是最公平的共同富裕公共产品。"八八战略"明确提出,要进一步发挥浙江的生态优势,创建生态省,打造"绿色浙江"。21 世纪以来,嘉兴按照习近平同志在浙江工作时关于生态建设的重要指示批示要求,照着"绿水青山就是金山银山"路子走下去,围绕江南水乡典范城市建设,积极创建"绿色嘉兴""低碳嘉兴",开始了从"还欠债"到创建生态文明建设示范市,走可持续发展之路的大跨越。

第一节　生态环境欠债,迟还不如早还

嘉兴是典型的江南水乡。20 世纪 90 年代开始,随着工业化的快速推进,嘉兴民营经济迅速发展,工业污染问题日趋严峻。农业生产中,大规模的生猪养殖直接排放的养殖废物,极大污染了河道和村庄环境。多种因素的共同作用下,嘉兴地表水质迅速恶化。到 2000 年左右,嘉兴全市已基本没有Ⅲ类及以上水体,Ⅳ类水体也仅占 30% 左右,其余 70% 左右是Ⅴ类和劣Ⅴ类水体。"鱼米之乡鱼难养,江南水乡无净水",就连保障城乡居民生活用水的水源地,水质达标率也仅有 2.4%。

针对这一严峻局面,2005 年 5 月 16 日,习近平同志在《努力建设

环境友好型社会》中指出："现在,环境污染问题已不是局部的、暂时的问题。江南水乡受到污染没水喝,要从这里调水从那里买水。近岸海域海水受到污染,赤潮频发。这就好比借钱来做生意,钱是赚来了,但也欠了环境很多的债,同时还要赔上高额的利息。欠债还钱,天经地义。生态环境方面欠的债迟还不如早还,早还早主动,否则没法向后人交代。"[①]2006 年 5 月 29 日,习近平同志在浙江省第七次环境保护大会上指出:"'上善若水',水是江南的灵魂,失去了'春来江水绿如蓝'的意境,'山水浙江、诗画江南'就失去了灵性。我省水质性缺水相当严重,有的地方甚至到了江南水乡没水喝的地步。要采取果断措施,持续深入推进全省八大水系和平原河网的水污染综合整治,还广大人民群众一江清水。"[②]

由此,嘉兴相继开展了一系列持续不断、声势浩大的治水实践。

一、污水联合处理的嘉兴实践

嘉兴地势平坦,平均海拔只有 3.7 米,部分低地在 2.8—3.0 米。低缓的地势造成河道流速缓慢,水体自净能力十分有限。早在 1998 年,嘉兴就决定建设污水处理工程,以强化工业污染的治理。但在建设方式的选择上,曾有过激烈的争论。经过广泛听取意见和科学论证,最终决定建设污水联合处理、集中外排的嘉兴市联合污水处理工程。

嘉兴联合污水处理工程于 2000 年开工建设,采取跨区域联建方式,服务区域覆盖嘉兴市区、嘉善县、平湖市、海盐县和嘉兴港区。一期工程于 2003 年 4 月投入试运行,二期工程于 2011 年底建成,污水处理能力达到 60 万吨/日。

为联合污水处理工程配套的污水收集管网建设同步启动。除嘉兴

---

① 习近平:《之江新语》,浙江人民出版社 2007 年版,第 141 页。

② 习近平:《干在实处　走在前列——推进浙江新发展的思考与实践》,中共中央党校出版社 2006 年版,第 201 页。

联合污水处理厂外，其他县（市、区）也采用该建设模式，开展区域内污水的集中处理。如，2010 年桐乡污水处理尾水外排工程建成，桐乡市内所有污水处理厂处理尾水均实现外排。至 2012 年 9 月，全市建成在运污水处理厂 23 座，污水收集管网 4114 公里，泵站 403 座，污水处理厂设计处理能力达到 119.28 万吨/日，实际处理量达到 96.27 万吨/日。截至 2016 年底，全市污水管网建设总里程增加到 6200 公里，污水日处理能力达到 129.28 万吨。

针对污水处理厂尾水标准不高问题，从 2011 年起，嘉兴启动城镇污水处理厂提标改造工作，除嘉兴市联合污水处理厂提标至《城镇污水处理厂污染物排放标准》（GB18918－2002）一级 B 标准外，其余城镇集中污水处理厂均提高到一级 A 标准，通过提标改造，进一步降低了污染物排放浓度，减少污染物外排总量。

在污水管网已基本全覆盖的情况下，2013 年，嘉兴制定实施《工业企业污水全入网三年行动计划》。按照全入网工作方案，对具备入网条件的企业，不论排污量大小和污水类型，一律入网；对暂时不具备条件的企业，要创造条件入网；对不能入网的企业，特别是重金属排放企业及化工企业，坚决搬入工业园区或实施限期关停。2015 年，三年行动计划顺利完成，累计又完成 8847 家工业企业污水入网，新增污水入网量 40 万吨/日。至此，嘉兴工业企业污水集中处理、达标排放问题基本得到解决。

二、减量提质——生猪养殖大市产业结构的深度调整

问题在水里，根子在岸上。产业结构是嘉兴水污染问题的重要原因。分析表明，嘉兴水体污染中，养殖污染、居民生活污染和工业污染分别占 40%、40% 和 20% 左右。在生活污水截污纳管、工业污水全入网后，养殖尤其是生猪养殖污染，成为水污染治理的重中之重。没有以生猪养殖为重点的农业面源污染的有效控制，嘉兴就难以有水环境质量

的根本好转。

在《从"倒逼"走向主动》一文中,习近平同志指出:"现在,国家实施宏观调控政策和现实经济活动中资源要素瓶颈制约形成了新的'倒逼'机制,实际上这也是调整经济结构、转变增长方式的一个契机。我省一些地方以脱胎换骨的勇气,从被'倒逼'转向主动选择,逼出了'腾笼换鸟'、提升内涵的新思路,逼出了'借地升天'、集约利用的新办法,逼出了节能环保、循环经济的新转折,从而用'倒逼'之'苦'换来发展之'甜',争取实现'凤凰涅槃、浴火重生'的新飞跃。"[①]

嘉兴生猪养殖产业的深度调整,就是具体落实"倒逼"要求的真实写照。

(一)嘉兴具有悠久的生猪养殖历史

鱼米之乡的嘉兴,生猪养殖是传统产业,是农民增收的重要途径。2012年以前,其产值一直占全市畜牧业总产值的50%左右。统计显示,2012年嘉兴734.19万头的生猪饲养量,占了浙江全省近五分之一。在满足市场供需的同时,嘉兴的养殖业却远远超出了当地的环境承载力。根据2013年的水污染因子分析,养猪污染是嘉兴市水体中氨氮、总磷上升的首要因素,养猪排放的氨氮占全部氨氮排放量的31%。虽然在"十一五"期间,嘉兴全面启动了新一轮畜禽养殖污染治理工作,无奈由于养殖量太大,加上养殖户尤其是散养户自觉性、主动性不高,一些治污设施普遍管理不善,造成养殖污染有增无减。在养殖高峰期和生猪养殖比较集中的"新三桥"(即嘉兴南湖区的新丰和凤桥、平湖市的曹桥、海盐县的西塘桥)等区域,很多小河小浜被猪粪堵塞,河水黑臭、蚊蝇遍地,再加上死亡动物无害化处理设施跟不上,病死猪随意抛弃于河道,带来严重的生态灾难。

(二)"黄浦江死猪事件"与"生猪减量提质"的果断抉择

治水先治污,治污先治"猪"。这是"倒逼"之下嘉兴必须作出的

---

① 习近平:《之江新语》,浙江人民出版社2007年版,第133页。

决断。

2013 年 3 月初发生的"黄浦江死猪事件"，经新华社报道后，引起国内、国际媒体广泛关注，在全国引起轩然大波。嘉兴市委、市政府痛定思痛，坚定了彻底解决生猪养殖问题的决心，全市上下打响了生猪"拆违减量"的转型发展攻坚战。2013 年 4 月 7 日，嘉兴召开全市"三改一拆"暨生猪养殖业转型升级动员大会，拉开生猪养殖业减量提质工作的序幕。《关于扎实推进生猪养殖业转型发展的意见》等 6 个文件相继出台，明确了减量提质"10 项措施"：一是制定完善禁养区、限养区划定方案；二是详细确定 2013—2015 年县、镇、村三级区域总量控制目标；三是推广农牧结合、适度规模养殖模式，实现养殖废弃物的生态循环利用；四是加强政策扶持，鼓励养殖户转产转业。其他还包括建立生态补偿机制、完善病死猪无害化处理体系、强化监管服务、联防联控机制等。

为破解生猪超量养殖管理的法律问题，嘉兴市委、市政府积极呼吁，市人大积极向上争取，请省人大常委会赴嘉兴开展专题调研，深入了解嘉兴的畜禽养殖污染情况及面临的困难和障碍。在此基础上，浙江省人大常委会于 2013 年 5 月 29 日表决通过了《浙江省人民代表大会常务委员会关于加强畜禽养殖污染防治促进畜牧业转型升级的决定》，为嘉兴生猪养殖减量提质奠定了法律基础。

(三)减量工作的迅速推进

嘉兴"三改一拆"暨生猪养殖业转型升级动员大会后，生猪养殖污染治理工作被作为"一号工程"，在全市轰轰烈烈展开。经过全市上下的努力，到 2014 年 9 月，嘉兴拆除违建猪舍 1500 万平方米，生猪存栏量从 2012 年的 273.1 万头下降到 120 万头以内，超额完成预定计划；死亡动物工业化处理能力完全能够满足市域内处理需求；规模化畜禽养殖场排泄物资源化利用率达 97% 以上。

据统计，自生猪养殖减量提质工作开展后的一年半时间内，全市累计投入转产转业项目资金 30 多亿元，帮助 8 万多名退养农民顺利实现了转产转业。生猪退养几乎未影响农民收入,2014 年全市农村居民人均可支配收入 24676 元,同比增长 10.2%,收入水平继续居全省首位。

随着禁养区、限养区的全面划定,违法违章猪舍的全面拆除,养殖污染收费的全面推行以及对养殖违法行为打击力度的加大,加上生猪行情不景气,很多散养户主动退出养殖。在此情况下,嘉兴市委、市政府因势利导,于 2015 年启动了生猪散养户的全部退养工作。通过典型宣传、免费培训、项目推介、政策扶持等,嘉兴不仅坚定了退养农户转产转业的决心和信心,还不断引导其从事高效种植业或二、三产业就业。截至 2015 年底,全市生猪存栏量减少到 30 余万头,仅为生猪养殖高峰时期的 10% 左右,生猪养殖场(户)数降至 1 万户以内,规划保留的 44 家生猪规模养殖场均实现养殖排泄物无害化处置和资源化利用。到 2016 年,全市 13 万多户的生猪散养户全部顺利退养。

三、"五水共治"高标准推进

2013 年,省委提出了以"治污水、防洪水、排涝水、保供水、抓节水"为突破口的"五水共治"。为全面落实省委部署,嘉兴围绕让水"清起来、流起来、活起来"的治水思路,编制了《水环境治理综合规划》和《市域污水处理工程专项规划》,并分别出台了"治污水、防洪水、排涝水、保供水、抓节水"等 5 个方面的"三年行动计划"。

(一)强力推进清"三河"行动

2014 年,嘉兴出台并实施《嘉兴市"清三河"行动方案》(嘉政办发〔2014〕10 号)。一方面,全面开展小微水体黑河、臭河、垃圾河"地毯式"排查,全市共排查出"三河"2816 条段/1787.1 公里,并逐条进行身份登记。另一方面,大力开展"清三河大会战"。2 月下旬至 3 月中旬,部署开展春季水环境综合整治集中行动,全市共出动干部群众 40.4 万人次,作业船 3.2 万船次,排查养殖场户 31.2 万场次,巡查河道 22.4 万公里,水环境面貌取得明显改善。截至 2014 年底,全市累计完成 1806 条段/

1066.16 公里垃圾河的清理，黑河、臭河治理 1338 条段/847.77 公里，拆除沿河违建 57.26 万平方米，拆除猪舍 938.79 万平方米，封堵排污口 3205 个，清理垃圾 27.76 万吨，清淤 871.42 万立方米。

2015 年，全市又开展了"清三河"防反弹"回头看"专项工作。新排查出需深化提升的黑河、臭河 173 条段/136.19 公里，对新排查出的待提升河道全部进行了整治提升，河容河貌明显改观。

（二）城乡污水全入网

在基本解决严重制约嘉兴水环境的工业污染、生猪养殖污染之后，生活污水问题又被摆上重要位置。针对城乡生活污水管网建设多头、管理多头及主干网、支管网、毛细管网不配套等实际，嘉兴出台了《嘉兴市城乡生活污水治理三年行动计划》。在工作重点上：一方面，加快推进截污纳管改造。2015 年、2016 年两年，各完成 40% 以上城市（县城）未截污纳管、未雨污分流老旧小区改造。2016 年底，嘉兴市区、各县（市）城区污水收集处理率达到 92% 以上。到 2017 年，基本完成城市（县城）未截污纳管、未雨污分流的老旧小区改造工作，嘉兴市区、各县（市）城区污水收集处理率达到 95% 以上。至此，城镇生活污水入网工作基本完成。另一方面，以纳管收集污水处理厂处理为主，实施城乡一体新社区生活污水收集。按照城镇管网标准，建设城乡一体新社区生活污水管网，实现现有城乡一体新社区污水收集管网全覆盖、生活污水全处理。同时，保留传统自然村的生活污水治理覆盖率、受益农户分别达到 95% 以上，基本解决农村生活污水收集处理问题。2017 年，嘉兴还围绕实现"决不把脏乱差、污泥浊水、违法建筑带入全面小康"的目标，出台了《嘉兴市劣 V 类水剿灭行动实施方案》，制定了市控以上劣 V 类水质断面整治计划，落实"一点一策""一河一策"治理方案，强力推进消灭劣 V 类水攻坚行动。截至 2017 年底，年初在省挂号的 1 个市控断面、1338 个小微水体，全面通过消除劣 V 类水验收，嘉兴剿灭劣 V 类水工作取得决定性胜利。

(三)农村生活污水治理三年攻坚

针对农村地区生活污水入网率偏低、漏损率偏高、设施运行不正常、排放标准偏低等顽症痼疾,嘉兴于 2020 年启动了《嘉兴市农村生活污水治理三年攻坚行动方案(2020—2022 年)》。目标是经过三年努力,通过纳厂一批农村生活污水处理设施(包括污水处理设施和简易处理设施)、提标改造一批农村生活污水处理设施、新建一批农村生活污水处理设施、整改一批问题农村生活污水处理设施、打造一批样板示范农村生活污水处理设施,大幅提高农村生活污水治理覆盖面和水质达标率,全面提升农村生活污水处理设施运维管理水平,实现建设规范、设施完好、管理有序、水质达标的目标。

2021 年 2 月 24 日,《中国环境报》以"南湖碧波又重现 浙江嘉兴构建水生态自净系统创造良好景观"为题,报道了嘉兴在水质变好基础上,以新塍塘、杭州塘、长水塘、海盐塘等"九水连心"格局为核心,实施南湖生态修复工程,通过恢复以沉水植物为核心构建稳定完善的水生态自净系统,提升湖区生物多样性,充分利用自然系统的循环再生、自我修复特点,实现水生态系统的良性循环以及让南湖水重新变清的历史性转变。

四、市域外配水(杭州方向)工程启动

在嘉兴地表水污染问题最严峻的时期,恰遇嘉兴因治理地面沉降封堵深水井,地面水源地水质因上游来水及自身污染又无法保证。此时,喝上千岛湖的优质水,是全市上下梦寐以求的"嘉兴梦"。

嘉兴曾提出千岛湖引水的设想,但因千岛湖的水源地隶属杭州,嘉兴单独实施引水工程距离远、投资大、困难多、落实难。为解决嘉兴市资源型、水质型缺水问题,2013 年 6 月,嘉兴市正式做出"引水治水并重,双水源并举"的重大决策,并于 2014 年编制完成了《嘉兴市千岛湖引水工程项目建议书》和《嘉兴市太湖引水工程项目

建议书》。2015 年，杭州由于经济和城市建设快速发展，也需寻找新的水源地，并最终决定引入千岛湖水。这对嘉兴来说，是个千载难逢的机遇。在省委、省政府的积极协调和杭州市委、市政府的大力支持下，嘉兴决定与杭州共同开展千岛湖引水，并于 2015 年重新按杭州段编制了项目建议书，就千岛湖引水量和输水线路与杭州方达成了共识，并计划基本与杭州市民同期喝上千岛湖的水。

2018 年 2 月 1 日，嘉兴市域外配水（杭州方向）工程举行开工典礼，标志着寄托了 400 多万名嘉兴人梦想的千岛湖引水工程全面启动。整个工程设计配水规模每年 2.3 亿立方米，输水线路上接杭州市第二水源千岛湖配水工程，沿途经杭州绕城高速，穿半山，接杭浦高速、东西大道、沪杭高速至步云枢纽，配水至嘉兴市区及五县（市）各受水点水厂。工程输水线路总长 171.6 公里，其中嘉兴境内 148.5 公里，杭州境内 23.1 公里。这是嘉兴的一项重大民生工程，项目于 2021 年 6 月建成，至此嘉兴形成市域外优质原水和现有水源的多水源供水格局。

第二节　大力开展村庄环境整治

随着农村工业化的快速推进，工业污染和农村面源污染、生活污染治理不到位，农村私搭乱建等现象广泛存在，造成农村环境问题突出。2003 年，针对"浙江农民富，创业的人多，房子造得好，但浙江农村的污水、蝇虫、垃圾也多。浙江农村经济社会发展不协调的问题依然存在"等问题，全省部署开展了"千村示范、万村整治"工程。按照省委、省政府工作部署要求，嘉兴以城乡一体化和"百村示范、千村整治"为抓手，以农村生产、生活、生态三大环境改善为重点，推动开展全市近千个建制村的全面整治，并把其中 100 个左右的中心村建成全面小康示范村。通过近 10 年的努力，在嘉兴农村环境整治取得明显成效之后，又相继迭代开展了"三改一拆"与镇村环境综合整治、平原森林城市创建、全域大花园城市建设等工作，城乡环境面貌随之一新。

一、"三改一拆"与镇村环境综合整治

（一）"三改一拆"工作的持续开展

2013 年，浙江省政府决定在全省深入开展旧住宅区、旧厂区、城中村改造和拆除违法建筑（简称"三改一拆"）三年行动。2013 年 6 月，嘉兴出台《嘉兴市"三改一拆"三年行动计划》。把"三改一拆"行动作为倒逼经济社会转型升级的重要抓手，作为回应群众对美好生活向往的重要举措。在"三改一拆"行动之初，嘉兴结合生猪养殖减量提质工作，开展了生猪养殖转型发展暨拆违治污百日攻坚行动。2014 年，开展了"截污清源"拆违治污百日攻坚行动和"拔钉清障"百日攻坚行动。2015 年，又相继开展了"三沿两区"和"销案清零"拆违两个专项行动。三年行动任务完成后，按照浙江省委"决不把脏乱差、污泥浊水、违法建筑带入全面小康"的要求，持续推进"三改一拆"工作。截至 2017 年底，全市共完成拆改面积近 2 亿平方米，其中拆除各类违法建筑面积 7500 多万平方米，实施旧住宅区、旧厂区和城中村改造面积 1.2 亿平方米。

"三改一拆"的持续开展，"拆"出了好环境，"改"出了新风貌。以平湖市新仓镇三叉河村为例，该村完成"三改"8.2 万平方米，"一拆"5033 平方米，公路沿线环境整治 832 处、房前屋后 309 处，主要区域"硬化、洁化、绿化、亮化"已基本实现。整治后，成功打造了西起平廊公路与新三路交叉口，途经三叉河集镇，全长 4.6 公里，串联三岔口景点、胡家驿站景点、三叉河风情小镇景点、村部景点和平家潭村落景点等五大区域，涵盖历史遗存、红色革命、农业观光，风光旖旎、乡风淳朴的"风情三叉河"旅游精品线，一幅"田园风、诗画情"的美丽画卷呈现在村民和游客面前。

（二）全面开展镇村环境综合整治

城乡一体化战略的持续推进，使嘉兴城乡面貌发生了巨大变化。在城乡新面貌的映衬下，镇村布局形态偏乱、产业层次偏低、综合功能偏弱、日常管理偏粗等问题更加凸显，成为全市生态环境建设的"短板"。

为此，嘉兴提出了"要把提升镇村建设水平，作为建设现代化网络型田园城市的关键节点来抓"。在整治思路上，区分不同镇村基础，明确了四个层次，即：按照小城市的标准做强发展平台，补齐设施短板，提升承载能力，做强小城市试点镇；明确发展特色，填补历史欠账，整治镇区环境，做精特色镇；修危旧、治疮疤、保整洁，改变管理不善、破败不堪的面貌，做活老集镇；按照点上做精品、线上出风景、面上保整洁的要求，推进美丽宜居示范村建设和美丽乡村示范点建设，做美村庄。在整治时序上，明确了试点先行、示范引领。综合考虑不同镇经济社会发展、现状基础条件、发展特色等方面要求，首先在全市选取15个镇作为镇村环境整治提升的示范镇，重点扶持、重点投入、重点建设，并以此为基础，推动全市面上镇村环境整治提升。同时，对实施计划进行项目化管理和标准化建设，合理配置人力、财力和物力，先易后难，远近结合，分步实施，稳步推进。

（三）"三整治""四提升"的部署开展

2016年，嘉兴对全市43个建制镇集中开展了三大整治：环境治脏、管理治乱、风貌治差。对15个示范镇，重点开展"四提升"。一是突出发展特色，提升规划设计水平。编制镇工程管线规划、公园绿地规划、广告店招设置规划等专项规划，推进镇区详细规划的基本覆盖。加强镇区主要街道、主要出入口等重要节点的城市设计等。二是突出建管并举，提升设施配套水平。加强路网、供电、供气、供水、通信、排水、污水和垃圾处理等基础设施建设，同步实施绿化、亮化、美化工程。按照规范化标准，在改造提升公建配套的同时，建设一批沿河公园、湿地公园,提升镇区园林绿化水平。三是突出文脉传承,提升镇村风貌特色。加强镇区主要街道和出入口等重要节点的风貌设计,注重建筑色彩、外观形态、格局风貌和传统文化元素的协调,积极塑造特色风貌。四是突出长效治理,提升建设管理效能。加强美丽镇村的净化、绿化、亮化、美化,保障镇容镇貌整洁有序,同时实行网格化管理的综合执法服务,提升城镇管理的标准化水平。

2017年3月29日,全省小城镇环境综合整治规划设计工作现场会在嘉兴召开,会议代表实地参观了桐乡乌镇、嘉善干窑的小城镇环境综合整治成效。沈荡镇、王店镇、七星街道、干窑镇和钟埭集镇等10个小城镇获全省优秀规划设计方案。9月底,在2017年度年中全省小城镇环境综合整治考核结果中,嘉善县姚庄镇、桐乡市乌镇镇分别获得考核第一名和第二名,以优异成绩通过考核验收。

二、开创平原地区国家森林城市创建先河

植树造林和平原绿化是生态嘉兴建设的重点工作,也是嘉兴历届党委、政府高度关注的改善人居环境、提升城市竞争力的亮点工作。如今,来到平原水乡嘉兴的游客,最大的感受是这里面积大、色彩丰富、造型多样的绿化。而在这些背后,是嘉兴多年持续开展的平原绿化。

嘉兴是浙江省唯一的纯平原市,天然森林资源稀少,人口、城镇、工业、交通等高度密集。为此,嘉兴把林业绿化作为改善生态环境质量的主要任务来抓,早在1983年就开展平原绿化工作,有计划、有步骤、有重点地开展了以平原沿海防护林工程为中心的平原绿化工程建设。仅2000—2005年,嘉兴就投入近20亿元的绿化资金,增添绿地1214公顷,使全市林木覆盖率达到15.9%,城市建成区绿化覆盖率、绿地率和人均公共绿地面积分别达到42%、40%和11.88平方米,获得"国家园林城市"称号。

(一)"八个十"重点工程推动嘉兴绿化升级

2005—2009 年,嘉兴一批大型公园绿地建设相继启动,实施了七一广场、穆湖森林公园、中央公园、嘉兴植物园、湘家荡公园等大型园林绿化建设工程,完成范蠡湖公园、吉杨公园、南湖南溪园及勺园等改造。同时,大力度开展"拆违建绿""拆围透绿"工作,建成了 343 块街心绿地广场(园林小品),城市绿化量大幅度增加。2010 年,针对绿化档次低,特别是树多花少、林多园少、绿多文少、水多绿少等突出问题,嘉兴以实施十大城市公园建设提升工程、十个城市出入口绿化改造提升工程、十大绿色通道工程、十大河路接点工程、十条河道透绿建绿工程、十个高速公路互通枢纽绿化工程、十个新市镇绿色新社区建设工程、十个城乡一体化绿色新社区建设工程为重点的"八个十"项目绿化为抓手,开展了共 80 个绿化攻坚工程。2010—2013 年,嘉兴采取分年立项、滚动开发的方式,连续推进"八个十"绿化工程建设,到 2013 年,新建(改造)绿化面积达到 5750 公顷,全市绿化水平上了新台阶。

(二)"四边绿化"行动的开展

2012 年,按照省委、省政府"四边三化"("四边"即公路边、铁路边、河边、山边,"三化"即洁化、绿化、美化)要求,嘉兴决定于 2012—2014 年在全市范围内开展"四边绿化"五项行动。平原绿化开始步入提质扩面、城乡一体化统筹发展的新阶段。一是重要河道河岸植绿行动。结合水环境治理,按照主干河道单侧绿化宽度不小于 10 米,支流不小于 5 米的要求,对全市范围内的主要水系、航道、河渠堤坝沿线两侧开展河岸植绿行动。二是高速公路和高铁森林通道建设行动。在沪杭高速公路、高速铁路两侧开展绿化建设,平均单侧绿化宽度 15 米,建成以乔木树种为主的骨干林带和以乔木、小乔木、灌木合理配置的副林带。三是城市园林绿化再提升行动。提升城市公园绿地、道路、综合广场、出入口等区域的绿化档次,增种、补种大规格乔木,优化植物配置,开展背街小巷、支路绿化。四是主干公路绿网连接行动。

对国道、省道及重要县级通道、高速公路互通枢纽的绿化新建和加宽、增厚,形成了立体复层结构的绿化带。五是平原绿化扩面提质行动。以"森林"系列创建为抓手,建设沿海、沿湖和农田的绿色生态屏障,村、镇绿化覆盖率及档次品位进一步提升。到 2014 年底,通过"四边绿化"五项行动,全市主干河道、公路(铁路)两侧宜林地段绿化率达95％以上,高速公路边坡绿化率达 90％以上;新增和改造平原绿化面积 10 万亩,全市林木覆盖率达 20％以上;城市、城镇、村庄绿化水平进一步提高,重要出入口、河路接点、互通枢纽等实现绿化全覆盖。先后荣获"全国绿化模范城市""浙江省森林城市""全国国土绿化突出贡献单位"荣誉称号。

(三)在全国率先开展的绿道建设

2009 年,嘉兴做出了建设嘉兴绿道,以"绿色项链"连接城市和乡村,串联起主要城镇、风景名胜区和重要功能区的决策。2011 年 7 月出台的《嘉兴市域绿道网总体规划》,将嘉兴市域 12 条主干绿道规划为"两环六放射"的总体布局。"两环"即沿嘉兴外环河、湘家荡设置的内环绿道以及北部的古镇绿道、南部的滨海绿道、西部的乌镇—盐官绿道和东部的丁栅—乍浦绿道组成的外环绿道。"六放射"是指沿嘉兴市区六条放射状主干河道设置的绿道,包括苏州塘绿道、嘉善绿道(沿三店塘—嘉善市河)、平湖绿道(沿平湖塘)、海盐绿道(沿海盐塘)、海宁绿道(沿长水塘—尖山)、桐乡绿道(沿杭州塘)。另外还有一条从乌镇—盐官绿道接入,向东延伸接滨海绿道的海宁—海盐绿道。这 12 条主干绿道将嘉兴市域内的"一主六副"城市(镇)和 35 个新市镇串联起来,基本覆盖了嘉兴市域的大部分区域,也是嘉兴网络型城市建设的重要空间支撑网络。

按照"一年成线、两年成网、三年成景"的建设计划,自 2010 年起,嘉兴正式开始绿道建设。建设过程中,通过不同的绿化植被、慢行铺装道等构建特色鲜明的绿色休闲长廊。为方便游览,嘉兴市域绿道沿线结合主要节点,每 20 公里至 30 公里设置一个区域服务区,同时建设游客中心、医疗点、自行车租赁点、咨询亭、应急通信设施、照明设施、机动车停车场和自行车停车场等,并在经过公交停靠点的路段设置换乘点,营造人性化的休闲环境,并实现各类交通方式的无缝对接。截至 2020 年底,经过 10 年的不懈努力,嘉兴全市累计建成生态绿道 1390 公里,有 7 条绿道选入浙江最美绿道,基本实现居民步行 15 分钟或借助自行车 5 分钟内可达附近绿道的目标,嘉兴绿道成为城乡居民健身休闲的最好场所。

三、全域开展大花园城市建设

2019 年 5 月,为贯彻落实浙江省委、省政府的部署,嘉兴制定出台大花园建设行动实施方案。方案提出,到 2022 年,全市生产生活生态空间布局进一步优化,城乡人居环境改善取得明显成效,形成全域绿化、洁化、美化大格局,塑造自然与人文融合、历史与现代交汇的现代版"烟雨江南",建成生态优美的绿色发展之城、国内知名的健康宜居之城、具有国际影响力的红色旅游之城。到 2035 年,全市生产空间集约高效,生活空间宜居舒适,生态空间清净秀美,生态文明高度发达,绿色发展空间格局、产业体系、生活方式全面形成,生态环境优美成为普遍常态,建成国际化品质江南水乡文化名城和绿色美丽和谐幸福的大花园。方案同时明确了实施生态环境质量提升工程、全域旅游推进工程、新时代美丽乡村建设工程、绿色产业发展工程、基础设施提升工程、绿色发展机制创新工程等六大工程 21 项任务。工作推进中,嘉兴通过新建一批景观公园、创建一批绿色村庄、提升一批美丽廊道、打造一批生态河湖、培育一批森林产业等"五个一"工程,加快构建蓝绿交织的生态网络,累计完成河湖绿化 8500 公里,创建国家湿地公园 1个、省级湿地公园 6 个。推进交通廊道与绿色空间的联动,创建精品示范走廊 18 条、578 公里,累计建成美丽经济交通走廊 2246 公里。

围绕中心城区居民密集区、主要道路节点等重点区域,通过"补绿、增花、添彩、提景",打造全域"绿城花海",累计建成精品特色公园 20 个、口袋公园 100 个、生态彩化林地 10 片,建成国家森林乡村 22 个,省"一村万树"示范村 61 个,3A 级景区村庄 62 个。同时,生态特色文化持续传播,生态文化内涵不断深化,秀洲区新塍镇潘家浜村、桐乡市大麻镇海华村被遴选命名为全国生态文化村,另有 23 个村被命名为省级生态文化基地。截至 2020 年底,嘉兴各项指标全面达到或超过国家森林城市建设标准,成为首个省级森林城镇全覆盖的地级市。

第三节　全面开展大气污染防治

2000 年以后,随着经济的加快发展和能源消耗的持续增加,可吸入颗粒物及二氧化硫、氮氧化物、挥发性有机物等造成的大气污染防治压力不断加大。2010 年前后,特别是每年冬、春季取暖季节,华北地区频发的雾霾天气引发巨大的社会关注。这一时期,嘉兴大气污染形势日益严峻,以可吸入颗粒物(PM10)、细颗粒物(PM2.5)为特征污染物的区域性大气环境问题日益突出,不仅损害人民群众身体健康,还影响社会和谐稳定。

早在 2006 年 5 月 29 日,在浙江省第七次环境保护大会上,时任省委书记习近平指出:"要加大大气污染防治,不断优化能源结构,改善城市空气质量。"[1]按照习近平同志的指示和要求,嘉兴更加重视大气污染的防治工作,各项治理工作陆续展开。

---

[1]　习近平:《干在实处　走在前列——推进浙江新发展的思考与实践》,中共中央党校出版社 2006 年版,第 201 页。

一、让人民群众呼吸上新鲜的空气

2012年初，嘉兴第一套PM2.5自动监测仪器安装完成，对空气污染监测更加具体、精细。此后，市委、市政府出台了多项政策，促进节能减排，加强废气污染整治，开展清洁空气行动和燃煤锅炉整治等。如出台《嘉兴市霾天气应急预案（试行）》《嘉兴市人民政府关于划定禁止使用高污染燃料区域的通告》《嘉兴市大气污染防治实施方案（2014—2017年）》等。虽然2013年以来，全市PM2.5年均浓度呈逐年下降趋势，但对照《环境空气质量标准》（GB3095－2012）二级标准（35微克/立方米）仍有较大差距，与习近平同志"让人民群众呼吸上新鲜的空气"的指示，以及公众的要求还有较大差距。

二、大气污染防治的探索开展

嘉兴发电厂是全国规模最大的火力发电厂之一，也是全国率先实施超低排放改造的发电企业。2012年，浙江省能源集团在嘉兴发电厂组织开展"清洁排放""近零排放""燃煤机组燃气化"等概念的调研和论证，并在国内首次提出"燃煤机组烟气超低排放"概念。2014年5月22日，8号机组率先完成改造并投入运行，成为国内首台成功实现烟气主要控制污染物超低排放的燃煤发电机组。紧接着，2014年6月8日，7号机组完成改造并投入运行。2014年10月9日，在全国煤电节能减排升级与改造动员会议上，嘉兴发电厂获得"国家煤电节能减排示范电站"称号。2015年12月29日，4台60万千瓦机组全部成功完成烟气超低排放改造。至此，占嘉兴一半耗煤的浙能嘉兴发电厂8台共530万千瓦机组烟气超低排放工程全面建成投产，成为全国最大、机组最多的超低排放燃煤电厂，每年可减排二氧化硫3800吨、氮氧化物3200吨、烟尘1800吨。如今，走进嘉兴发电厂位于嘉兴港的厂区，干净整洁的道路两旁是浓浓的绿荫，没有煤灰、不见烟尘，很难想象这里是一个燃煤发电厂。

纺织服装是嘉兴的传统支柱产业,为该产业配套的燃煤锅(窑)炉是区域空气污染的重要因素。为此,嘉兴出台了《嘉兴市高污染燃料禁燃区建设和集中供热实施方案(2014—2017年)》,启动燃煤锅(窑)炉淘汰改造工作。在城市禁燃区全面禁批原(散)煤销售点,城市禁燃区除发电和集中供热项目外,全面禁批煤、重油等高污染燃料的项目,全面禁批20蒸吨/小时以下的燃煤锅炉。目前,嘉兴全市热负荷在100蒸吨/小时以上的工业园区已全部实现集中供热。在黄标车淘汰方面,自2013年8月1日起,嘉兴对未取得环保检验合格标志的机动车不予核发机动车检验合格标志。同时,提高黄标车淘汰补助标准,用经济手段促进黄标车淘汰。截至2016年底,嘉兴全市累计淘汰黄标车34027辆,基本完成了黄标车淘汰任务。

三、"五气共治"与大气污染的系统性防治

2015年,嘉兴在浙江首次提出了全面推进以工业废气、机动车尾气、秸秆焚烧废气、建筑扬尘、餐饮油烟治理为主要内容的"五气共治"。制定出台了《嘉兴市大气污染防治实施方案(2014—2017年)》,力争通过四年努力,实现空气质量明显改善,重污染天气大幅减少,优良天数逐年提高,到2017年全市PM2.5浓度比2013年下降25%以上的目标。

为达到大气污染治理目标,嘉兴重点开展了五个方面的工作:一是突出七大重点区域,加大工业废气治理。市区城北区域等七大重点区域有关企业挥发性有机物(VOCs)的无组织排放,一直是群众投诉的热点,也是全市"五气共治"工作的重点和难点。为推进这七大重点区域企业的臭气整治工作,嘉兴出台了《嘉兴市重点区域臭气废气整治行动实施方案》,明确了"四全"处理措施。2017年底,嘉兴完成了印染、炼化化工、涂装、合成革、生活服务、橡胶塑料制品、印刷包装、木

业、制鞋、化学纤维等 10 个主要行业的 VOCs 整治，使 VOCs 排放量比 2014 年削减 20％以上。二是围剿"黄标车"治理交通尾气。一方面，推进公交车、出租车、低速汽车(三轮汽车、低速货车)的升级换代，限制低速汽车在城市中心区域行驶，加快淘汰老旧汽车。另一方面，禁止燃油助力车的生产、销售和上道路行驶。扩大"黄标车"限行范围，倒逼黄标车全面淘汰。三是秸秆露天全面禁烧(详见后述)。四是启动开展城市建设工地扬尘整治、餐饮油烟控制等工作。五是推进能源结构调整。制定全市煤炭消费总量控制方案，对耗煤项目实行煤炭减量替代。同时，积极推行大电厂集中供热模式，建设和完善热网工程。全面淘汰 10 蒸吨/小时以下的燃煤锅炉，推进(产业集聚区)集中供热，仅 2016 年，就淘汰燃煤小锅炉 2075 台。在推广清洁能源方面，加快推进风电、太阳能、生物质能、浅层地热能等可再生能源利用。2017 年 1 月 1 日起，还在嘉兴市区三环以内开展了烟花爆竹的禁燃、禁售("双禁")工作。在优化产业结构方面，完成钢铁行业超低排放改造、重点工业园区综合治理、落后产能企业淘汰、"低散乱"企业(作坊)整治等。在优化能源结构方面，完成燃煤锅炉淘汰、燃煤锅炉超低排放改造(含关停)、燃气锅炉低氮改造等。在优化运输结构方面，完成清洁能源出租车更新、清洁能源公交车更新及老旧营运柴油货车淘汰等。

嘉兴上下坚持不懈的治气努力，换来了空气质量的持续改善。数据显示，PM2.5 浓度从 2013 年的 68 微克/立方米下降到 2017 年的 42 微克/立方米，2018 年底进一步下降到 38 微克/立方米。根据环保部门的通报，2020 年底，嘉兴空气质量 PM2.5 浓度下降到 28 微克/立方米，全市空气优良率达到 91.7％，蓝天保卫战取得重大胜利。

第四节　统筹推进环境保护和生态建设

生态建设远非一朝一夕之功。在《生态省建设是一项长期战略任务》中，习近平同志强调指出："生态省建设是一项长期的战略任务。搞生态省建设，好比我们在治理一种社会生态病，这种病是一种综合征，病源很复杂，有的来自不合理的经济结构，有的来自传统的生产方式，有的来自不良的生活习惯等，其表现形式也多种多样，既有环境污染带来的'外伤'，又有生态系统被破坏造成的'神经性症状'，还有资源过度开发带来的'体力透支'……我们对生态省建设面临的困难和矛盾要有足够的估计，对生态省建设的长期性和艰巨性要有清醒的认识。"①

根据上述要求，嘉兴在持续开展治水、治气等重点工作，初步解决环境污染的突出问题，基本完成"还欠债"问题后，按照习近平同志指示，进入了全面建设生态嘉兴，推进可持续发展的新阶段。

一、打造江南水乡典范城市

2014 年 7 月 25 日，中共嘉兴市委七届八次全体会议审议通过了《关于深入贯彻省委"两美"建设决定，打造江南水乡典范的实施意见》（简称《意见》）。《意见》明确，要深入实施生态立市战略，在打好治水、治气、治废攻坚战的基础上，把生态文明建设融入经济建设、政治建设、文化建设、社会建设各个方面和全过程，依托嘉兴独特的自然、人文等特质，突出产业升级、城乡统筹、人文生态"三大引领"，强化源头严控、过程严管、恶果严惩"三项机制"，促进生产、生活、生态"三生融

---

① 习近平：《之江新语》，浙江人民出版社 2007 年版，第 49 页。

合"，着力重塑水清岸绿天蓝的生态风貌，建设宜业宜居宜游的城乡环境，提升富饶和谐幸福的发展指数，更好地实现"水清岸绿天蓝、宜业宜居宜游、富饶和谐幸福"的江南水乡典范。主要工作有三个方面：一是突出产业升级，打造"富饶江南水乡"。除继续坚持关停并转、淘汰落后产能等之外，严格按照主体功能区规划和环境功能区划，瞄准高端产业和产业高端，优化存量、提升增量，推进产业转型升级。二是突出城乡统筹，打造"秀美田园城市"。以提升人居环境为导向，统筹推进中心城市和新市镇建设，着力营造"园在城中、城在园中"的城市风貌。三是突出人文生态，打造"和谐幸福家园"。加强自然生态保护，坚守生态红线，构建流域生态系统、湿地生态系统、耕地生态系统、森林生态系统和城市生态系统。同时，挖掘嘉兴传统文化中的生态理念，积极培育生态文化。

二、开展全国海绵城市建设试点

2015年，嘉兴成为全国首批海绵城市建设16个试点城市之一，开始实施为期三年的海绵城市试点建设（2015—2017年）。为稳步推进该试点建设，嘉兴出台了《嘉兴市海绵城市示范区建设规划》，对18.44平方公里的规划示范区因地制宜配套建设雨水"渗、滞、蓄、净、用、排"等设施，推进生态水网循环、合流制污水治理、道路低影响开发、绿色建筑与小区、排水能力提升等五大示范工程，并在三年内动工建设包括住宅小区改造、市政道路改造、河道水系疏通、排水管网普查和修复等10大类、116个项目，总投资51亿元。

试点开展后，重点项目建设有序推进。在海绵城市试点建设中，嘉兴针对地处平原河网地带、地下水位高、土壤渗透性差等地质水文特点，为构建低影响雨水系统，从技术创新和产品创新两个方面，寻找适合嘉兴的新技术、新材料、新工艺，已取得"下凹式"绿地不下凹、高承载力低造价透水路面、玻璃钢沉井模块化泵站、雨水立管断接高位花坛、侧平石成品排水沟等多项技术和产品专利。

经过三年建设,嘉兴在城市积水排涝和水环境方面有了明显改善。2017 年 8 月 8 日,《人民日报》点赞嘉兴海绵城市建设:"海绵城市"能治水,更治城市病。

三、开展全国低碳城市试点

2017 年 1 月,国家发改委下发了《关于开展第三批国家低碳城市试点工作的通知》(发改气候〔2017〕66 号),明确嘉兴作为全国第三批低碳城市试点。之所以获批国家低碳城市试点,源于嘉兴的多项领先探索。"十二五"期间,嘉兴已成为全国绿色交通试点、浙江省首批低碳城市试点以及全省首个光伏产业"五位一体"创新综合试点。同时,嘉兴在产业结构调整、能源结构优化、温室气体清单编制和核心指标完成情况等方面取得了积极成效。

2017 年 5 月,嘉兴出台《嘉兴市节能低碳和应对气候变化"十三五"规划》,明确了优化低碳发展布局、培育壮大节能低碳产业、严控能源消费与碳排放、加大生态碳汇能力建设、提高适应气候变化能力等计划。在加大生态碳汇能力建设上,一是加强生态廊道和城市绿道体系建设,加快推进平原绿化扩面提质,开展沿海防护林、农田防护林、生态公益林建设,积极创建森林城市、森林城镇、森林村庄,增加森林碳汇。二是加快推动城镇公园绿地建设,结合"公铁"沿线绿化环境专项整治,分层推进市、县、镇建成区及农村绿地建设,实现每个镇都有一个绿地公园,提升绿地碳汇能力。三是加强湿地资源保护,开展湿地生态系统修复,稳定湿地碳汇。同时,构建用能权指标交易的顶层设计,完善初始用能权核定、差异化用能价格和超用能加价等机制,优化完善能源管控制度。

2021 年 2 月,在嘉兴市三级干部大会上,进一步明确了通过驰而不息推进生态环境整治、巩固提升美丽城乡建设成果、积极构建绿色能源体系等，全力打造"绿色低碳循环城市金名片"的战略部署，推动嘉兴可持续发展进入新阶段。

四、全面创建国家生态文明建设示范市

2019年2月，嘉兴召开生态文明建设示范市创建动员大会，明确提出两个阶段的工作目标：到2020年底，达到国家和浙江省生态文明建设示范市创建指标要求，推动环境质量大幅提升，以崭新面貌迎接建党百年；到2022年，各项生态环境指标大幅度提升，生态文明建设政策制度体系基本完善，成功创建国家和省生态文明建设示范市。具体目标有6大领域10个类别41项指标。为实现目标，制定出台了"1410"的"工作计划"。"1"，就是紧紧围绕创建国家生态文明建设示范市这一目标；"4"，就是着力打好治水、治气、治土、治废4场硬仗；"10"，就是全面实施南湖及运河水质提升、重点区域重点企业臭气废气整治、固废处置能力提升等10大攻坚行动。

动员大会之后，嘉兴出台了《嘉兴市生态文明建设规划（修编）》（2019—2025年）。规划方案对照《国家生态文明建设示范市县建设指标》要求的37项指标，对嘉兴市建设指标达标情况进行了梳理，查找了7项未达标和3项未开展相关统计工作的指标情况，并制定了具体的实现途径。比如，针对城镇污水处理率≥95％的指标要求，明确了污水处理从"大集中"方式向"合理分散"方式转变，从"达标排放"向"提质增效"转变，从"外排为主"向"减少外排，再生利用"转变的具体路径。同时，明确了绿色化与智能化协同发展、加快绿色制造发展、突出问题导向解决好生态环境重点问题、优化国土空间布局推进全域美丽、强化系统保护修复构建生态安全格局等10个方面的工作重点。

第五节　用市场机制和法治手段治理污染

在治理污染和推进生态建设过程中,通过长期实践和探索形成的法律法规和制度体系,既是对探索实践成果的固化,又是生态文明制度体系的重要组成部分。

习近平同志非常重视生态文明的制度体系建设,2006 年 5 月 29 日,他在考察嘉兴等地后召开的浙江省第七次环境保护大会上指出:"把握新时期环境保护的特点,注重从体制上化解环境矛盾,注重运用市场机制和法律手段治理污染。"同时,习近平同志还指出,"要加快地方环境立法步伐,健全地方环境法规和标准体系,加大对违法行为的处罚力度,重点解决'违法成本低、守法成本高'的问题……深化价格和收费机制改革,建立能够反映资源稀缺程度和污染治理成本的价格形成机制。要积极探索有利于提高效能和效率的环境管理方式"。①

按照习近平同志上述指示,嘉兴在治理污染和保护生态、促进可持续发展方面探索了一系列有效的办法和制度,走在全省乃至全国前列,为全国生态文明制度体系的建立和完善做出了嘉兴贡献。

一、公众参与环境保护的"嘉兴模式"

嘉兴以环境共建共享为导向,构建大环保模式,搭建了以环保联合会为龙头,市民检查团、专家服务团、生态文明宣讲团和环境权益维护中心为支撑的"一会三团一中心"组织框架。2007 年起,先后成立了嘉兴市环保志愿者服务总队、嘉兴市环保先锋服务队,开展环保志愿者服务和节能减排、监督、技术服务工作,将组织覆盖到街道社区和

---

① 习近平:《干在实处　走在前列——推进浙江新发展的思考与实践》,中共中央党校出版社 2006 年版,第 202 页。

乡镇农村。在此基础上,2008 年成立了环保市民检查团、专家服务团、生态文明宣讲团。市民检查团通过《嘉兴日报》公开招聘,主要参与环保"飞行监测"、监督环保信用不良企业整改以及"摘帽"验收工作。专家服务团由环保专家组成,为企业提供环保技术支撑。生态文明宣讲团主要到机关事业单位、企业、社区、学校、农村等地开展生态环保主题宣讲。

2010 年 11 月,"'公众参与—环境保护'中国嘉兴论坛"在嘉兴市成功召开。来自中国环境报社、中华环境保护基金会等单位的 60 多位环保专家和全国各地的 NGO(非政府组织)代表参与了论坛,论坛发表了促进公众参与环保的《嘉兴宣言》。与会代表充分肯定了公众参与环境保护的"嘉兴模式",《中国环境报》等重要媒体对此做了宣传报道。2011 年,嘉兴成立市环保联合会。这些组织建立后,通过开展"环保市民检查团""环保专家服务团""环保志愿者在行动""公众满意度在线调查"等活动,把公众监督与专家服务有机融入生态建设和环境保护之中。

2016 年 5 月 26 日,在世界环境日到来之际,时任环境保护部部长陈吉宁来到位于非洲肯尼亚内罗毕的联合国环境规划署总部,同联合国环境规划署执行主任施泰纳一起,发布了一份名为《绿水青山就是金山银山:中国生态文明战略与行动》的报告。报告介绍道:嘉兴模式始于浙江省嘉兴市,成功示范了城市公众参与模式。在该模式内,环保社会组织为地方政府的环境决策提供支持。在中欧环境治理项目的支持下,该模式在浙江省其他 10 个城市得以推广。

二、排污权交易机制创新与全面推广

早在 2002 年 6 月,嘉兴秀洲区就开展了区内企业排污权有偿使用和交易制度的试点。2007 年 9 月,嘉兴出台了《嘉兴市排污权交易办法(试行)》,11 月,成立了国内首个排污权交易平台——嘉兴市排污权储备交易中心。至此,嘉兴正式开始了排污权交易工作,这在全国尚属首例。同时,在各县(市、区)成立了分中心,构建起较为完善的排污权交易网络体系,嘉兴成为全浙江省率先施行这项举措的地市。此后,所有排放化学需氧量、二氧化硫两项主要污染物的新建、扩建和改建企业,必须从环保部门或其他企业购得其排污量 1.2 倍以上的排污权指标,方可开工。通过排污权交易这一环境经济手段,促使企业进一步提高清洁生产、治理污染和调整产品结构的积极性。

2010 年,嘉兴出台《嘉兴市主要污染物初始排污权有偿使用办法(试行)》,全面实施初始排污权交易工作。2011 年,嘉兴对排污权交易现有政策进行合理调整,将排污权有偿使用期限从原来的 20 年调整为 5 年,价格做相应调整。2012 年,省环保厅批复同意嘉兴市开展氨氮和氮氧化物排污权交易试点,嘉兴市排污权交易工作继续走在全省和全国前列。

三、环境污染查处跨部门联动机制的建立

污染治理涉及的领域广、部门多,需要强化跨部门协调,形成工作合力。为此,2007 年 10 月,嘉兴市纪委等 6 部门联合建立以大案要案集中议事协调、部门协作配合、环保宣传、执法安全保障为主要内容的查处环境污染违法违纪案件部门联动协作机制,此举在浙江省开了先河。该机制旨在通过各部门的通力协作,形成社会合力,强化对涉嫌重大环境污染事故等大案要案或重要线索的追查力度。同时,针对当时环保取证难、人情因素掺杂和环保执法人员缺乏安全保障的实际,联合公检法等公共执法部门强化安全防范,提高污染应急处置能力,确保严查整治措施的落实。2009 年 7 月,为了进一步遏制一些屡禁不止的违法排污行为和污染案件的发生,嘉兴市人民检察院和嘉兴市环保局在全市范围内正式启动环境保护公益诉讼制度。

联动机制的建立,有效打击了环境违法,对环境违法犯罪分子形

成了震慑。仅 2014 年，嘉兴全市环境违法案件刑事立案 59 件，涉案 159 人；结案 58 件，涉案 156 人；生效 48 件，涉案 118 人，其中 59 人被判 3 年以下实刑，42 人被判缓刑，6 人被判 1—6 个月拘役，11 人被判罚金，罚金最高为 20 万元。部门联动协作机制的建立，是嘉兴市整合各部门行政资源、执法资源、执法力量，形成查办环境污染违法违纪案件合力的一项创举，对于推进生态保护和水污染防治，全面完成节能减排工作任务，形成全市上下齐抓共管环境保护的新局面，产生了积极的推动作用。

四、出台《嘉兴市秸秆露天禁烧和综合利用条例》等地方立法

嘉兴是农业大市，农作物秸秆产生量巨大。尽管通过食用菌种植、生物质能应用等消耗部分秸秆，但由于农作物收获季节时间紧等因素，秸秆露天焚烧仍相当普遍，由此造成严重的大气污染。为有效治理秸秆露天燃烧污染，2016 年 2 月 19 日，经嘉兴市第七届人民代表大会常务委员会第三十七次会议通过，2016 年 3 月 31 日经浙江省第十二届人民代表大会常务委员会第二十八次会议批准，《嘉兴市秸秆露天禁烧和综合利用条例》（以下简称《条例》）正式出台，并于 2016 年 5 月 1 日起实施。这是嘉兴市首部自主立法的地方性法规，也是省内首部针对秸秆禁烧和综合利用的地方性法规。条例共 4 章 22 条，主要在秸秆露天禁烧和综合利用工作机制、秸秆综合利用工作政府扶持、行政相对人和国家工作人员的法律责任、行政处罚的主体等方面做了明确规定，以促进环境保护和资源节约。《条例》出台后，嘉兴广泛开展宣传，建立健全了禁止露天焚烧秸秆的长效监管机制，充分利用卫星遥感加强对秸秆焚烧的监控，组织综合执法、农经、公安等部门在秸秆焚烧的集中时段加强联合督查巡查，严格执法，收到了良好成效，秸秆露天焚烧基本禁绝。

此后,为加强生态建设和环境保护,嘉兴市人大相继制定和出台了《嘉兴市南湖保护条例》《嘉兴市城乡生活垃圾分类管理条例》《嘉兴市大运河世界文化遗产保护条例》《嘉兴市餐饮业油烟管理办法》《嘉兴市区城市建筑垃圾管理办法》等,在生态文明制度体系方面开展了大量探索,形成了诸多制度化成果。

第六节　生态嘉兴建设的实践与创新

破坏生态环境就是破坏生产力,保护生态环境就是保护生产力,改善生态环境就是发展生产力。生态兴则文明兴,生态衰则文明衰。嘉兴大地开展的污染治理和生态建设探索,为浙江省及至全国提供了丰富的经验和启示。

一、从"偿还水环境保护欠债"到"绿水青山就是金山银山"

地处杭嘉湖平原的嘉兴,随着经济的发展和人们生产生活方式的变化,经历了从"江南水乡受到污染无水喝"到 2020 年水质重新回到 20 世纪 90 年代初水平的历史性变化。嘉兴的治水努力,追回了 30 年的生态时光。水,从全面建设小康社会的最大短板,到生态环境质量公众满意度超过 85%。可以说,在这片肥沃的土地上,嘉兴人民既沐浴过母亲河的千年恩泽,也强烈感受过水环境污染带来的切肤之痛,更真切地体会到水生态好转带来的幸福感受。

嘉兴从为了追求"金山银山"而付出"绿水青山"的代价,到兴建大工程联合治理水污染、推动生猪养殖产业深度转型、全面推进"五水共治"、启动实施千岛湖引水等,用"金山银山"重新换回"绿水青山"。如今,人们更充分体会到了"绿水青山就是金山银山"的真谛。

二、从"大力开展村庄环境整治"到"良好生态环境是最普惠的民生福祉"

改革开放后，"村村点火、户户冒烟"的农村工业化，推动了嘉兴工业化、市场化、城镇化的迅猛发展。局限于当时的环保意识和技术水平，群众收入虽然增加了，但付出了极为沉重的环境代价，水体污染、垃圾成堆、农村环境脏乱差问题严峻，不仅农村群众健康受到威胁，也造成城市与农村经济社会发展不协调。

作为落实浙江"千村示范、万村整治"工程的工作抓手，21世纪以来，嘉兴发挥区域发展均衡、城乡差距小等优势，深入实施城乡一体化发展战略，从"百村示范、千村整治"工程起步，创新开展平原森林城市创建，迭代推动"三改一拆"、镇村环境综合整治，广泛开展环保模范城市、低碳城市创建和江南水乡典范城市、大花园城市建设等，着力补齐生态环境尤其是农村环境的短板，把良好的生态环境作为最普惠的民生福祉提供给全市人民。推动城乡一体化和"大力开展村庄环境整治"等工作探索，让老百姓在分享发展红利的同时，更充分地享受绿色福利，使生态文明建设成果更好地惠及全体人民，造福子孙后代。

三、从"让人民群众呼吸上清洁的空气"到"蓝天也是幸福"

过去一段时期，看到蓝天，呼吸上清新的空气，成为一种奢望。尤其是生活在现代都市里的人们，蓝天白云、清爽空气、明媚阳光，在不知不觉间变成了"稀缺资源"。按照"要加大大气污染防治，不断优化能源结构，改善城市空气质量"要求，20年来，嘉兴坚持问题导向，顺应群众期待，聚焦重点区域、突出重要领域，在不断优化经济结构、转变经济发展方式的同时，持续开展了燃煤电厂超低排放改造、工业废气治理、园区集中供热和燃煤锅炉淘汰、黄标车淘汰、秸秆露天禁烧、建筑工地扬尘治理等系列综合整治,推动了空气质量稳步改善,让广大市民看到更多的蓝天白云,享受到美好生态环境带来的幸福。

改善生态环境就是发展生产力。环境就是民生,青山就是美丽,蓝天也是幸福。发展经济是为了民生,保护生态环境同样也是为了民生。坚决打赢"蓝天保卫战",事关满足人民日益增长的美好生活需要,既要创造更多的物质财富和精神财富以满足人民日益增长的美好生活需要,也要提供更多优质生态产品以满足人民日益增长的优美生态环境需要。

四、从探索生态环境保护路径到构建生态文明制度体系

生态文明制度体系建设,是坚持和完善中国特色社会主义制度、推进国家治理体系和治理能力现代化的重要组成部分。必须加快构建源头预防、过程控制、损害赔偿、责任追究的生态环境保护体系以及党委领导、政府主导、企业主体、社会组织和公众共同参与的现代环境治理体系,把建设美丽中国转化为全民自觉行动。

21世纪以来,嘉兴的污染治理和生态环境保护从"还欠债"起步,探索开展并逐步形成了公众参与环境保护的"嘉兴模式"、在全国推广的"河长制"、排污权交易制度等。尤其是设区市获批地方立法权以后,嘉兴的生态环境保护制度体系建设进入新阶段,《嘉兴市秸秆露天禁烧和综合利用条例》等一批创新制度以地方立法形式固化下来,成为生态环境建设的刚性约束。这些,为生态文明制度体系建设作出了探索和实践,也推动了生态环境保护发生历史性、转折性、全局性变化。

第七章　发展基层民主
建设法治政府

　　21 世纪以来,嘉兴在推进经济社会发展的同时,以"红船精神"为指引,积极稳妥推进社会主义民主法治建设。2006 年以来,嘉兴各级党委、政府充分发挥嘉兴作为党的诞生地独特的政治优势、市场经济发展的体制机制优势和城乡统筹均衡发展的优势,积极发展农村基层民主,着力加强农村法治,大力推进法治型、服务型政府建设,探索了一条经济先发地区基层民主法治道路,为新时代更高水平推进民主法治、促进共同富裕奠定了坚实基础。

第一节　推进农村基层民主建设

　　农村基层民主是我国社会主义民主政治建设的基础性工程。自 1982 年修订的《宪法》明确提出在农村要建立村民委员会之后,我国各地开始探索农村实行民主自治的新路径。1987 年 11 月,第六届全国人大常委会第二十三次会议通过《中华人民共和国村民委员会组织法(试行)》,极大地推进了我国农村基层民主自治的进程。1998 年 11 月,第九届全国人大常委会第五次会议正式通过《中华人民共和国村民委员会组织法》,标志我国农村民主自治、实现农村农民当家作主有了基本法律保障。

　　进入 21 世纪,我国农业和农村发展出现了积极变化,迎来了新的发展机遇。当时,我国城市化率超过40％,进入快速发展阶段,浙江城市化率已经达到50％,进入工业化中后期阶段。但纵观全国和全省,当时的农村和农业仍处于艰难的爬坡过坎阶段,公共设施比较少,生产落后,农村存在就业难、就学难、就医难、维权难等诸多问题,农村和城市差距比较大。因此,在工业化达到相当程度以后,需要工业反哺农业、城市支持农村,实现工业与农业、城市与农村协调发展。在此背景下,党的十六届五中全会顺应时代发展趋势和农村发展实际,提出按照"生产发展、生活宽裕、乡风文明、村容整洁、管理民主"的要求,建设社会主义新农村这一重大任务。建设社会主义新农村的目标是全面的,不是单一的,这20字的目标要求互相促进、相辅相成,除涉及农村经济、农民生活、乡村文明和农村生态,也包括农村民主政治建设。发展农村基层民主,有利于调动广大农民参与农村公共事务的积极性,保障新农村建设顺利推进,有利于协调农村各种利益关系,维护农村社会的和谐稳定。2005年6月,习近平同志到金华市武义县后陈村调研,提出"后陈模式",充分肯定了村民自发成立的村务监督委员会,鼓励农村基层民主建设。[1] 习近平同志的这些要求,为嘉兴乃至浙江省大胆探索、创新实践,积极发展农村基层民主指明了方向。

改革开放以来,嘉兴经济社会发展取得巨大成就,特别在统筹城乡发展,推进城乡一体化方面成效明显。2006年2月下旬,召开全市新农村建设工作会议指出,要创新农村民主管理形式,落实好"四民主、两公开"的民主管理制度,推广村民委员会直选、一事一议、村务监督委员会等制度,让农民群众真正享有知情权、决策权、参与权、管理权、监督权等民主权利。自此,嘉兴农村民主自治建设进入新的发展阶段,在实践中把农村基层民主政治建设与经济建设、文化建设、社会建设、生态文明建设同谋划、同部署、同推进,坚持政策指导与制度保

---

[1]　中央党校采访实录编辑室:《习近平在浙江》(下),中共中央党校出版社2021年版,第330页。

障相结合，加强对基层民主政治建设的领导；坚持程序规范与队伍建
设相结合，确保基层选举民主有序规范；坚持机制建构与多元协商相
结合，推进基层民主决策科学有效；坚持自我服务与行为规制相结合，
确保民主管理有章可循；坚持公开常态与监督长效相结合，保障民主
监督落到实处，不断推进农村民主政治建设和农村社会治理创新
发展。

一、加强对农村基层民主建设的领导，确保基层民主政治建设方向正确

　　20 年来，嘉兴为更好地推进基层民主政治建设，将农村民主政治
与社区建设工作纳入经济社会发展规划，摆上党委、政府重要议事日
程，列入各县（市、区）目标管理责任制考核，将城乡社区建设工作纳入
市委重点工作督查范围，推动工作责任落实。注重发挥农村基层党组
织的政治引领作用，加强对基层各类组织的统一领导。成立城乡社区
建设领导小组，负责全市城乡社区建设工作的组织、协调和指导工作。
在全省率先建立市委社会工作委员会，并向街道（镇）延伸，实现了市、
县、镇三级覆盖，全市形成了"党委领导、政府负责、社会协同、公众参
与、法治保障"的基层社会治理格局，在推进基层民主法治建设与社会
治理创新等方面发挥了总体规划、统筹协调和宏观指导的作用。建立
健全以村党组织为领导核心、村民委员会及村股份经济合作社为执行
主体、村务监督委员会为监督机构、便民服务中心为依托的治理体系，
形成"多元互动、多方参与、共建共享"的治理格局。这种基层治理体
系和治理格局的形成，为发展基层民主提供了重要保障。

　　为推进基层民主规范、健康发展，嘉兴把制度建设和政策保障作
为推进基层民主建设的重要抓手。早在 2004 年，嘉兴就根据《中国共
产党农村基层组织工作条例》《中华人民共和国村民委员会组织法》和
《浙江省实施〈中华人民共和国村民委员会组织法〉办法》等规定，结合

嘉兴实际,率先出台了村级组织工作规程、乡镇组织工作规程,规范基层公共权力运行,并在实践中不断修订完善。2009年7月,为调动村民参与民主监督的积极性,建立和完善党组织领导下的由村民广泛参与、依法监督、职责明确、程序完备、充满活力的村级民主监督机制,嘉兴出台了《关于健全完善村务监督委员会,加强村级民主监督工作的意见》。2015年7月,嘉兴市委专门出台《关于全面加强基层党组织和基层政权建设的意见》,明确了新时代基层治理和基层民主的工作任务。为充分发挥基层党组织和广大党员在加强基层社会治理中的重要作用,进一步构建具有时代特征、彰显嘉兴特色的基层社会治理模式,2016年8月,嘉兴出台了关于党建引领基层社会治理的指导意见。为坚持自治为基础、法治为保障、德治为引领,推动政府治理和社会调节、居民自治良性互动,努力打造共建共治共享的新时代基层社会治理格局,2018年5月,嘉兴出台了关于巩固提升自治、法治、德治"三治融合"基层社会治理体系建设的实施意见。另外,嘉兴还先后制定出台《关于全面推进和谐社区建设的实施意见》《关于推进农村社区建设的意见》《关于加强城乡一体新社区建设管理服务的意见》《关于扎实做好城乡社区结对共建工作的通知》《嘉兴市农村社区建设指导标准》《关于开展居务公开和民主管理规范化建设及示范单位创建活动的通知》《关于进一步深化"民主法治村(社区)"创建工作实施意见》《关于加强和完善城乡社区治理　高质量推进幸福家园建设的实施意见》等一系列文件,初步形成较为完备、富有特色的推进农村民主政治与社区协商治理发展的政策和制度体系,明确和规范了基层民主和社会治理的目标、内容、路径、机制等,为创新和发展基层民主提供了系统、有力的政策保障。

二、夯实村官民选的基层基础,确保基层民主选举依法有序

　　民主选举是基层民主政治建设的核心内容,是实现村民自治的前

提和基础。嘉兴坚持从群众最关心的选举权入手，通过实行官由民选，着力抓好民主选举这个基础工程。从 2008 年起，全市统一开展村委会的换届选举，由组织、民政等部门加强指导和监督，严格按照《中华人民共和国村民委员会组织法》《浙江省实施〈中华人民共和国村民委员会组织法〉办法》《浙江省村民委员会选举办法》《浙江省城市社区居民委员会选举规程》的规定，依法规范基层组织选举工作。严格资格审查，认真做好干部考察及谈心谈话、村级重点事项调处、选区划分及代表选举等各项前期准备工作。严格选人标准，拓宽选人渠道，把政治素质好、工作能力强、作风优良的干部和办事公道、热心为村民服务的人作为选拔对象或村"两委"候选人。同时，积极创新选举方式，在村级组织部分届次的换届选举过程中，探索实施"两推一选"制度，实行村党组织"公推直选"和村委会"海推直选"，积极推行党内无候选人直选、村委会"自荐海选"等方式。强化对村级组织选举工作的领导，把握好民主选举的程序和环节，严格把好党组织对选举的领导关、村干部的培养和审查关、依法选举关、任前教育关这四道关口。同步做好村务监督委员会、村经济合作组织的换届选举。着力加强对难点村、矛盾多发村的工作指导，深入分析村情、选情，有针对性地搞好工作预案。严肃选举纪律，加强群众对选举工作的全程监督。

在 2020 年开展的村社换届中，嘉兴围绕"五好两确保"目标，实现了全程全面高质量。坚持选人用人正确导向，运用"四步定事"法，实行"揭榜挂帅""擂台比拼"，把党员群众的注意力从"选什么人当干部"引导到"选什么人干事"上来。充分利用好新时代"网格连心、组团服务"优势，党员群众参与村社换届，党组织换届党员平均参选率达 98.0%。村（居）委会换届选民参选率达 98.6%；村（居）委会竞争率达 95.4%。创新运用大数据、云平台等新技术，构建选、管、育、考的良性闭环。新一届村社"两委"班子中，疫情防控、复工复产表现突出人员 3405 名，715 名优秀专职网格员进入村社班子。同时，村社党组织书记平均年龄为 43.4 岁，比上届下降 2.1 岁，大专及以上学历占比

87％,比上届提升 15％;"两委"班子平均年龄 35.9 岁,比上届下降 3
岁,大专及以上学历占比 91.6％,比上届提升 14.9％,全日制研究生
村社干部实现零的突破,整个队伍战斗力进一步增强。

在村级组织选举中,嘉兴结合实际探索实施"一肩挑"。早期阶
段,嘉兴坚持"宜兼则兼、宜分则分",对一些规模较小、村党组织书记
综合素质好特别是驾驭全局能力较强的村,通过法定程序把村党组织
书记选为村民委员会主任。在实践工作中,分析各村人事、经济发展、
重点工作等情况,将村规模小、重点工作少、矛盾相对复杂、经济相对
薄弱的村列入"一肩挑"行政村范围,提倡村党组织书记通过选举兼任
村委会主任,为协同推进村级组织党的建设和村民自治工作奠定了基
础。实践证明,实行"一肩挑"有利于强化党对农村事业的全面领导,
有利于提高村干部办事效率,有利于增强村组织的凝聚力。到 2016
年,村党组织书记和村民委员会主任"一肩挑"146 名。2020 年换届选
举中,741 个村民委员会有 734 个村党组织书记和村民委员会主任实
现"一肩挑","一肩挑"率达 99.1％。

三、推进事由民议机制建设,确保基层民主决策科学有效

民主决策是基层民主政治建设的关键环节。嘉兴通过建立和完
善镇村组织议事规则,健全决策程序,推进决策的程序化。明确规定
凡属重大决策,必须经过深入调研和论证;与群众利益密切相关的重
大事项,必须实行公示、听证等制度。按照村党组织领导村委会,村党
组织管理方向性、政策性、全局性大事,村委会管事务性、技术性、具体
性工作的原则,对村"两委"的决策范围、主要内容和程序做了具有可
行性和可操作性的规定。同时,健全村"两委"联席会议、党员议事会、
村民代表会议等一系列的会议制度,坚持"两委"共同定议案、党员讨
论达共识、"两会"表决成决议"三步走"。落实村级重大事项"五议两
公开",推进基层民主决策程序规范化。有的地方还创新推行村级事

务"三类五步"工作机制，把村级事务划分为通报类、恳谈类和表决类"三类"，按照"党员群众提事、民主协商议事、审议表决定事、定人定责办事、党员群众评事"五个步骤进行办理，有效规范村级事务办理流程。

积极创新民情民意收集机制。嘉兴各地较早地就创新开展民主恳谈会、民主听证会、民主议事会和民情沟通日等，健全民情民事收集、研判、交办联动处置机制。有的地方推行"两网三联"服务群众工作机制，进一步完善与群众联系渠道，畅通社情民意，为民主科学决策提供重要保障。"两网"，一个是"网格片区"，结合"网格化管理、组团式服务、片组户联系"工作，设立网格民情联系点，点上建有联络服务团队、民情联系图、联系服务牌等；另一个是"网络微群"，开设镇、村、网格三级的网络微信群，便于及时发布各类信息，并以"互联网＋"的形式收集民情。"三联"即平时走访联系、定期蹲点联系、即时微群联系，将收集到的意见建议反馈给镇村供决策参考。积极拓展基层协商民主渠道，建立和完善基层民主协商机制，指导和规范各类基层协商平台建设，充分发挥平台功能，广泛开展基层协商，推进基层农村社会多元共治。

四、坚持自我服务与行为规制相结合，确保民主管理有章可循

民主管理是加强基层民主政治和基层政权建设，完善村民自治机制的一项基础性工作。嘉兴通过健全制度、规范程序、完善机制，探索基层民主管理工作的新途径、新方法。建立健全各类自我管理工作机制，建立了在农村社区党组织领导下的社区议事决策与执行相分离的工作机制，所有的农村社区均构建了"村民（代表）会议—村民委员会—社区社会事务站"的组织架构，形成了村民会议（村民代表会议）决策、村民委员会执行、社会事务站办理的管理机制。建立了社区民情恳谈会、社区事务协调会、社区工作听证会"三会"制度，提高了村民参与农村社区建设的积极性和主动性。建立了社区干部"双述双评"

制度、财务管理制度、资产管理制度。建立了民主议事协商制度、民主评议村干部制度、集体财务审计监督制度,健全了村民代表会议、村务公开监督小组、民主理财小组"三个组织",深入推进了村务公开和民主管理规范化建设,实现了公开内容、程序、形式的"三个到位"。

嘉兴一直重视发挥村规民约在农村基层民主自治中的重要作用。所有农村社区都制定了自治章程及村民公约,并结合经济社会发展的需要和村情村貌的变化不断修订完善,形成各具特色、有效管用的村规民约。如有的村按照"计分鼓励型"的村规民约,以好人好事"银行"为载体,用适当的奖励引导、鼓励村民爱护环境、互助互尊;有的村修订了"经济挂钩型"的村规民约,结合"遵规守约户"评比,对在美丽乡村建设评比中达标的给予一定的物质奖励,调动村民参与自治的主动性、积极性;有的村积极开展定约、晒约、践约、评约活动,使村民公约真正成为村(社区)推进自治的工作规范。

支持各类村(社区)自治小组建设。围绕加强自我管理、自我服务,根据村民群众实际需求建立各类群众性自治小组。发展各类专业协会、农民专业合作社等农村经济合作组织,促进农民增收。积极培育法律援助、养老助残、帮扶互助、计划生育、文体教育、环境保护等服务性、公益性、互助性社会组织,凝聚农村社区建设合力。如有的村(社区)建有夜间巡逻、"老娘舅调解"、"银龄互助"、计生服务、文体队伍、党员志愿队伍等各类组织,覆盖了村集经济发展、治水、养老、调解、治安、计生、文化等各个方面,不断满足群众生产生活的服务需求。

五、推进公开和监督常态化、长效化,确保民主监督落到实处

加强民主监督也是解决农村中一些突出的矛盾和问题,理顺干群关系,实现基层善治的关键手段。民主监督要以制度为依托,以制度为保证。嘉兴为保障群众的监督权,对农村监督主体、客体、内容、程

序和方法等作出了制度性规定，形成最综合配套的民主监督体系。2009 年 7 月出台关于健全完善村务监督委员会，加强村级民主监督工作的意见后，全市各村普遍建立了以村务监督委员会为核心的较为完善的监督体系和监督工作制度。在此基础上，有的村在村务监督委员会下设村务公开监督、三资管理监督和工程项目监督三个小组，建立监督委员会主任每月例会制，使监管的触角更多地向村务、党务、集体经济活动、民生事业等重要领域拓展。有的创新实施"五清一推进"工作机制，即村级小微权力清单、村级集体账户清理、集体资产租赁清点、涉农资金专项清查、利益冲突隐患清除，推进村务监督委员会村务监督工作项目化。

基层党务、政务、村务公开是基层民主监督的重要前提。嘉兴不断完善村务监督内容和程序，细化党务、政务、村务公开内容，基本实行公开事项全覆盖和公开内容精细化。制定村务公开规范化工作制度，推进公开程序规范化。在利用好村务公开栏的同时，推进公开形式多样化。如有的地方建立健全以规范党务、村务、财务为主要内容的"三务"公开平台，每月 15 日对财务收支和一般村务事项进行定期公开，对修路、建桥等时限性强的工作采取不定期及时公开。同时，积极运用村广播、党员远程教育平台、网络平台等手段进行村务公开，通过政府信息公开网站、政务公开栏、政务微博等途径公开土地征用政策、重大项目审批、支农惠农政策、新农村建设项目等事项。

健全民主评议制度，定期开展民主评议村干部活动。把民主评议村干部与村干部的报酬待遇相挂钩，并对多数群众不满意和被评议为不称职的村干部，按规定程序予以调整或罢免。有的地方实施村干部"双述双评"制度，由党员代表、村（居）民代表、村（居）民组长、辖区内企业主、种养大户，各级党代表、人大代表、政协委员等对每名工作人员的思想品德、服务态度、工作实绩、廉洁自律、综合评价等五个方面的满意度进行书面评议，评议结果和年度考核奖金挂钩，使群众的监督权得到有效落实。

第二节　建设民主法治村（社区）

法治进步是社会文明进步的重要标志。2006 年底召开的浙江省委建设法治浙江工作领导小组第一次会议提出，法治是构建社会主义和谐社会的重要内容、重要保证和重要途径。改革开放以来，我国发生了翻天覆地的变化，农民的生产生活方式和思想观念有了很大的进步。但是，在我国农村维持了几千年的以传统伦理纲常为主要内容的"礼治秩序"，还在一定程度上影响着农民的思想和行为。进入 21 世纪，广大农村仍是法治建设相对薄弱的领域，农民法治意识相对比较淡薄，现代社会的规则意识、契约意识和诉讼意识明显不强；社会法治力量参与程度低；农村法治宣传不到位，农村法律人才偏少；围绕农村经济发展、乡村社会治理、农村关系调整等，法律参与度较低；少数基层干部缺少法治思维，不善运用法治手段，侵害农民合法权益的现象时有发生；等等。这就需要在广大农村加快完善农业农村法律体系，城乡同步推进法治建设，坚持德治与法治并举，建立一种符合农村经济社会发展要求的"法治秩序"。民主与法治相辅相成、相互促进，保障和发展基层民主，也必须加强基层法治建设，推进基层民主制度化、规范化、法治化。因此，习近平同志强调："在建设新农村的过程中，我们要结合推进'平安浙江'和'法治浙江'建设，健全党组织领导的充满活力的村民自治机制，完善全方位的普法教育体系，进一步提高农村群众的法制观念和法律素质，进一步提高农村社会管理的法治化水平，以此为新农村建设各项任务的落实提供良好的法治保障。"[①]

进入 21 世纪，嘉兴农村经济社会发展较快，在推进基层民主的制度化、规范化和程序化方面创造了不少好的做法和经验，完全有基础、

① 习近平：《之江新语》，浙江人民出版社 2007 年版，第 199 页。

有条件、有责任在法治建设方面积极探索,以适应农村经济社会发展走在前列的客观需要。嘉兴认识到,加强农村法治建设,是法治浙江、法治嘉兴建设的重要内容,是推进基层社会治理的有力举措,是维护农村社会和谐稳定的重要保障。创建民主法治村(社区),建法治安村,是实现依法治国方略的基础性工程,是增强基层政权和自治组织凝聚力的重要手段。各地在贯彻习近平同志"推进农村基层民主建设"要求的同时,积极推进基层法治建设,着力推进法治安村。2003年6月,司法部、民政部正式发文,在全国范围内拉开了创建"民主法治村"的序幕。嘉兴积极响应,第一时间启动,按照"全面推开、逐年深化、整体推进"的要求,积极创建"民主法治村"。一年后,嘉善县魏塘镇库浜村,成为全市首个"全国民主法治示范村"。随后,嘉兴在加强领导、建立机制、强化指导、创设载体、注重结合上下功夫,大力推进民主法治村(社区)创建工作。截至2021年2月,嘉兴全市民主法治村(社区)创建工作开展面达100%,村(社区)法律顾问覆盖面达100%,已建成全国民主法治示范村(社区)20个,省级民主法治村(社区)305个,市级民主法治村(社区)597个,省、市、县(市、区)级"民主法治村(社区)"创建率分别达27.71%、79.39%和96.7%,民主法治村(社区)创建数量、占比均居全省前列。

一、强化党建引领基层治理法治化

嘉兴历来高度重视农村法治建设,全市各地认真贯彻市委关于法治嘉兴建设的决策部署,扎实推进法治村建设,探索形成许多特色做法,积累了有益经验。在农村法治建设实践中,嘉兴充分发挥农村基层党组织对村级法治建设的领导作用,重视村党组织对其他村组织机构和事务的领导,支持和保证其他村组织机构依法依规行使职权,依法加强对村干部的日常管理和监督考核。同时进一步健全农村基层民主自治机制,依法保障村民能够在关系切身利益的问题上充分表达意愿、开展民主协商、参与监督管理。进一步完善农村法治宣传教育工作机制,提升农村居民法治意识和法律素养,夯实农村基层法治建设的基础。

早在 2003 年 6 月,嘉兴市委组织部、综治办、民政局、司法局、农经局等 6 部门下发《关于进一步加强农村基层民主法治建设的意见》,2004 年嘉兴市委办公室、市政府办公室下发《嘉兴市 2004 年依法治市法制宣传教育工作要点》,提出了各县实现"一村领先"、全市实现百村示范工作目标,并于同年 9 月召开全市创建"民主法治示范村"现场会,成立"民主法治村(社区)"达标活动领导小组,明确职能部门的分工,形成党委领导、各级组织、综治、民政、农经、司法和普法办等部门密切配合、各司其职、主动协调、齐抓共管的工作格局。2005 年,嘉兴市委组织部、市委宣传部、市综治办、市司法局、市民政局、市农业经济局、市法宣办联合下发《关于开展嘉兴市"民主法治村(社区)"达标活动的实施意见(试行)》,明确了活动的具体目标任务、方法步骤、工作措施等。嘉兴市政府每年把"民主法治村(社区)"创建活动作为重点督办工作之一,纳入"平安嘉兴"考核、建设现代新农村推进城乡一体化工作考核、"法治嘉兴"建设考核的内容。

2009 年,嘉兴印发《进一步深化"民主法治村(社区)"创建工作实施意见》,2011 年在全省率先出台"民主法治村"创建管理办法,从加强组织领导、明确考核命名流程、严格创建工作机制、规范创建工作制度四个方面,对"民主法治村(社区)"创建工作进行指导和管理,实现创建工作的制度化、规范化,标志着全市的"民主法治村"创建工作更加成熟。2020 年 8 月,嘉兴在全省率先发布《2020 年嘉兴市创建全国民主法治示范村(社区)指引(试行)》。制定《民主法治精品示范村(社区)创建标准》,在"五有"基础上提出更高要求:有标识要求亮明民主法治村(社区)身份;有阵地要求具备标准化法治宣传栏、建有高标准法治文化阵地;有队伍要求整合村(社区)法治宣讲力量,组建法治带头人和法律明白人队伍;有活动要求主题法治活动内容丰富,具有地方特色的法治文艺和精品普法项目；有重点即"五民主三公开"落实到位。同时，创新举办"创建全国民主法治示范村（社区）专家评审汇报会"，并于 2020 年 12 月，命名了 2020 年度十大民主法治示范村（社区）。

二、探索"三治融合"，提升基层治理法治化

2013 年以来，嘉兴基层在全国率先探索试点自治、法治、德治相结合社会治理模式，经过探索实践，嘉兴基层治理理念明显增强、自治活力有效释放、法治思维深入人心、道德风尚不断提升、党群关系更趋紧密。2017 年 10 月，"三治融合"写入了党的十九大报告。2018 年 4 月，为贯彻落实党的十九大精神，切实加强农村基层基础工作，健全自治、法治、德治相结合的乡村治理体系，按照省、市关于提升推广新时代"枫桥经验"暨"三治"建设的统一部署，嘉兴出台了《关于建设高水平民主法治村（社区），助推"三治"建设工作的实施意见》，提出要加大建设高水平民主法治村（社区）力度，全力助推"三治"建设工作。通过健全服务体系，强化宣传引导，增强法律意识，把农村社会治理纳入法治化轨道，推动实现法治意识入脑入心、法律服务联村联户、尊法守法人人自觉。2018 年 5 月，嘉兴为了巩固提升自治、法治、德治"三治融合"基层社会治理体系，出台相关实施意见，提出要坚持自治为基础、法治为保障、德治为引领，推动政府治理和社会调节、居民自治良性互动，努力打造共建共治共享的新时代基层社会治理格局。随后，嘉兴不断健全完善"法治"建设体系，提升社会治理"硬实力"，强化法治的保障作用，通过组织学法、引导用法、带动守法，把基层社会治理纳入法治化轨道，让法治成为全社会的共同意识和行为准则，不断形成办事依法、遇事找法、解决问题用法、化解矛盾靠法的良好氛围。

接下来的三年中，嘉兴全市各级政府认真贯彻两个文件的要求，以建设高水平民主法治村（社区）为"切入点"，充分发挥"法治"在推进民主建设、加强基层依法治理中的"定向标"作用，通过高标准、严要

求,大力推进"民主法治村(社区)"创建工作有效落实。进一步健全工作指导机制,建立健全党委领导、政府主导、部门联动、社会协同、公众参与的民主法治村(社区)建设工作机制。发挥市委全面依法治市委员会的统筹领导作用,健全部门协作机制,市法治宣传教育领导小组办公室联合民政、组织、宣传、政法、农业、财政等部门共同指导推进民主法治村(社区)建设,共同开展民主法治村(社区)创建考核,全方位提升村级"三治融合"的治理水平。完善《市级民主法治村(社区)建设指导标准》和《市级民主法治村(社区)创建评分标准》,严格落实"五民主三公开""五议两公开"等制度,为精准推进"三治"建设,提升民主法治村(社区)创建水平提供制度保障。

三、着力提升法治宣传教育实效性

嘉兴以全面推进法治宣传教育为"关键点",充分发挥法治宣传教育春风化雨、润物无声的预防作用。早在 2006 年,嘉兴就全面启动"法律七进"活动,即法律进机关、进乡村、进社区、进学校、进企业、进市场、进单位。为实施好"法律七进"活动,使法治宣传教育工作进一步贴近基层、贴近群众、贴近实际,嘉兴研究制定了《嘉兴市"法律七进"活动实施意见》。普法教育在机关和城市社区相对比较容易,难点在农村。因为长期以来受城乡二元结构和农村经济社会发展相对落后的影响,农村法治教育工作比较滞后,农村群众的法律观念比较薄弱,一些基层干部依法行政意识不强等,为此,必须把农村作为法治宣传教育的重点。随后,在农村,嘉兴广泛开展"尊法、学法、守法、用法"等各类法治宣传教育活动。完善村(社区)学法体系,建立村(社区)干部群众学法常态化机制,重点抓好村级组织"两委"干部、村(居)民代表等学法用法工作,结合村(居)"两委"会和村民小组长、居民楼栋长、村(居)民代表会议等,实行常态化的"会前学法"制度。

近几年,嘉兴更加重视打造基层普法品牌。依托农村文化礼堂等基层法治文化阵地，定期举办法治讲座、法治文艺演出、法治公益电影播映等，通过讲座剖析、展板展示、普法读本、节目演绎、故事传播等形式，全面提升基层干部群众法治素养。如秀洲区结合当地特色，做大做强"法治农民画"品牌，并不断创新升级，推出连环画系列和以"法治农民画"为主题的系列产品。海盐县按照统筹兼顾法、重点突破法、底线思维法和一抓到底法的"四方法"打造基层法治宣传教育工作中"盐邑说法""三毛学法""万人庭审旁听""百场文艺"的"说、学、听、演"的县域法治宣传教育工作品牌。海宁市以"紫薇说法"品牌为创新思路，注重传统手段与现代手段相结合，借助新兴媒体推进基层民主法治建设。同时，在全市着力推进村（社区）法治文化阵地建设，统筹规划法治元素融入"报、屏、廊、亭、墙、栏、堂、场"立体法治文化宣传阵地，大力推进法治宣传长廊、法治公园、法治广场建设和法治文化进文化礼堂工作，使群众近距离感受"家门口"的法治文化，在潜移默化中提升法治观念和法律素质。积极开展村（社区）法治宣传教育活动，以"六个一"活动（即赠送一套法律图书，设立一个法治宣传长廊橱，开展一场法律进村、社区活动，组织一场法律知识竞赛，发放一张公共法律服务便民联系卡，聆听一次法治宣传课）为载体，组织律师事务所、法律援助中心、公证处以及基层司法所工作人员开展法治宣传、法律服务、法律保障等活动，帮助村（居）民解决生产生活中遇到的各种涉法问题，引导村（居）民自觉尊法、学法、守法、用法。

四、打通基层公共法律服务最后"一公里"

早在 2006 年，嘉兴就在全市乡镇、街道普遍建立法律服务机构，指导村规民约和议事规则的制定，为基层组织依法决策、依法管理提供法律咨询和建议，引导和帮助企业依法经营、依法维权。依托基层司法所和法律服务所，充分发挥法律援助工作站、"12348"专线和法律援助志愿者的作用，组织开展"法律进乡村"活动，针对农村地区的老年人、妇女、儿童、残疾人、低保家庭等群体，深入开展法律帮困、法律扶贫、法律维权、法律宣传等特色工作。积极开展各类法律服务，组织律师、公证员、基层法律工作者，以服务为准则，为解决"三农"问题提供法律服务。

积极推动法律服务资源下沉农村。为使法律服务工作更好地促进农村民主法治建设和经济社会发展，嘉兴不断加强对法律服务人员担任村级法律顾问工作的领导和管理。2011年1月，嘉兴出台《嘉兴市市村级法律顾问工作操作和管理规程（试行）》，明确法律顾问参与村重大事务决策、提供法律体检、开展法治宣传、参与化解重大矛盾纠纷等职能。近几年，嘉兴不断完善便民法律服务机制，实现村级公共法律服务实体平台和专网、专线、塔群三大网络平台建设全覆盖，打通法律服务"最后一公里"。推广普及"之江法云"微信塔群运用，建立完善"微信塔群"工作机制，实现"指尖上"的普法学法，通过广泛、持久、深入的法治宣传教育，引导人民群众切实增强法治意识。同时，加强基层人民调解组织建设，打造一批优秀人民调解组织和"老娘舅""和阿姨"等特色调解品牌，把矛盾纠纷调处在基层、解决在萌芽状态，筑牢人民调解"第一道防线"。

在全省率先开展公共法律服务体系建设。2009年，嘉兴市率先成立浙江首家地市级司法行政法律服务中心，2010年，嘉兴市实现县（市、区）司法行政法律服务中心全覆盖。从2012年起，嘉兴市在全省率先开展公共法律服务体系建设，逐步构建起了政府主导、社会协同、司法行政统筹、政府公共财政支撑的公共法律服务体系框架，形成了以"1个标准""3项保障""6项保障""5个平台"为主要内容的"1365"公共法律服务体系，为百姓提供"一年365天"高质量、综合性、一站式、高效便捷的公共法律服务。2018年12月，嘉兴正式发布《公共法律服务中心、站、点建设规范》，这是浙江省首个地市公共法律服务地方标准。标准明确了公共法律服务中心、站、点的功能设置和服务内容、基础建设、设备配置、岗位设置、人员配备要求，服务范围、服务方式、服务流程和服务规范，投诉处理、服务评价和工作改进要求等内容。市法律援助中心多次被司法部评为"全国法律援助先进单位"。2020 年 1 月 2 日，嘉兴市公共法律服务中心被评为"全国公共法律服务工作先进集体"。

第三节　注重职能转换，建设法治政府

进入 21 世纪，我国已初步建立起中国特色社会主义市场经济体制。但由于法治建设的滞后，随着市场经济深入发展、市场主体日益多元、企业竞争日趋激烈，各种弊端开始凸显。比如，没有有效的法治环境，市场经济的盲目性和局限性容易引发恶性竞争、短期行为；政府行政权力滥用，权大于法、干预市场甚至干预司法的现象时有发生；少数部门盲目决策和官员"权力寻租"，导致市场失灵、权力腐败等；市场主体不是遇事找法、找市场，而是找政府；等等。习近平同志曾指出："市场经济必然是法治经济。""如果缺乏维护市场秩序的法治保障，市场行为就会失当，市场信息就会失真，公平竞争就会失序。如果缺乏对不正当市场行为进行惩防的法治体系，守信者利益得不到保护，违法行为得不到惩治，市场经济就不能建立起来。"[①]2003 年，习近平同志就进一步完善社会主义市场经济体制，亲自开展了深化改革专题调研，"八八战略"第一条战略就是"进一步发挥浙江的体制机制优势，大力推动以公有制为主体的多种所有制经济共同发展，不断完善社会主义市场经济体制"。因此，浙江要在完善社会主义市场经济体制上走在前列，就要在法治政府建设上走在前列，加强依法行政，更多地运用法律手段来调节经济、实施监管，维护市场秩序，保证市场经济的健康发展。2006 年 4 月 25 日，在省委十一届十次全会上，习近平同志再次

---

① 习近平：《之江新语》，浙江人民出版社 2007 年版，第 203 页。

指出:"依法规范行政权力、全面建设法治政府,是建设'法治浙江'的关键所在。要深入贯彻国务院《全面推进依法行政实施纲要》,按照'职权法定、依法行政、有效监督、高效便民'的要求,切实把依法行政落实到政府工作的各个环节、各个方面,努力建设法治政府。要不失时机地深化行政管理体制改革,加快政府职能转变。"①贯彻这一重大决策部署,对于浙江率先开启省域层面贯彻落实依法治国基本方略的创新实践,在完善社会主义市场经济体制上走在前列具有十分重要的意义。

法治政府要求政府在行使权力、履行职责过程中坚持法治原则,严格依法行政,各项权力都在法治轨道上运行。建设法治型、服务型政府,是坚持以人民为中心,全面落实依法治国基本方略的重要内容。2006年以来,嘉兴市历届政府按照中共中央和国务院关于建设法治政府的总体部署,围绕"职能科学、权责法定、执法严明、公开公正、廉洁高效"的目标,坚持依宪施政、依法行政,不断提高法治意识和依法行政能力,全面履行职能,健全依法决策机制,完善执法程序,严格执法责任,用法治引领政府各项工作,增强政府执行力和公信力,在法治轨道上推动政府建设。近几年,嘉兴在"红船精神"激励下,法治政府建设更是工作实、亮点多、成效显,综合行政执法改革等不少创新做法走在全省乃至全国前列,2019年行政诉讼案件一审败诉率全省最低,群众满意度第三方测评全省第二,法治政府建设考核首次进入全省前三。

一、依法规范政府职能

依法规范、全面履行政府职能是建设法治政府的重要前提和基本路径。进入21世纪,嘉兴市政府更加重视转变政府职能、优化政府组

---

① 习近平:《干在实处　走在前列——推进浙江新发展的思考与实践》,中共中央党校出版社2006年版,第366-367页。

织结构,更加注重运用法治思维和法治方式,处理政府与市场、政府与社会的关系,确保政府依法正确全面履行经济调节、市场监管、社会管理和公共服务等职能。

按照建设法治型、服务型政府的要求,嘉兴不断精简政府机构,优化机构设置,规范政府职能。在经过 1983 年、1993 年、1998 年和 2003 年四轮机构改革的基础上,嘉兴在 2009 年和 2013 年围绕转变职能和理顺职责关系,稳步推进大部门制改革。调整后,市政府工作部门设置 31 个,涉及的部门主要是组建了市市场监管局,挂市工商行政管理局、市食品药品监督管理局和市食品安全委员会办公室牌子;组建市卫生和计划生育委员会,不再保留市卫生局、市人口和计划生育委员会;组建市旅游委员会,不再保留市旅游局;市粮食局与市商务局合署办公;市科技局增挂市知识产权局牌子。通过几轮机构改革,进一步精简和规范了机构设置,完善了决策权、执行权、监督权既相互制约又相互协调的行政体制和运行机制。2019 年 3 月的机构改革,更是一次全方位、大力度、深层次的改革,是对机构职能体系的一次系统性、整体性、重构性的变革。这次机构改革,着眼于转变政府职能,加大政府机构职能调整和优化力度,使市场在资源配置中起决定性作用,更好发挥政府作用,为推进高质量发展提供制度保障。机构改革中,在市场监管、社会管理、公共服务、生态环境保护等领域组建一批新机构,为推进高质量发展提供制度保障。为进一步理顺市场监管职责,把原来职能有交叉的市场监管局和市质监局予以合并,重新组建了市市场监管局,不再保留市质监局,不再保留市工商局、市食药监局牌子。为防范化解重特大安全风险,健全公共安全体系,整合优化了应急力量和资源,新组建了市应急管理局。为维护军人军属合法权益,加强退役军人服务保障体系建设,新组建了市退役军人事务局。同时,因地制宜设立体现嘉兴市情和特色的机构,比如,为更好实施融入长三角一体化发展首位战略,新组建市长三角一体化发展办公室,作为市政府工作部门。这轮改革后,嘉兴市政府机构更精干、职能更优化,政府机构 32 个,其中办公室 1 个,工作部门 31 个,市政府部门合署办公机构减少 4 个,挂牌机构减少 6 个。

嘉兴特别重视通过简政放权、减少审批层级、提高审批效能,更好规范政府权力,最大限度地释放市场主体的创业创新动力。21 世纪以来,积极推进了几轮行政审批制度改革。2001 年我国加入世贸组织后的几年中,嘉兴取消了一批与市场经济发展要求和世贸规则不相适应的审批事项,进一步简化审批环节,积极推行并联审批和网上审批,市区建立集中统一的行政审批办证服务中心。为了打破行政审批层级壁垒和部门壁垒,进一步增强行政审批制度改革的整体性、系统性和协同性,自 2013 年起,嘉兴以打造"审批事项和层级最少、审批集中度和效率最高、审批流程和服务最优地区"为导向,开始了行政审批一体化改革。2013 年 10 月出台行政审批层级一体化改革"1+X"方案。从 2014 年 1 月 1 日开始,下放县(市、区)的行政审批事项按照新的审批机制运行。2014 年 4 月 9 日,浙江省政府下发了《关于嘉兴市开展行政审批层级一体化改革试点的批复》,嘉兴在全省率先开展的"行政审批层级一体化改革"试点,在打破行政审批权力的"层级壁垒"和"部门壁垒",进一步减少审批层级和审批环节方面探索了路径、积累了经验。嘉兴在推进行政审批层级一体化改革中,全面下放市级审批权,减少审批层级,缩短审批链,建立市、县(市、区)两级扁平化、一体化的新型审批制度。所谓的"一体化"就是把市、县(市、区)两级政府及其审批职能部门置于同一个体系内来谋划、设计、推动、完善审批制度改革,它包含了设计一体化、实施一体化、持续改进一体化三个环节。按照"审批事项和层级最少、审批集中度和效率最高、审批流程和服务最优"的改革目标,加强扁平化改革,实行审批事项"目录化"管理;推进集成化运行,实现行政审批"高效化"服务;构建立体化监管,实现事中事后"常态化"监管。同时,2014 年起,嘉兴按照省政府部署要求,逐步建立起"四张清单一张网"("四张清单"即政府权力清单、企业投资负面清单、政府责任清单、部门专项资金管理清单,"一张网"即政务服务网）。以"四张清单一张网"为重点的政府自身改革，是通过清家底、晒权力、明职责、优服务，为政府权力"瘦身"，为企业强筋健骨，进一步激发市场活力，加快推进政府治理体系和治理能力的现代化。

二、积极推进行政决策法治化

行政决策法治化是法治政府建设的重要内容。2006年，为健全完善市政府科学民主决策制度，切实转变管理方式和工作作风，嘉兴市政府就制定了《关于健全完善科学民主决策制度的规定》，着力健全重大事项决策的规则和程序，推进依法决策、科学决策和民主决策。在经过几年探索后，2015年，专门出台《嘉兴市人民政府重大行政决策程序规定》及其配套制度，明确规定政府重大行政决策必须经过公众参与、专家论证、合法性审查、风险评估、集体讨论决定等5个法定程序，并且配套出台了5项制度，对重大行政决策程序，进行细化、实化、具体化，大大增强了重大事项决策程序的操作性，形成了科学完备的重大事项决策制度体系。在具体工作中，嘉兴还建立健全规范性文件审前民主协商制度，对市政府拟出台的重要规范性文件，与市政协进行民主协商，进一步提高规范性文件的质量。近年来，嘉兴市制定的规范性文件均对外征求意见。严格落实重大行政决策合法性审查机制，未经合法性审核或经审核不合法的，不得提请审议。同时，对重大公共政策、重大管理措施、重大改革举措、重大工程项目、重大群体性活动等重大事项的风险评估，严格做到应评尽评。

三、推进政务公开和行政执法体制改革

政务公开对于保障公民、法人和其他组织依法获取政府信息，增强政府工作透明度，建设法治政府具有重要意义。2008年5月，《中华人民共和国政府信息公开条例》正式实施，嘉兴坚持以公开为原则，不

公开为例外,建立公开机制,规范工作程序,创新工作方式,拓展信息公开面,基本形成了目录规范、编码统一、结构合理、层次清晰、覆盖面广的政府信息公开体系。政府信息在推进经济社会发展和方便法人、组织和公民办事方面的作用进一步显现。推进行政处罚结果信息公开,按照"谁执法、谁公开、谁公开、谁负责"的原则,明确各有关部门责任,并把行政处罚结果公开纳入嘉兴市法治政府建设考核内容。全市行政执法机关建立行政处罚结果网上公开保密审核制度、监督检查和责任追究制度,形成长效的管理机制。建立健全公开征求对政府依法行政工作意见、群众评议政府部门和各类行政听证会等制度,不断提高政府依法行政的透明度。建立公开透明、程序规范的行政决策、执行和监督机制,健全政府重大决策专家咨询、重大事项社会公示听证等制度,促进政府决策的科学化、民主化和制度化。推行电子政务,办好政府门户网站,建立社情民意调查中心,健全社会公示、听证等制度,让人民群众更广泛地参与公共事务管理。嘉兴市政府不断扩大政府信息公开范围,规范公开程序和方式,拓宽公开渠道,保障人民群众对政府工作的知情权、参与权和监督权。

建立权责统一、权威高效的行政执法体制,一直是嘉兴建设法治型、服务型政府的努力方向。在经过"城市管理行政执法"实践的基础上,嘉兴较早地探索"综合行政执法",2014年,成为浙江省综合行政执法试点市,在综合行政执法体制机制、执法领域、配合协作、队伍建设等方面大胆探索。制定《嘉兴市全面开展综合行政执法试点工作方案》和《嘉兴市综合行政执法实施办法》,组建市、县、镇三级综合执法机构,将市、县(市、区)城市管理行政执法局更名为综合行政执法局,将国土资源、安全生产、环境保护、水利等部门的相应行政处罚权,划转给综合行政执法局。着力科学界定和规范权责边界,落实"监管和执法"责任主体,强化"监管和执法"长效措施,构建权责统一、阳光透明的综合行政执法体制。建立行政执法与司法联动机制,明确行政执法机关、司法机关在涉及刑事犯罪的行政执法案件中的权利义务、衔接程序等，增强了行政执法机关与司法机关的配合与协作，推动了行政执法的规范化。加强执法人员培训，定期组织行政执法人员培训考试，全面实行行政执法持证上岗制度。开展行政执法案卷评查工作，每年选评执法优秀案例，总结行政执法经验教训，发展群众参与式执法等执法方式，提升行政执法办案质量。经过五年的实践，共划转实施18个领域801项处罚事项，成为浙江改革划转领域最广、划转事项最多的地区，并在全省率先实现了镇（街道）执法机构全覆盖，综合行政执法改革各项制度基本建立。

为进一步提升行政执法效能、推进行政执法体系和能力现代化，嘉兴持续深化综合行政执法改革。2019年6月，浙江省委、省政府下发《关于深化综合行政执法改革的实施意见》，嘉兴进一步推进执法理念、执法方式、执法管理、执法重心"四大转变"，全面深化综合行政执法改革。截至2019年12月，嘉兴市、县（市、区）两级市场监管、生态环境保护、文化市场、交通运输、农业五大综合行政执法队全部挂牌成立，市级五大执法队机构设置、职能配置、编制职数、人员转隶"四个同步到位"，在全省率先全面完成五大领域综合行政执法改革，实现市与区、同一领域"一支队伍管执法"。

四、坚持依法规范公正文明行政

嘉兴市将坚持严格规范公正文明执法，作为深入推进依法行政、加快建设法治政府的重要举措，作为维护社会公平正义的重要手段，提升执法公信力的重要途径。为规范行政处罚自由裁量权，合理缩小行政处罚自由裁量权空间，促进公正执法，加强廉政建设，嘉兴从2008年起实施规范行政处罚自由裁量权工作。2010年，嘉兴市政府出台了《关于规范行政处罚自由裁量权工作的指导意见》，明确规范行政处罚自由裁量权工作的指导思想、基本原则、实施范围、工作任务、工作步骤和工作要求。同时，形成了《嘉兴市行政执法机关行政处罚自由

裁量执行标准》(2010 版),共涉及 2525 个行政处罚项目,细化为 7437
个执行标准。落实行政执法责任制,合理确定综合执法范围,明确执
法项目的职权、流程、机构、岗位和责任,强化综合行政执法部门及其
工作人员执法责任。加大政府规章执行情况检查力度,改进执法案卷
评查,建立执法案件质量跟踪评判机制。健全执法监督制度,通过聘
请特邀行政执法监督员等形式,发挥社会各方在加强执法监督中的作
用。落实执法过错责任追究制度,健全行政执法和刑事司法衔接机
制,规范案件移送标准和程序,切实防止有案不移、有案难移、以罚代
刑。理顺行政强制执行体制,充分发挥法院、基层政府和相关行政执
法部门的合力,切实提高行政案件执行率。

充分发挥行政复议、行政诉讼定纷止争功能。积极推进复议公开
听证的方式办理行政复议案件。由政府法制办公室和司法局、法院共
同组织召开的行政复议与行政审判联席会议,围绕行政争议较多和较
为集中的内容,确定相关议题,进行认真讨论、研究,通过讨论形成共
识。建立行政复议与信访衔接机制,不定期地召开协调会议,互通信
息,及时沟通。为进一步提供行政复议公信力,全面实行行政复议决
定书网上公开制度,除涉及国家秘密、个人秘密、商业秘密等案件外,
所有行政复议案件决定书均通过市法制办网站统一对外公布。2019
年,全市行政复议机关共受理各类行政复议 279 件,审结 266 件,办结
率达 95.3%。积极履行行政应诉职责,不断规范行政应诉工作。2019
年,全市一审行政诉讼结案 856 件,一审行政诉讼败诉率为 8.4%,败
诉率全省最低。

积极推进文明执法。加强执法人员管理,全面建立了行政执法人
员资格审查、动态管理等制度。加强对执法人员培训,提高执法人员
法律素养和综合素质。在全省首次组织市级部门行政执法人员法律
素质测试。全面推行行政执法公示、执法全过程记录、重大执法决定
法制审核三项制度。优化和改进行政执法方式,依托省行政执法监管
平台,大力推进"互联网＋监管"。全市"双随机"抽查任务完成率、"双

告知"认领率、掌上执法账号开通率、激活率均达 100％。嘉兴率先探索的"综合查一次"执法检查理念，写入浙江省委、省政府出台的《关于深化综合行政执法改革的实施意见》，并被引入国务院《优化营商环境条例》"监管执法"章节，以法规的形式加以固化推广。

充分发挥行政机关在化解行政争议和民事纠纷中的作用。嘉兴一直注重运用和解、调解等手段化解矛盾、平衡利益，最大限度争取实现"纷争止、事情了、人气和"。2019 年，全市人民调解组织共受理矛盾纠纷 40631 件，调解成功 40372 件，调解成功率 99.37％。修订完善仲裁规则、仲裁员管理办法、仲裁员守则等制度，加强仲裁工作规范化建设。全面推进政府法律顾问制度，健全政府法制机构人员为主体、专家和律师参加的法律顾问工作机制，已实现市、县、镇三级政府和市级部门法律顾问全覆盖。政府法律顾问通过参与政府规范性文件审查、代理行政复议和应诉活动，在经济发展、城市建设、改善民生等方面发挥了法律顾问"智囊团"作用，保障了政府重大决策的合法性，防范了行政风险。

五、聚力打造营商环境最优市

习近平同志曾指出："进一步理顺政府与市场、政府与社会、政府与企业的关系，在抓好经济调节、市场监管的同时，强化政府社会管理和公共服务职能，科学合理设置政府机构，努力建设高效精干、公开透明的服务型政府。"①优良的营商环境是高质量发展的基石。为公民提供完善、便捷的公共服务，为企业创造良好、公平的发展环境，是建设服务型政府的基本要求。嘉兴以优化营商环境为重点，着力提高政府办事效率和服务水平，改进工作作风，推进诚信政府、服务型政府建设。21 世纪以来，嘉兴优化营商环境的重点举措主要有行政审批层

---

① 习近平：《干在实处　走在前列——推进浙江新发展的思考与实践》，中共中央党校出版社 2006 年版，第 367 页。

级一体化改革、"最多跑一次"改革和打造营商环境的"北斗七星"格局等。

有效发挥行政审批层级一体化改革的效能。2013 年推进的行政审批层级一体化改革,主要目的是简政放权、减少审批层级、提高审批效能。截至 2016 年 8 月,市级政府部门行政权力精简率达 66.5%,16 个部门的 59 项非行政许可事项取消。政府责任清单明确 42 个政府部门职责,划清容易产生交叉问题的 92 个边界事项,建立完善"双随机一公开"等 517 项事中事后监管制度;企业投资项目负面清单按照能减则减、能放则放的原则,不再审批目录之外的企业投资项目;财政专项资金管理清单设立"七项发展资金"。构建政务服务网,推进"互联网＋政务服务",办事效率进一步提高。

扎实推进"最多跑一次"改革。2017 年 2 月,按照省部署要求,嘉兴启动"最多跑一次"改革,目的是以方便群众和企业办事来倒逼政府减权、放权、治权,以政府权力的减法、服务的加法,换取群众满意和市场活力的双倍增。梳理公布了群众和企业到政府部门办事"最多跑一次"事项清单,通过前台综合受理、后台分类审批、统一窗口出件,真正使企业和群众进行政服务中心"一个门"、到综合窗口"一个窗"就能把"一件事"办成,推进"一窗受理、集成服务"改革,实现到政府办事"最多跑一次"。深化"掌上办""一证通办"和涉企便利化改革,通过公共数据共享管理发布平台实现部门间的数据共享。梳理和公布一批"同城通办"事项,根据事项的覆盖面和办件量,科学设置办事地点,方便群众和企业就近、就便选择,实现横向"就近跑一次"。完善放权方式和动态调整机制,完善审批流程和审批标准,统筹民政、人力社保、行政审批等政务资源,积极打造镇(街道)便民服务中心、村(社区)代办点等基层"一站式"服务平台,加快推进综治工作、综合执法、市场监管、便民服务等基层治理体系"四个平台"建设,实现基层政务服务事项的一站式服务和全流程监管,实现纵向"就近跑一次"。按照"让数据多跑路,群众少跑腿"的理念,结合新型智慧城市标杆市建设，全面推行"在线咨询、网上申请、快递送达"办理模式，打造全天候在线智慧政府，不断推进部分事项到政府办事"不用跑一次"。

着力构建嘉兴营商环境的"北斗七星"格局。2019年5月，嘉兴出台《打造营商环境最优市实施意见》，列出了70项任务清单，从综合交通、城市宜居、产业发展平台三个"硬环境"和政务服务、金融生态、人才创新、平安法治四个"软环境"入手，构建嘉兴营商环境的"北斗七星"格局。围绕着力打造一流的政务服务环境，嘉兴积极建设"掌上办事之城"，发展数字化惠民应用，全面推行"无差别全科受理"，推广的商事登记便利化改革，实现企业开办"一日办"常态化全覆盖。全面实施"证照分离"改革、企业注销登记改革，推行工商登记全程电子化等。围绕着力打造一流的金融生态环境，提升金融信贷服务水平，建立全市统一的金融信用信息共享平台，大力发展科技金融，全力实施"凤凰行动"等。围绕着力提升创新环境，大力实施人才新政，完善人才评价机制，加大引进大院名校共建创新载体的力度，完善科技成果平台建设，放宽社会服务业市场准入，深化"亩均论英雄"改革等。围绕着力提升平安法治环境建设，积极推进社会信用体系建设，深化公共法律服务体系建设，推进智慧监管体系建设，落实公平竞争审查制度建设，完善产权保护制度，为市场主体发展营造公平公正的竞争环境。2020年5月，在"第二届（2020）长三角地区营商环境专题论坛"上，长三角27个城市营商环境发展水平评估中嘉兴排名第七，同时入围2019长三角地区营商环境十佳政务机构，南湖区入围营商环境十佳政务机构县（区、市），在"营商环境便捷度"单项指标中海宁市进入区县前十。2020年7月，浙江省发改委发布2019年度全省营商环境评价结果，嘉兴市营商环境综合成绩排名全省第二。

第四节　基层民主与法治嘉兴建设的实践与创新

20 年来,嘉兴从客观实际出发,坚持党的领导、人民当家作主、依法治国有机统一,勇于实践、勇于创新,以民主和法治方式推进基层善治。通过注重政策保障、加强制度供给、激发社会活力、鼓励基层创新,逐步实现基层民主有序、法治有效、政府有为,走出了一条符合嘉兴实际、具有嘉兴特色的基层民主法治之路。

一、把农村基层作为加强民主法治建设,推动乡村治理现代化的关键领域

农村稳才能天下稳。乡村治理是国家治理的基石,没有乡村的有效治理,就没有乡村的全面振兴。嘉兴市场经济孕育较早,在以市场经济为导向的制度变迁中,民间和政府相互促进,乡村中民营经济、民间文化相对活跃,创造了具有强大张力的优势产业、充满竞争活力的发展机制。同时,农村治理理念、治理方式、治理手段还存在着许多不适应的地方。无论是化解农村各种矛盾纠纷,还是打击涉农犯罪、维护广大农民的合法权益,保持农村社会稳定,都需要把发展农村基层民主法治作为推进乡村治理现代化的关键领域。改革开放以来,特别是 21 世纪以来,嘉兴进一步强化以农村党组织为核心的农村基层组织建设,坚持基层群众自治制度,着力推进民主选举、民主决策、民主管理、民主监督各项工作创新,充分调动基层群众在自我管理、自我教育、自我服务中的主动性和积极性,保障了基层群众的选举权、决策权、知情权、参与权和监督权,巩固了党在农村的执政基础和执政地位。

嘉兴农村基层民主的实践成效,是贯彻习近平同志"发展农村基

层民主"指示要求的实践成果。党的十九大报告提出："加强农村基层基础工作，健全自治、法治、德治相结合的乡村治理体系。"这是嘉兴农村首创的"三治融合"创新实践写进全国党代会报告，成为基层社会治理创新的发展方向的生动表现。党的二十大报告提出：要发展全过程人民民主，保障人民当家作主，对积极发展基层民主提出新部署新要求，强调要健全基层党组织领导的基层群众自治机制，完善基层直接民主制度体系和工作体系，增强城乡社区群众自我管理、自我服务、自我教育、自我监督的实效。这些关于乡村治理的最新论述，立足于新时代我国农业农村发展实际，具有强大的思想力量，对于全面实施乡村振兴战略、实现乡村治理现代化具有重要指导意义。

二、把服务发展作为加强民主法治建设促进社会全面进步的根本目标

民主法治作为上层建筑的核心内容，是由经济基础决定的。顺应时代发展、回应社会关切，是民主法治建设题中应有之义。2006年4月，浙江省委十一届十次全会，作出了建设"法治浙江"的重大决策，嘉兴认真贯彻省委的决策部署，正确妥善处理发展与民主法治的关系，更多运用法治思维和法治方式来推动发展、服务发展，防止"发展要上、法治要让"的错误观念和以违法追求效率的短期行为。在建设法治政府过程中，嘉兴着力形成地方性法规规章体系、高效的法治实施体系、严密的法治监督体系、有力的法治保障体系，着力解决影响严格规范公正文明执法的深层次问题。同时，抓住领导干部这个"关键少数"，带头尊法、学法、守法、用法，引导全社会强化规则意识。牢固树立"法治是最好营商环境"的理念，准确把握政府与市场、政府与社会的关系，尊重市场经济的内在规律，在法治框架内调整各类市场主体的利益关系，用法治思维和法治方式确保政府行为公平透明、可预期，营造公平公正的竞争环境，为经济社会发展提供法治保障。

三、把坚持人民主体地位作为加强民主法治建设，实现共建共享的基本理念

坚持人民主体地位，是社会主义民主法治的基本属性，也是发展社会主义民主、全面依法治国的力量源泉和重要保障。习近平同志在浙江工作期间多次强调，要以最广大人民的根本利益为法治建设的出发点和落脚点。党的十八大以来，习近平总书记从坚持和发展中国特色社会主义全局和战略高度定位法治、布局法治、厉行法治，创造性提出全面依法治国的一系列新理念新思想新战略，形成了习近平法治思想，坚持以人民为中心是习近平法治思想的根本立场。同时，"法治中国"建设成效卓著，一条重要的经验就是坚持人民主体地位，把以人民为中心的发展思想融入全面依法治国伟大实践。因此，加强法治建设，必须坚持人民主体地位，必须坚持法治为了人民、依靠人民、造福人民、保护人民。

嘉兴在发展基层民主，推进法治型、服务型政府建设过程中，始终坚持以人民为中心，不断健全民主制度，丰富民主形式，拓宽公民有序政治参与途径，切实通过民主选举、民主决策、民主管理和民主监督的方式，确保权力来自人民，受人民监督。同时，为实现"众人事众人决"，嘉兴积极发展基层协商民主，拓展协商民主渠道，系统建设村（居）民议事会、乡贤参事会等协商议事平台，创新推出"微嘉园"平台，推动政府与居民双向互动。同时，嘉兴在制定地方性法规中，广泛征求民意、汇集民智、凝聚共识，使法律真正体现人民群众的根本利益，回应人民群众的根本诉求。从秸秆露天禁烧和综合利用条例到南湖保护条例，从餐饮业油烟管理办法到生活垃圾分类管理条例，从文明行为促进条例到养犬管理条例等，无不体现了"以民为本、立法为民"的理念，让每一项立法都符合宪法精神、反映人民意志、得到人民拥护。

四、把尊重基层首创作为加强民主法治建设,推动社会治理创新的有效路径

人民是历史的创造者,群众是真正的英雄。基层群众蕴藏着极大的改革动力和创新智慧。实践反复证明,尊重基层首创精神,是改革开放取得巨大成功的重要经验。嘉兴比较早地实现了以民营经济为主导的经济结构变革,同时引发了深刻的社会转型,催生了社会民主法治意识的觉醒,激发了群众利益表达和政治参与的诉求。随着嘉兴统筹城乡发展一系列政策措施的落实和劳动形式的多样化,嘉兴农村社会也成长出掌握着经济、知识、技术、政治等社会资源的新的社会群体。这些群体大多有一定的文化程度,社会阅历丰富、见识广泛,而且具有较强的民主意识和参政、议政能力,成为农村社区公共参与的主导力量,引领农村其他群体自主意识、民主意识进一步增强,推动农村民主选举、民主决策、民主管理、民主监督各个领域的工作创新。比如,"三治融合"基层社会治理模式写进党的十九大报告,探索村级组织"无候选人直选""自荐海选",创新基层协商民主新形式,在全省率先发布《2020年嘉兴市创建全国民主法治示范村(社区)指引(试行)》,建立村(社区)干部群众学法常态化机制,构建"1365"公共法律服务体系,等等。

嘉兴各级党委政府充分尊重基层的首创精神,对各地在实践中探索出的基层民主实现形式和法治建设路径,不是急于规范、急于干预,而是让基层干部群众去闯、去试,同时又针对存在的问题,不断加以规范引导,并认真总结经验,待逐步规范化、制度化后,再行推广。嘉兴的实践证明,只有尊重和发挥基层人民群众的首创精神,激发人民群众的积极性、主动性和创造性,才能有效推进基层民主法治建设有序渐进、健康发展。

第八章 全面加强社会建设
打造平安嘉兴

平安是最大的民生，也是最基本的社会公共产品。习近平同志指出："没有稳定的环境，什么事都干不成，改革与发展都会成为一句空话，已经取得的成果也会失掉。"①建设"平安浙江"，既是"八八战略"深化、细化、具体化的重要体现，也是浙江高质量发展建设共同富裕示范区的重大举措。浙江省委于 2004 年提出"平安浙江"建设，嘉兴市委、市政府在省委、省政府的直接领导下，以"开天辟地、敢为人先"的首创精神，围绕平安建设面临的各种问题创新实践；以"坚定理想、百折不挠"的奋斗精神一任接着一任干，一张蓝图绘到底；以"立党为公、忠诚为民"的奉献精神，不断加强和改善民生。2004 年以来，嘉兴三度荣获"全国综治优秀市"称号，连续获得"平安市"称号，在全省率先夺得"平安金鼎""一星平安金鼎""长安杯"。

第一节 坚持把群众利益放在首位

马克思主义认为，追求利益是人类一切社会活动的最终动因，是人们进行社会历史活动的内在推动力量。"一切从人民群众的利益出发"无疑是平安建设的核心和关键。习近平同志明确指出："坚持以人

---

① 习近平：《之江新语》，浙江人民出版社 2007 年版，第 119 页。

为本，重民生、办实事，解决人民群众最关心、最直接、最现实的利益问题，满足人民群众最基本、最紧迫的需求，是构建和谐社会的一项重要基础性工作。"①他要求全省干部进一步明确："富裕与安定是人民群众的根本利益，致富与治安是领导干部的政治责任。"②同时，习近平同志也强调："'平安浙江'中的平安，不是狭义的'平安'，而是涵盖了经济、政治、文化和社会各方面宽领域、大范围、多层面的广义'平安'。"③"着眼于与经济、政治、文化、社会建设之间的有机统一和内在联系，综合考虑各方面对社会和谐稳定的影响。"④嘉兴市委、市政府按照习近平同志的工作要求，始终把群众利益放在首位，始终把保障和改善民生作为一切工作的出发点和落脚点，从解决不同时期人民群众最关心、最直接、最现实的利益问题入手，不断促进经济发展，着力改善就业、医疗、社会保障等各项民生事业，以民生的全面改善促进社会的全面和谐。

一、大力发展区域经济，促进人民收入持续增长

嘉兴地处长江中下游杭嘉湖平原，这里自古以来就是鱼米之乡、丝绸之府，经济富庶。改革开放以前，嘉兴总体上来说是一个农业社会，经济发展略高于全国平均水平，处于浙江省前列。党的十一届三中全会以后，嘉兴工业经济、民营经济和个体经济得到大力发展，到20世纪80年代成为浙江省举足轻重的工业大市。2003年，嘉兴市政府确立了"工业立市"的发展目标，经济发展开始迈入跃升阶段，各县（市、区）均形成了自身优势产业和块状经济：如，嘉善的木业，平湖的

---

① 习近平：《之江新语》，浙江人民出版社2007年版，第245页。
② 习近平：《干在实处　走在前列——推进浙江新发展的思考与实践》，中共中央党校出版社2006年版，第235页。
③ 习近平：《干在实处　走在前列——推进浙江新发展的思考与实践》，中共中央党校出版社2006年版，第235页。
④ 习近平：《干在实处　走在前列——推进浙江新发展的思考与实践》，中共中央党校出版社2006年版，第238页。

外贸服装,海宁的皮革、经编,桐乡的玻璃纤维,海盐的五金加工等。块状经济和专业市场的蓬勃发展带来了嘉兴经济的快速发展和居民收入的快速增长,全市 GDP 总量从 2003 年的 855 亿元增长到 2021 年的 6355.28 亿元,年均增长 11.8%。其中,2003 年到 2007 年,嘉兴全市地区生产总值年均增长达 16.7%,为历史最快时期。人均 GDP 从 2003 年的 3107 美元增长到 2021 年的 18678 美元,年均增长 10.48%。所辖五县(市)、两区全部进入全国百强县。经济的快速增长带来了老百姓收入快速增加,城镇居民可支配收入从 2003 年的 12954 元增长到 2021 年的 69839 元,年均增幅 9.81%;农村居民可支配收入从 2003 年的 6127 元增长到 2021 年的 43598 元,年均增长 11.6%,连续 18 年保持全省第一。

经济的持续快速增长改善了城乡居民的生活水平,提升了城乡居民的获得感和满足感,促进了社会和谐。蓬勃的民营经济分散于全市各乡镇、街道的工业园区和镇村地区,大量中小企业、家庭作坊、个体经济吸纳了周边农村大量剩余劳动力,不仅有效解决了城镇化进程中农村剩余劳动力转移问题,而且大大促进了农村居民持续增收,缩小了城乡居民之间的收入差距,促进了城乡融合。

二、建立和完善统筹城乡的民生保障体系,增进人民福祉

习近平同志指出:"社会发展是构建和谐社会的关键","我们深化'平安浙江'建设,推进构建和谐社会,主要着力点还是要围绕社会和人的全面发展,加强社会建设和管理,大力发展社会事业,促进社会全面进步"。[①] 21 世纪伊始,浙江在经济快速发展的同时,区域之间、城乡之间的发展差距不断拉大,民生短板日益突出。习近平同志清醒地认识到:"近几年来,我省经济快速发展,生产总值年均增长百分之十

---

① 习近平:《之江新语》,浙江人民出版社 2007 年版,第 225 页。

三以上，城乡面貌发生深刻变化，城乡居民生活有较大改善。但我们也要清醒地看到，在城市建设突飞猛进、城乡居民收入快速增长的背后，隐藏着较大的城乡差距，农村教育、文化、卫生、体育等社会事业以及基础设施建设远远落后于城市，农民的收入水平、生活水平和质量与城市居民的差距还在扩大。"①嘉兴在 2003 年确立"工业立市"发展目标以后，市场经济和城镇化的快速发展使得就业、养老、医疗等问题也日益突出，市委、市政府在加大民生投入的同时，以改革探索的勇气，坚持在统筹城乡的过程中改善民生，特别是农村地区民生问题，推动城乡之间在就业、社会保障、医疗保障、义务教育、新居民管理等领域一体化改革，以城乡均衡发展促进区域和谐稳定。2021 年，政府全部财力 80％左右用于改善民生。

（一）建立统筹城乡居民的就业保障体系

就业乃民生之本，也是平安嘉兴建设的重要起点。20 世纪 90 年代末以来，随着国有企业改革的推进，企业下岗职工的再就业问题及农村居民就业问题一度成为影响社会稳定的隐患。嘉兴市以"统筹改革"的思路，不断打破计划经济体制下用行政手段将劳动力分割成城镇劳动力和农村劳动力、本地劳动力和外来劳动力的管理体制，逐渐建立起统筹城乡的就业管理、就业市场、就业服务、就业政策、就业援助制度，优化就业创业扶持政策，做好以高校毕业生、就业困难人员和农村劳动力为重点的就业帮扶。2005 年，嘉兴市全力打造"无欠薪城市"。2006 年，嘉兴被列为全国统筹城乡就业试点工作市。2007 年底，嘉兴被确立为联合国首个统筹城乡就业援华项目五个试点城市之一。2008 年，基本消除城市零就业家庭。嘉兴的城镇登记失业率从 2003 年的 4.1％下降到 2020 年的 1.74％。2021 年末，零就业家庭实现"动态清零"。

---

① 习近平：《之江新语》，浙江人民出版社 2007 年版，第 45 页。

(二)率先建立覆盖城乡的多层次社会养老保障体系

随着体制改革的不断推进和群众需求的不断提升,原有城镇职工社会保障政策的问题不断突显,各类社会群体的保障需求不断明晰。2004 年 1 月,嘉兴市出台《嘉兴市本级社会保险费征缴管理暂行办法》,率先在全省实现了全市范围职工养老保险全覆盖;同年,又积极推进事业单位养老保险制度改革,完善被征地农民养老保障制度。2007 年 9 月,在全国率先出台《嘉兴市城乡居民社会养老保险暂行办法》,基本建立了一个城乡一体化的、多层次、广覆盖、保基本的社会养老保障体系,把各项社会养老保障制度未覆盖到的城乡居民全部纳入参保范围。此后,嘉兴市政府不断推动各类社会保障制度有机衔接,推进全民社保,到 2017 年,城乡居民养老保险基本实现了从制度全覆盖迈向人群全覆盖,并稳步提高保障水平。到 2020 年底,全市基本养老保险人数达 340.6 万人,占户籍人口的 92.7%。

(三)率先构建覆盖城乡居民的医疗保障体系

从全省范围来看,嘉兴市城乡居民的医疗保障体系基础较好,20世纪 90 年代末就初步形成了城镇职工“单位医保”和农村居民自发建立合作医疗的保障模式。2003 年,嘉兴市被浙江省政府列入省新型农村合作医疗试点城市。2004 年,市政府出台《关于建立和完善城乡居民合作医疗保险制度的意见》,将农村合作医疗纳入社会医疗保险体系,并实现了城乡居民、外来务工人员医保全覆盖。2007 年,合作医疗制度进一步提档升级,不仅从政策上实现了城乡居民、外来务工人员医疗保障的全覆盖,而且人均筹资水平、年门诊结报率、住院结报率三项主要指标居全省第一。2010 年,政府进一步推动医保制度深化改革,加大对全市范围内医保政策的统一、资源统筹和投入力度。2013 年,进一步建立《嘉兴市城乡居民基本医疗保险实施办法》《嘉兴市本级城乡居民基本医疗保险实施办法》《嘉兴市本级城乡居民大病保险试行办法》,加大各类保障的人群覆盖力度和保障水平,帮助群众减轻医疗负担。2016—2020年，政府进一步加大了对罕见病、重大疾病的医疗保障和救助力度，增强城乡居民对重大疾病的抗风险能力；同时积极开展社区养老医养结合，推进医疗救助向前端延伸。

（四）积极推进城乡义务教育均衡发展，构建教育均衡市

嘉兴市政府通过推动打破城乡二元结构的体制机制，完善城乡教育管理体制，优化城乡学校布局，促进教育均等化。2004年，以"高中向县城集中、初中向中心镇或镇政府所在地集中、小学向镇和中心村集中"的城乡学校空间布局一体化目标，在市本级撤并5所农村高中，在城区建成嘉兴高中园，率先在省内实现了高中资源向城市集聚。2007年，全部免除城乡义务教育阶段学生学费和课本费。2009年，对具有学籍的新居民子女全部免除学费、借读费和课本费。2010年，制定和出台了《嘉兴市中长期教育改革和发展规划纲要（2011—2020年）》，推动教育现代化发展。2013年，嘉兴所有县（市、区）全部通过国家义务教育均衡发展县评估，在全国率先实现市域全覆盖。2015年，海盐县、桐乡市、海宁市率先通过省首批"基本实现教育现代化县（市、区）"评估。至此，嘉兴全市建立起了城乡之间、本地人与外地人之间的均衡性、高质量的义务教育公共服务体系。

（五）创建公共文化服务的"嘉兴模式"

嘉兴自古以来文化璀璨，历史上名人辈出，但在经济社会转型发展的同时，也曾一度出现民众信仰缺失、政府公共文化服务供给不足的问题。嘉兴在补齐公共安全短板的同时，有针对性地加强民众思想政治教育，以加强农村公共文化产品供给为重点，不断加大公共文化建设力度和财政投入力度。2004—2007年，嘉兴市连续四年制定《嘉兴市文化名城创建（文化大市建设）行动纲领》，同时，在全省率先出台《关于加强全市农村文化阵地建设的实施意见》，重点推动农村文化建设。2005年，全市超过80％的镇（街）建成省、市"东海文化明珠"，近90％的行政村建成市级标准的村文化活动中心，初步形成了市—镇—

村三级公共文化基础设施。2007年,市委、市政府进一步出台《关于进一步加强农村公共文化服务体系建设的实施意见》,在全国率先探索建立城乡一体化的公共图书馆总分馆模式,切实解决农村居民借书难、看书难的问题。2012年以来,嘉兴市以创建第二批国家公共文化服务体系示范区为契机,不断深化城乡公共图书馆总分馆模式,建立市域一体的文化馆总分馆体系,创建"互联网+""文化有约"公共文化服务平台,建立基层文化队伍"两员"制度,建立农村文化礼堂、农家书屋等,形成了公共文化服务体系建设的"嘉兴模式"。与此同时,嘉兴市委在2005年、2012年和2018年又分别组织动员全市上下开展了嘉兴人文精神、嘉兴人共同价值观和新时代嘉兴人文精神大讨论活动,并最终形成"勤善和美、勇猛精进"新时代嘉兴人文精神,不断筑牢人民信仰之基,推进社会和谐。

在全方位改善民生的基础上,为不断满足人民日益增长的美好生活需要,嘉兴市始终坚持把群众利益放在首位,不断提升政府公共服务水平和质量,着力推动中心城区品质提升,大力发展公共体育,切实做优居民养老,发展商业保险,完善居民医疗,做好社会救济、社会福利……嘉兴市从兜底线到保基本,从保重点、广覆盖到精准化,从低水平到高水平再到优质化,尽最大努力满足人民日益增长的美好生活需要,尽最大可能实现城乡均衡、区域统筹、人群全覆盖。市域民生公共服务建设经历了一个从无到有、从低到高、从单一到多元的变迁过程,最大限度维护了社会稳定大局。

三、确保社会公共安全,维护人民利益

公共安全是平安建设的重要组成部分。习近平同志要求"坚持打防结合,综合治理,切实解决刑事案件和治安案件高发多发的突出问

题"。① 21世纪以来,嘉兴市始终把社会治安和公共安全建设作为平安建设的重要内容,社会刑事案件、安全生产事故、信访总量始终保持低位运行,人民群众安全感、满意率始终保持在95%以上,7个县(市、区)"无信访积案县(市、区)"创建全部达标。

(一)严厉打击各类违法犯罪,确保社会治安持续稳定

21世纪伊始,社会治安问题(如刑事犯罪、暴力犯罪、经济犯罪、黑恶势力、各类赌博活动)仍然是社会秩序的主要破坏者,对这类问题,嘉兴市始终以"严"的态势开展打击整治。2004年始,嘉兴市深入开展"严打"整治斗争,把命案侦防作为牵引打击犯罪的"牛鼻子",连续12年实现命案全破,成为浙江省地级市中的唯一;针对侵财犯罪这一人民群众反映强烈的治安热点难点,严打"盗抢骗"侵财犯罪,先后开展了打击"两抢",打击盗窃"两车""两盗",2003—2006年提起公诉达21558人。2019年以来,针对电信、网络诈骗上升的态势,不断加大信息化防控系统应用和视频监控系统建设力度,利用乌镇互联网大会契机,大力推广区域信息化防控体系建设,推广使用新型技术装备,实现对各类危险要素的自动识别、敏锐感知、及时预警、主动拦截功能。

(二)积极预防和处置各类突发性事件

2005年,嘉兴率先在全国成立市、县两级公共安全应急委员会,建立和完善各类应急预案,编制完善《应急管理体系建设规划》《应急管理宣传教育意见》《应急管理培训意见》《突发事件信息报告意见》,加强应急演练,加强重点行业和区域的风险隐患排查。特别是针对嘉兴危险化学品(以下简称"危化品")企业多的情况,全面落实地方党政领导干部安全生产责任制,建立安全生产重点工作指标定期通报和市安全生产委员会办公室主任双月例会制度;不定期展开危化品安全生产大排查、小微企业安全生产和消防安全综合整治,实现了连续9年

---

① 习近平:《干在实处　走在前列——推进浙江新发展的思考与实践》,中共中央党校出版社2006年版,第239页。

未发生较大以上火灾事故,连续17年未发生群死群伤重特大火灾事故。2020年新冠疫情暴发以后,嘉兴市以此为契机补齐风险治理短板,修订完善《嘉兴市突发事件总体应急预案(2020年修订)》及各专项预案、部门预案和基层预案,大大加强了各级政府对各类突发性社会风险的预警、研判和协同处置能力。

(三)深化重点行业领域安全

围绕人民群众切身利益问题,2009年,嘉兴重点开展交通整治,对重点车辆,酒驾、毒驾等违法行为严肃查处,5年仅发生1起较大交通事故,全市事故死亡人数实现连续11年"零增长",电动车头盔佩戴率从不足5％快速增长至2019年的89％。推进食品药品规范化监管,对各类保健品市场、中医养生馆、医疗器械行业开展重点整治;加大对污染企业执法力度,守好生态环境领域安全线。2018—2019年在"不忘初心、牢记使命"主题教育期间,重点开展扫黑除恶专项斗争,相关工作在全省第三方测评中满意度位列全省第一,并得到中央督导组表扬。

第二节　确保社会政治稳定

习近平同志认为建设"平安浙江"是一个综合的、系统的工程,涉及方方面面,内涵相当丰富,排在首位的是政治安全。[①] 他指出,政治安全,"主要指民主法制建设和防范打击敌对势力的渗透破坏活动,确保政权的巩固。这是建设'平安浙江'的首要任务。包括引导广大干部群众强化政治意识、大局意识、法制意识,增强政治敏锐性和鉴别

---

① 习近平:《干在实处　走在前列——推进浙江新发展的思考与实践》,中共中央党校出版社2006年版,第239页。

力,始终与党中央保持高度一致"①。对浙江来说,尤为如此。嘉兴是中国革命红船起航地,嘉兴南湖的"红船,见证了中国历史上开天辟地的大事变,成为中国革命源头的象征"②。2002 年 10 月,习近平同志调任浙江后,专程到嘉兴南湖瞻仰红船;2003 年春节后的第一个工作日,习近平同志又带着浙江省委理论学习中心组成员来到南湖瞻仰红船,举行保持共产党员先进性教育活动专题学习会。这不仅反映出嘉兴特殊的政治地位,更展现了习近平同志坚定的马克思主义信仰和鲜明的政治立场。在习近平同志的指示要求下,嘉兴各级领导干部始终保持政治上清醒、立场上坚定,不断增强政治敏锐性和政治鉴别力,把维护党的执政安全、国家政权安全和制度安全作为平安建设的首要和根本任务,在处理各类具体社会矛盾和问题中维护人民群众的根本利益。

一、不断提高政治意识,强化各级领导干部政治担当

历年来,嘉兴市委把"平安建设",维护社会稳定特别是政治稳定作为各级领导干部第一责任。2005 年,嘉兴召开"平安嘉兴"建设工作会议,指出全市干部要着眼长远、立足当前,全力推进平安嘉兴建设;2008 年,嘉兴市委要求全市各级各部门居安思危,保持清醒头脑,思想不松懈、力度不减弱,把平安建设各项工作做深做实;2011 年,市委要求全市上下站在战略和全局的高度,增强平安建设的责任感和紧迫感,全力打造"长三角最具安全感城市";2014 年,市委要求各级各部门牢固树立"发展是第一要务,稳定是第一责任"的工作理念,打造"中国最具安全感城市";2018 年,嘉兴市委进一步提出全市上下要深刻认识嘉兴特殊政治地位所赋予的高要求,牢记省委提出的"当好红

① 习近平:《干在实处　走在前列——推进浙江新发展的思考与实践》,中共中央党校出版社 2006 年版,第 239 页。
② 习近平:《弘扬"红船精神"　走在时代前列》,《光明日报》2005 年 6 月 21 日。

船护旗手"的嘱托,秉持"嘉兴无小事,事事连政治"的工作理念,奋力打造"中国最平安城市"。

二、以维护敏感期、主要节点社会稳定为重点,筑牢政治安全底线

嘉兴作为中国革命红船的起航地,长三角枢纽城市,近年来国内外、党内外大事要事不断增多。市委、市政府以维护主要节点政治稳定为核心目标,通过制定和完善《涉恐涉暴活动预防和应急处置机制》《重点行业单位反恐怖防范标准》等制度规范,开展对重点行业、敏感物资、重点领域安保攻坚行动,严厉防范打击"暴恐"活动,推广深化反恐怖防范标准。同时,严格依法强化在嘉境外非政府组织管理,率先在全省推动建立市级境外非政府组织管理工作协调小组,成功处置了一批非法渗透活动;严密防范邪教组织捣乱破坏,群众反邪教知晓率全省领先,2000 年以来连续实现"法轮功"案件无积案。

三、净化网络环境,维护意识形态安全

随着互联网使用率的不断上升,以网络舆论、网络群体性事件、网络犯罪为主的网络安全建设成为平安建设的重要领域。针对网络舆情,2010 年以来,嘉兴市不断加大网络舆情引导与治理,建立并落实24 小时网上巡查处置"双负责制"和网上网下互动管控机制,及时开展影响稳定的苗头性舆情预警、分析和导控,开展整治网络犯罪"净网"专项行动。2012 年,建立网络舆情收集研判报送制度,形成网络舆情周报、月报及抄告单等舆情报告制度。2013 年,出台《关于加强敏感、重大案(事)件舆论引导工作的实施办法》,成立敏感、重大网络舆论引导和管理工作领导小组,并在平湖、桐乡率先建立网络舆情导控平台。2016 年,政府相关部门建立 24 小时值班制度,落实信息网络管理责任,实现应急处置秒级响应。2018 年以来,进一步完善工作机

制,全天候开展网上巡查,及时处置各类违法有害信息,打击网络政治谣言。同时,针对"网络"越来越强的利益表达功能和对社会秩序越来越明显的影响,2014年以来,政府在加大网络整治的同时,通过网络走群众路线,不断回应群众的合理诉求。

四、从"嘉兴无小事、事事连政治"的高度,全面开展各项平安创建工作

嘉兴市委、市政府本着"嘉兴本地不出事,嘉兴人不到外地惹事"的工作理念,推进各类风险防范工作。2018年6月30日,嘉兴市南湖区七星镇部分村民因不满政府拆迁补偿安置条款聚集上访,在国内造成了较大影响。事后,南湖区要求全区上下强化"南湖无小事"的共识,坚持问题导向、民生导向、效果导向,确保老百姓反映突出问题整改到位。2018年7月,嘉兴市委组织全市党员干部全面开展"大走访、大宣讲、大解放"服务基层活动,全市党员深入社区、企业与老百姓面对面交流,全面梳理、汇总、解决和反馈百姓反映的各类社会问题。2019年5月,全市政法工作会议要求时刻牢记"嘉兴无小事、事事连政治"的工作要求,增强忧患意识,以高度的政治责任感和使命感,着力防范各类风险挑战,不断提高维护国家安全的能力。至此,嘉兴全市上下各级各部门不断提高政治敏锐性和政治鉴别力,从讲政治的高度推动平安建设的各项工作。

第三节　打牢基层维护社会稳定的第一线平台

21世纪伊始,浙江发展处在体制转轨和社会转型的叠加时期,伴随着利益多样化、观念多元化和社会流动的加快,大量社会矛盾涌现在基层。一方面,以层级制、单位制为基础的传统社会管理体制和单

一的行政管控方式已难以适应新的社会环境，社会管理出现了缺位、错位、越位、不到位的诸多问题；另一方面，"事后处置"的社会矛盾化解方式让基层政府疲于应付，出现了越维稳越不稳，越化解矛盾越多的怪圈，越级上访日益突出。基层环境的急剧变化迫切需要创新社会管理，强化社会矛盾源头治理和动态管理。2006 年 12 月，习近平同志在《浙江日报》"之江新语"专栏发表《打牢基层维护社会稳定的第一线平台》一文，深刻指出："基层既是产生利益冲突和社会矛盾的'源头'，也是协调利益关系和疏导社会矛盾的'茬口'……要建立健全基层舆情汇集分析机制，完善矛盾纠纷排查调处制度，综合运用法律、政策、经济、行政等手段和教育、协商、疏导等办法，逐步筑起基层这个维护社会稳定的第一道防线。"[①]嘉兴市在"八八战略"的指引下，不断深化基层平安建设，以平台建设为依托夯实基层基础，从提升基层公共服务的通达性促进民生改善，从社会矛盾的收集、预警、研判、处置等多环节协同发力，推动社会矛盾预防在基层、化解在基层。

一、建立和完善以"96345"为主要载体的社区服务平台

嘉兴市大力实施以基层服务助力基层平安活动，分别成立了"96345"社区服务求助中心、"12316"为农服务中心、"12348"法律服务中心等公共服务平台，充分调动区域内各种社会力量、各类社会组织参与社会服务管理。其中，作为基层民生服务重要载体的"96345"社区服务求助中心，2003 年在成立之初以"96345"热线电话、专题网站等途径，整合社会力量入驻，构建了一个民众与市场供需双方互惠互利的服务平台。2004 年，嘉兴市依托"96345"求助热线成立了"96345"党员志愿者总站，并于 2010 年 12 月升格为嘉兴市党员志愿服务中心，吸纳全市 8.8 万名党员常态化参与志愿服务。中心以

---

① 习近平：《之江新语》，浙江人民出版社 2007 年版，第 239 页。

"96345"社区服务求助热线为依托，24 小时为群众提供市民生活类、咨询类、事务类、电子商务类和企业服务类五大类 120 多项服务；同时，党员志愿服务围绕助推中心工作、化解矛盾纠纷、帮扶弱势群体等，每年开展热线常态服务、上门结对服务、下乡推送服务、专业特色服务等活动。到 2020 年底，"96345"社区服务求助中心依托 460 家加盟企业、210 名有一技之长的服务者和近万名党员志愿者，建立起了一个覆盖市区、辐射乡镇的 24 小时信息平台，为居民提供全天候的五大类服务，成为政府创新基层公共服务，促进平安建设深入基层的有力抓手。

二、建立和完善以镇街"社会服务管理中心"为主体的市—县—镇—村基层社会治理平台

基层矛盾种类繁多，如若不能有效防范、及时化解，就会不断升级发酵，危及社会稳定。为不断提升基层矛盾纾解能力，2003 年开始，嘉兴市充分学习发扬"枫桥经验"，以镇一级空间站点塑造为载体，在嘉善县姚庄镇试点建立乡镇"综治司法信访联动服务中心"，整合乡镇社会管理相关部门职能，实行乡镇综治办、司法所、信访办合署办公，建立统一服务窗口，力求打造"一站式"社会矛盾调处中心。2005 年，嘉兴市将"综治司法信访联动服务中心"更名为"综治工作中心"，新增协调组织、治安防范、流动人口管理等职能。2006 年，嘉兴市在乡镇综治工作中心建设的基础上，实施"综治三进"工作，推动综治网络向村、社区和企业延伸，到 2007 年，全市所有镇村建立了综治工作中心、综治工作站，形成了纵向到底的平安网络。2008 年，镇综治工作中心突出规范化，实行一个窗口对外服务，并以"综治进民企"为突破口，大力推进村、社区、规模企业综治工作室（站）的规范化建设。2012 年，嘉兴市把镇（街道）综治工作中心更名为乡镇（街道）"社会服务管理中心"，把各类便民服务中心、党建服务指导中心、法律服务中心、就业保

障服务中心、社会矛盾纠纷联调中心等统一纳入社会服务管理中心，成为镇（街道）区域平安建设的权威机构及综合平台。2017年初，围绕基层治理体系和治理能力现代化，嘉兴市重点在镇一级探索实施"综治工作、综合执法、市场监管、便民服务""四个平台"建设，力求在最贴近老百姓的层面实现政府职能最大力度整合，公共资源最大力度下沉，社会矛盾最大限度预防和化解，群众办事最大限度便利化。2018年始，嘉兴市瞄准"市域治理先行市"目标，通过构建在市一级做优"统筹协调、舆情导控、法治保障、数据集成、难题破解、督查考核"的"六大优势"，在县一级做实"矛盾化解、平战结合、日常监管、应急联动、治安防控、群防群治"的"六大体系"，在镇一级做强"基层治理四个平台"，构建共建、共治、共享的社会治理格局。2019年以来，在省委、省政府的决策部署下，嘉兴市重点推进社会治理领域"最多跑一地"改革，依托县级社会治理综合指挥服务中心建设，构建"矛盾纠纷调处—司法确认—诉讼引调—代理诉讼"的全链条、闭环式矛盾调解体系，在全省率先实现有专门机构编制的县级中心全覆盖。

三、建立和完善以市、县社会治理数字化指挥中心为主的平安智治平台

随着互联网技术的广泛推进，进入21世纪的头10年以来，网络与数字技术在平安建设中的分量越来越重。一方面，以防范和化解网络舆情、网络群体性事件、网络犯罪为主的网络安全建设成为平安建设的重要领域；另一方面，数字技术、网络技术和信息技术越来越成为平安建设的重要依靠和手段。近年来，嘉兴市不断加强智慧化平台与系统建设，推动互联网技术与基层社会治理深度融合。

（一）以视频监控系统建设为基础，不断夯实平安智治的物理平台

2007年，嘉兴市以加强"智慧警务"建设为契机，加大城市社会治

安动态视频监控系统建设，并以全省第一的成绩被评为全国第二批"科技强警示范城市"。2014年，嘉兴市试点"智安小区"建设，把智慧安防技术运用于社区，发挥视频监控的安全防范功能。2016年，充分运用大数据和物联网技术，在居民小区通过人脸、车牌识别以及射频识别（RFID）车辆信息感应、MAC信息采集等智慧安防设备的应用，提升小区治安防范能力；同时，在娱乐场所管理、医疗机构服务、校园安全服务等七大行业，开展物联网技术示范应用，建成了一大批智能实战平台。2017年，按照"全覆盖"要求，在农村、集镇等盲点地区推动视频监控补缺扫盲；同时，下大力气推进数据整合，将铁路、公路、宗教场所等视频监控统一纳入政府公共视频建设范围，推进水利、环保等重点行业领域视频建设与联网工作，使全市通过视频破案率达到40％。2019年，政府将"智安小区"建设纳入全市民生实事工程，建成率超过98％，近一半智安小区实现"零警情"。2020年以来，政府进一步推进多维感知网络建设，人像比对技术愈益成为社会治安防控的重要手段。

（二）以系统集成为主旨，创建市—县—镇三级社会治理智能指挥平台

2015年，嘉兴按照市县、镇两级有专门场地、有大显示屏、有专职人员、有运行机制的"四有"标准，推进两级社会治理综合指挥平台规范化建设，在此基础上，2016年进一步推进市、县、镇三级社会治理综合指挥平台标准化、信息化建设，三级平台在2018年全部接入省级相关系统。2019年，嘉兴在全省首家建成市级社会治理综合指挥服务中心，全力打造"一朵云·五平台·百系统"的"社会治理云"，联网集成全市60余个部门、100多亿条数据，并在全省首创多因素智能化分析模型，加大AI智能应用力度，实现市域社会治理"大兵团作战"。同时，按照"最多跑一次"的理念，将县级社会治理综合服务中心、在线矛盾纠纷多元化解平台融合，打造集矛盾调解、信访调处、法律援助、劳

动仲裁、诉讼服务"五位一体"的县级社会矛盾纠纷调处化解中心（"信访超市"）。最终构建了一个以市社会治理综合指挥服务中心为总枢纽，市、县、镇、村、网格五级联动的社会治理综合指挥体系。实现了与"基层治理四平台"、全科网格、"微嘉园"、微网格等业务机制的对接；强化了"一揽子调处"，推行"调解优先、诉讼断后"，推动了矛盾纠纷不上交、不升级；建立了可查、可溯、可共享的数据库，有效提升指令措施的准确性，强化了重大事件指挥调度；充分运用 AI、大数据等新技术，及时研判分析辖区社会稳定形势，强化了社会风险预警预测。

（三）以"两网"融合为载体，推动构建"互联网＋"的基层社会智治网

2012 年，嘉兴市积极开发"综治 E 通""平安通"等移动终端应用于基层社会网格，为网格信息员即拍即传各类基层信息到省级平台提供了便利，并通过在网上受理事件、分析梳理、分流处理、调度指挥、督办反馈，形成快速反馈、协同的双向工作系统。2016 年，政府推进网格化管理和信息系统"两网"融合，建立网上网下联动的工作体系。运行平安建设信息系统，加强对各类信息的实时采集，及时录入。同时，建立完善各类信息的网上处理流程，推广信息采集"以奖代补"，做到一次采集录入，多方共享共用，及时办理反馈。2017 年，在深化"两网融合"的基础上，加大"平安建设"微信群、"平安通"手机终端和"平安浙江"App 推广应用力度，使基层事件办结率达到 99.2％。

四、建立和完善以公安 110 指挥中心为主的社会应急联动平台

建立健全社会应急联动体系，对于提高党委、政府应对突发事件、处置公共危机和应急综合服务的能力水平具有十分重要的意义。2012 年以来，嘉兴市依托公安 110 指挥中心，全面建立社会应急联动平台。2014 年，在全面建成三级联动（建立市、县、镇三级社会应急联

动机制)、三大平台(建设完成社会应急联动工作平台、可视化指挥平台和内外网信息交换平台)、三级响应(按照应急任务的紧急程度将社会应急联动单位划分为一级、二级和三级联动单位)"三个三"联动体系基础上,通过健全指挥体系、加强联动队伍建设、完善管理机制,取得了联动警情大幅增加、响应速度明显加快、群众满意稳步提升的成效。到 2016 年,嘉兴基本建成"纵向到底、横向到边"的社会应急工作网络,同时,为优化非紧急服务类警情,政府通过购买服务建立 114 社会化移车服务,使 110 呼入量下降 28.5%,联动警情下降 49%;整合 30 条政务热线进入 12345,实现了与 110 的有益互补。近年来,以 110 为主的社会应急平台成功处理了一大批社会突发性公共安全事件,成功预防和处置众多群体性事件,有效维护了公共安全。

五、创新和完善从"物理网格"到"智慧网格"的基层社会治理单元

"网格化管理、组团式服务"作为 21 世纪以来浙江基层社会治理的重大创新,通过政府在基层建立网格,在网格中整合基层党建、公共服务、社会事务管理、社会治安综合治理等多方面功能,使各类行政资源、社会资源、市场资源下沉一线,同时又与党委、政府各个部门工作上下呼应、有机衔接,充分发挥网格在信息收集上报、宣传教育、矛盾化解、安全防范、民主监督、公共服务、志愿服务等方面的功能,最大限度地促进社会和谐。2008 年,嘉兴开始在城乡社区探索建立"网格化管理、组团式服务"基层社会治理模式,通过建立全科网格员队伍,采用专兼职相结合的办法,对老百姓开展全方位、点对点、面对面服务管理。此后,政府不断推进网格构建工作,2012 年基本建立起条块结合、横向到边、纵向到底的基层社会管理服务网络体系。同时,不断完善网格管理服务事项,2015 年,政府推进"全科网格"建设,以党建为引领,将行政执法、安全生产监管、食品药品安全、消防安全等社会管

理服务事项纳入网格。在网格员专职化的基础上，不断配强网格力量，推动"两代表一委员"、政法干警和职能部门全面融入网格，大力推广"三官一师"(法官、检察官、警官、律师)担任村"平安书记"，有效提升了基层网格管理的专业化水平。不断创新网格管理方式，推动社会管理综合信息系统与"网格化管理、组团式服务"工作网的"两网"融合，实现"网上网下"治理的互动，有效提升了基层社会治理的实效性。2019年，嘉兴市委、市政府创新实施"网格连心、组团服务"，全面打造网格服务管理工作3.0版本：一是进一步优化网格设置，把全市划分成4365个网格，并以单元、楼道、小组为单位，建立超过10万个微网格。二是在现有物理网格的基础上，政府相关部门开发运行服务群众、收集民意、化解矛盾于一体的移动服务平台"微嘉园"，构建34个服务模块，组织27个政府部门(单位)入驻，实现政府公共服务与居民需求精准对接，线下网格与线上网格的互动融合。三是进一步促进组织资源下沉，大力开展"网格连心、组团服务"，全市所有党员在居住社区报到，并在以社区网格为基础的"微嘉园"线上实名报到，认领服务岗位，开展党员志愿服务；同时，社区积极组织辖区居民开展线上网格("微嘉园")注册报到，把网格事务搬到线上，努力实现人人都是网格员。

六、创新和完善从"三社联动""三治融合"到"三三治理"的城乡社区自治体系

(一)创新实施"三社联动"的社区工作机制

社区是基层治理的基础和细胞。社区、社会组织、社工人才队伍是社区治理的基本元素和有效载体，这三者之间具有一定的关联性和互补性。2014年，嘉兴市在城市社区探索和建立"社区""社团""社工""三社联动"的工作机制，在全省率先建立市委社会工作委员会，统筹协调社区建设、社会组织建设和社会工作。通过开展村(社区)"机

关化"整治行动,社区社会组织培育与监管,探索政府向社区社会组织购买服务,实施"社会工作人才培育工程"等工作,建立健全以城乡社区为平台、以社会组织为载体、以社会工作为支撑,相互支持、渗透融合的基层社区治理体系。

(二)首创"三治"乡村自治模式

2013年5月,桐乡市高桥镇开创"自治、法治、德治"相结合的基层社会治理实践,以"德治"强化道德约束,以"法治"依法说理、定分止争,以"自治"自我议事、内消矛盾,推动解决基层治理中的治水、治违、治堵等矛盾问题。2013年底,乡村治理的"三治"经验在嘉兴全市推广,2014年在全省推广,2017年被写入党的十九大报告。2019年以来,嘉兴市在农村社区开展"三治"工作的基础上,进一步拓展"三治"应用领域,推动这一做法从"乡村"向"城市"全覆盖,向金融行业、集贸市场、企业管理等领域延伸。2020年,在全省统一部署下,嘉兴市进一步把数字化技术融入基层社会治理,推动"三治融合"跃升为党建统领的"自治、法治、德治、智治""四治融合",进一步提升基层社会治理效能。

(三)创新实施"三三治理"

在依托"三社联动""三治融合"促进城乡社区自治的基础上,2020年,嘉兴市创新开展"三源""三治""三微""三三治理",即警源、诉源、访源"三源"联动共治,"自治、法治、德治"相互融合,以"微嘉园""微网格"实现"微治理",努力实现纠纷矛盾的源头化解、基层化解。

第四节　提高驾驭处置社会纠纷的能力

21世纪以来,各类上访及群体性事件是平安浙江建设面临的主要矛盾,如:随着城市化比例的不断提升,农民不断向城镇转移,由此带来的农村居民社会保障问题、城市公共服务吃紧问题不断凸显；与此同时，企业改制中的下岗工人问题，经济快速发展带来的收入差距问题，农民增收难的问题，社会利益诉求多元化等同步显现。这些问题，有的是人民群众日益增长的各种物质文化需要与落后的社会生产之间的矛盾，有的是体制机制转轨带来的利益"损害性"矛盾，有的则是社会发展过程中出现的新情况新问题。各类社会矛盾和问题一旦处理不好，就很可能演变为政府矛盾甚至政权矛盾。能否在基层妥善处理各类社会矛盾，协调社会利益关系，维护社会公平正义，是衡量党在基层执政有效性的重要标尺。2004 年，党的十六届四中全会明确提出，要加强党的执政能力建设，不断提高构建社会主义和谐社会的能力。"提高驾驭处置社会纠纷的能力"是维护社会稳定，建设平安浙江的关键点和切入点。对基层政府来讲，大量社会矛盾涌现在基层，大量社会管理责任在基层，但与此相匹配的社会管理权限和资源却往往不在基层，因此迫切需要提高社会矛盾的驾驭和处置能力来维护社会稳定。

一、构建"纵横一体"的工作体系，增强平安建设整体驾驭能力

平安工作的"公共性"、平安环境的"公益性"、平安问题的"公损性"决定了平安城市创建不是某一个人或者一群人的事，而应当是全社会成员共同的事。习近平总书记在浙江工作期间始终强调"大平安"工作理念，提出"平安浙江"是一个综合的、系统的工程，要在经济、政治、文化、社会建设之间的有机统一和内在联系中推进这一工作。[①]嘉兴市始终突出系统思维，以"党政社企"、上下联动、齐抓共管的工作体系激活各类建设主体责任。

---

① 习近平：《干在实处　走在前列——推进浙江新发展的思考与实践》，中共中央党校出版社 2006 年版，第 238－239 页。

（一）构建党政社企系统创建工作机制

2003 年，嘉兴市在平安建设之初就按照"平安创建不仅仅是政法综治部门之事，而是各部门（单位）分内之事"的理念，构建了党政部门齐抓共管的工作机制；2004 年以"综治进民企"工作为契机，推动民营企业参与平安建设；2008 年，在桐乡召开系统平安创建"桐乡现场会"，在全市范围内开始全面系统地促进平安建设扩面提质；2010 年，嘉兴市进一步推进平安校园、平安医院、平安社区等领域的平安创建；2017 年，全市市、县、镇、村四级全面落实"全员参与、全员负责、全员考核"的全员维稳工作责任制，形成了"主要领导亲自抓、分管领导主动抓、干部群众积极参与"的工作局面。截至 2019 年，嘉兴在全市 25 个部门、行业领域中开展了 44 项平安创建项目。

（二）培育社会参与能力

加大组织扶持。2008 年，嘉兴在全国地市中率先成立市委社会工作委员会，统筹推进社区、社团、社工参与社会治理工作；2009 年，成立全省首家民办社工机构，推动社工社会组织参与社会治理；2013 年，嘉兴在全省率先出台扶持社会组织意见，通过政策扶持和引导，使其成为政府职能转移承接、社会矛盾调解的重要载体；2014 年，政府把群防群治工作作为平安嘉兴建设内容列入年度平安综治工作考评，有效提高了人民群众对平安建设的知晓率、参与率。

政府不断加大对社会志愿服务力量的培育工作。2009 年，嘉兴成为全国唯一社会工作人才队伍建设综合试点市，有效推动专门社工人才队伍建设；2015 年，按不少于常住人口 3% 的比例大力发展平安志愿者，发动志愿服务人员参与护航世博、护航 G20 杭州峰会、护航乌镇峰会、护航十九大等重大活动。此外，依托基层网格，加大党政机关、社会力量、市场资源在网格的整合力度，2019 年以来，通过"微嘉园"线上网格，进一步构建政府、社区、居民等多方参与的微治理单元，搭建起了人人担负平安建设责任的有效场域。

二、建立和完善源头治理机制，提高社会矛盾纠纷预警研判能力

习近平同志在浙江工作期间，强调预防和减少群体性事件，要"认真研究人民内部矛盾出现的新情况、新特点，在源头治理、标本兼治、建章立制上下功夫"。①嘉兴市在平安建设过程中，总体形成了"源头治理"的五大工作机制。

（一）坚持"两张报表一起抓"的工作推进机制

2004年，推动平安嘉兴建设以来，嘉兴市始终坚持久久为功绘蓝图。全市上下始终坚持一手拿经济报表，一手拿平安报表，市级层面党委、政府每一年召开专题工作会议，定期分析社会稳定形势，历任市委书记到场做重要讲话，一任接着一任干。同时，建立和完善系统性平安工作创建机制，构建市、县、镇三级季度维稳形势分析制度，每季度召开由市委、市政府分管领导参加的全市平安建设形势分析暨过程性指标推进会，每月召开县（市、区）平安办主任例会，完善每月会商、半年"双推"、专班领衔攻坚、重大事项专项约谈、过程性指标排名通报、平安"三率"提升、"啄木鸟"暗访巡查、全模拟测评、"平安指数"分析研判、明察暗访等各种工作机制，落实做细"平安报表"责任。

（二）建立和完善社会矛盾排查预警机制

2007年，嘉兴市政府积极探索建立阶段性形势预测、重大项目稳定风险评估和突出隐患动态预测制度。以企业改制、破产遗留问题、征地拆迁安置条件兑现情况为重点，深入基层排查社会不安定因素。2012年，政府通过"两排查一促进"专项活动，进一步完善点线面结合、人防物防技防结合、专群结合、网上网下结合的社会治安防控网

---

① 习近平：《干在实处　走在前列——推进浙江新发展的思考与实践》，中共中央党校出版社2006年版，第280页。

络。2017年,嘉兴市在原有平安创建工作机制基础上,对发现或发生涉及平安考评条款中重特大事项内容的苗头性、倾向性问题隐患有关责任领导进行专项约谈。制定《嘉兴市平安建设和维稳安保工作暗访检查办法》,重点对实名制、涉恐敏感物资管控、安全生产、消防安全和平安建设基层基础建设情况等,开展每月一次全市常态化抽查暗访。2019年,制定《市级平安建设重点地区和突出问题挂牌整治办法》,组织开展平安建设"百日攻坚"专项整治行动;同时,坚持突出重点、综合施策,运用专案经营、领导包案、挂牌督办等措施,集中开展影响社会稳定的矛盾问题摸排调研化解工作。

（三）建立和完善社会稳定风险评估工作机制

2009年开始,嘉兴在全市部署推行社会稳定风险评估工作,明确要求将稳评工作纳入行政审批前置事项。2012年,市委、市政府出台《全面推行重大事项社会稳定风险评估工作的意见》《关于认真组织开展重大事项社会稳定风险评估工作的通知》《嘉兴市重大决策社会稳定风险评估实施细则》《嘉兴市重大决策社会稳定风险评估责任追究办法（试行）》,明确稳评项目清单和相关责任。2013年,市委、市政府建立重大决策社会稳定风险评估工作领导小组,以"谁来评、谁负责"的原则明确责任主体,以"谁主管、谁负责"的原则明确评估主体,创设"八张表""六步工作法"推进稳定评估。2014年,出台《嘉兴市加强对第三方社会稳定风险评估机构管理实施细则（试行）》,探索实施第三方评估,进一步完善社会稳定风险评估机制。2009年以来,实施稳评的项目均没有引发突出不稳定事件。2013年,嘉兴的稳评工作经验作为先进经验在全国交流。

（四）建立和完善社会矛盾纠纷分析研判机制

2008年,嘉兴市建立市、县、镇三级季度维稳形势分析制度,各级党委每半年听取维稳形势报告,对于出现的涉及全局性的重大维稳事项实行三级联动、联防与联处。2012年,在社会稳定风险评估的基础上,开展每月预警预测。各考评成员单位每月对照各自所承担的考核任务对各县(市、区)进行模拟打分。2014年,市委相关部门通过健全模拟测评机制、"平安指数"分析研判机制、明察暗访机制,每月对各地平安建设情况进行模拟评审,确保平安建设中的薄弱环节得到及时有效整改和推动。2019年,建立平安形势分析研判机制,每季度召开由市委、市政府分管领导参加的全市平安建设形势分析暨过程性指标推进会,每月召开县(市、区)平安办主任例会。此外,随着大数据、互联网、AI技术的不断推进,智慧警务、智安社区、智慧网格在基层社会治理中的预警功能逐渐凸显。特别是随着2019年嘉兴市社会治理综合服务指挥中心的建立,"大数据"预警研判已经成为平安建设的重要依靠。

(五)构建抓"关键少数"的责任落实机制

嘉兴市平安建设牢牢抓住领导干部这个"关键少数",始终把抓好平安建设作为"一把手"工程,建立起了以平安综治领导责任制、信访工作领导责任制和安全生产领导责任制为主要内容的平安建设责任体系。同时,为了适应平安建设面临的新形势新任务,2012年,嘉兴在全省率先建立了平安约谈制度,每月对各地平安建设情况模拟评分,对存在平安建设苗头性问题的地区和部门主要负责人进行平安约谈;2016年,在G20杭州峰会期间创建了重大国际峰会安保综治责任追究制度和反恐工作问责调研调查制度;2018年制定《嘉兴市平安建设和社会治安综合治理领导责任制实施细则》;2019年,建立健全月份会商、半年"双推"、专班领衔攻坚、重大事项专项约谈、过程性指标排名通报等机制以及奖惩激励工作制度,不断夯实平安建设的"一把手"责任。

三、创设多种方式,提升社会矛盾纠纷多元化解能力

化解社会矛盾纠纷的难点在基层,重点也在基层。面对基层复杂

的矛盾纠纷,嘉兴市根据社会发展阶段性特征,不断探索社会矛盾多元化解决办法。

(一)积极构建"大调解"工作格局

为加强社会矛盾调解的合力,2007 年以来,嘉兴市探索建立社会矛盾多元调解机制,构筑人民调解、司法调解、专业调解、行政调解于一体的"大调解"工作格局。2012—2015 年,以构建"大调解"工作体系为目标,建立市、县(市、区)、镇(街道)和村(社区)四级矛盾纠纷调解平台。2016 年,为进一步增强社会矛盾调解的专业性和社会性,政府深入推进行业性、区域性人民调解组织建设,壮大"老娘舅""和阿姨""大阿姐"等民间和谐员队伍,在医患纠纷、交通事故纠纷、劳资纠纷、新居民调解等领域建立了 113 个专业调委会,有效提升了基层社会矛盾调解能力。

(二)探索多元衔接的调解机制

2015 年开始,通过出台《嘉兴市人民调解、行政调解、司法调解衔接配合实施办法》和《嘉兴市社会矛盾化解层级管理办法》,完善诉调、检调、警调衔接,实现了人民调解、行政调解、司法调解"三调联动"。2016 年,制定《嘉兴市矛盾纠纷多元化解实施方案》《律师参与化解和代理涉法涉诉信访案件实施办法》,创新开展律师参与化解和代理涉法涉诉信访案件工作。到 2020 年,嘉兴市基本建立了以"党委领导、政府主导、综治协调、中心运作、部门联动、多元共治、标本兼治"为主要特色的大预防、大排查、大调解体系。

(三)创新实施"互联网＋调解"模式

面对新的情况和问题,2018 年,嘉兴市开发"在线矛盾纠纷多元化解平台",综合人民调解、综治调解、法院特邀调解等多元化调解主体元素,依托互联网、人工智能和大数据,实现社会矛盾调解网络化。同时,积极推进"互联网＋群众诉求"服务体系建设,统一政务咨询投诉举报平台,率先在全省实现"12345"一号通,并与 110、"96345"互动运行。深化政法领域"最多跑一次"改革,公安系统 219 个事项全部实现"一次办""一证通办"。大力推广网上立案、跨域立案、延伸立案,创新推出"可视化远程取证",实现远程讯问、询问、辨认,升级完善"智捷"执法平台,实现警情、笔录、音视频等 33 项数据共享应用,打造移动执法 App。

四、充分运用法治思维和方式,提升社会矛盾依法治理能力

依法治理是社会稳定的前提。习近平同志强调:"要善于运用法律手段来调整社会关系、平衡社会利益、解决社会矛盾、促进社会和谐。"①嘉兴市在推动地方立法、建设法治政府的同时,坚持以法治思维和法治方式,优化调节经济社会关系,统筹协调各种利益冲突,稳妥处理各类矛盾纠纷。

(一)建立和完善公共法律服务体系,推动法治政府建设

2013—2017 年,嘉兴率先在全省制定《关于推进城乡基本公共法律服务体系建设的指导意见》,着力开始构建市(县)、镇、村的公共法律服务实体平台,"12348"公共法律服务专线、专网、专业服务平台。2018 年,坚持"全市中心工作推进到哪里,平安创建就跟进到哪里",深化法律服务企业"百千万"工程,打造营商环境最优市;2019 年,以依法保护产权为重点优化环境。成立民营企业法律风险防范服务站,妥善处理涉企司法案件,依法加大知识产权保护力度,组建企业律师助创团,"点对点"为 260 多家市级领军人才企业提供专业化法律服务。

(二)以"两约小宪法""法治社区"建设推动基层法治社会建设

"村规民约、社区公约"是基层群众依法自我管理、自我服务、自我

---

① 习近平:《干在实处　走在前列——推进浙江新发展的思考与实践》,中共中央党校出版社 2006 年版,第 250 页。

教育、自我监督的重要行为规范,在约束社会行为、预防和化解矛盾纠纷、解决实际问题中有着积极作用。2015 年,嘉兴完成了全市范围内的村规民约和社区公约"两约"制定、修订工作,推动基层自治。各社区结合自身实际将"五水共治""三改一拆"等政府中心工作内容纳入"两约",从源头上规范社会成员行为。在村(社区)创建"无讼"品牌,出台《关于开展"无讼村(社区)"创建工作的指导意见》,推动社会矛盾诉前治理。到 2019 年,全市诉前矛盾纠纷调处化解率 35.88%,居全省第二。同时,嘉兴市积极推动法治进社区建设,通过在美丽乡村建设中嵌入法治宣传元素、建设法治主题公园,加大法治理念和法律法规的宣传;建立一村一法律顾问制度,通过在全市范围内实施村(社区)配备法律副书记制度,参与村(社区)重大决策,为基层开展法律咨询、服务、参与社会矛盾调解;建立和推广村级"法律服务团",细化法律服务团和法律顾问的工作规则和服务清单,让"法治"进一步融入基层社会治理。

(三)加大用"法"防范和化解社会矛盾的力度

嘉兴市在平安建设中不断强化法治的社会治理功能。2015 年,针对城市发展中心工作,建立"三改一拆""五水共治""城市有机更新""环境综合治理"的法治专项服务团队,发放宣传资料,处理相关矛盾纠纷;2016 年,针对互联网峰会安保,更多运用《中华人民共和国反恐怖主义法》,加大敏感人群、敏感物资明察暗访力度;2019 年,加强行政复议和应诉工作,积极推进行政复议规范化建设。

五、创新体制机制,提升对重点人群、重要领域社会矛盾的源头治理能力

(一)创设新居民管理服务体系

20 世纪 90 年代以来,随着民营经济的快速发展,浙江成为劳动力输入的重要省份。习近平同志在不同场合强调要重视农民工的管理

与服务工作,他指出:"农民工既是经济建设的重要力量,也是构建和谐社会的重要力量。"①嘉兴市外来人口数从 2004 年的 120 万人增加到 2021 年的 323 万人,净流入超过 200 万人,而同时期嘉兴本地户籍居民仅增长了 32 万人。流动人口与本地人口比例接近 1∶1。庞大的外来人口群体本身构成了一个崭新的社会管理问题,同时也给城市公共服务和社会治安带来了极大挑战。嘉兴市一直以来高度重视外来人口管理与服务工作,2003 年开始就在一些有条件的厂区、工业园区建立民工公寓,配备简单的公共娱乐和医疗设施。2007 年,嘉兴市成立全国首个新居民服务管理机构——新居民事务局,市、县(市、区)、镇(街道)三级成立相应的新居民服务管理组织体系,并取消暂住证制度,实行新居民居住证制度,落实其政治待遇、劳动就业、社会保障、户口迁移、计划生育、子女教育等方面的政策待遇。2008 年,政府进一步探索推动新居民积分制管理制度,不断扩大向居住证持有人提供公共服务的范围和程度,使新居民就业、子女入读公办学校、住房保障、医疗保障等差别化公共服务的享受与新居民积分制管理工作相衔接。同时,为增强对新居民管理的有效性,各级政府又相继引导成立新居民和谐促进会(2012 年),促进新居民社区融入(2014 年),加强对出租房屋的"旅馆式"管理,在新居民高度集聚区成立新居民党支部(2017年)等,使新居民成为平安嘉兴建设的重要力量。2019 年,为进一步理顺体制机制,嘉兴市建立流动人口服务中心,接续开展对新居民的管理和服务工作。

(二)创新开展"综治进民企"工作

针对"民营经济比较发达,也是社会矛盾比较集中的地方"这一情况,2004 年 9 月,嘉兴市创新开展"综治进民企"工作,在平湖市试点在不同类型的企业建立综治室,开展治安、调解、安全生产监督、经常性思

<hr>

① 习近平:《干在实处　走在前列——推进浙江新发展的思考与实践》,中共中央党校出版社 2006 年版,第 250 页。

想教育、劳动保障等工作；2015 年 7 月这一做法在全市推广，对全市规模民营企业(500 万元以上产值或 200 名以上员工的企业)普遍建立综治工作网络，开展对职工的法制宣传教育、增强企业内部防范能力、优化企业及周边治安环境、完善企业内部矛盾处理机制、保障职工的合法权益等工作。企业综治组织既向本企业领导负责，又受所在镇、街道综治委管理。"综治进民企"是嘉兴平安建设过程中的制度创新，是"枫桥经验"在企业的深化，对于预防和化解各种不安定因素，把隐患消灭在萌芽状态有着重大的现实意义。当前，"综治进民企"的覆盖面达到100％，为新时期加强民企综治工作提供了新思路，开辟了新领域。

(三)创新建立企业职工工资集体协商机制

针对企业特别是民营企业劳资矛盾不断增多的情形，2010 年，嘉兴市以建立和谐劳动关系为主线，创新实施企业职工工资集体协商机制。到 2011 年，全市 50 人以上的所有单建工会企业均开展了工资集体协商。2014 年，政府进一步强化劳动关系和谐指数对各地的考核评价，推进企业工资集体协商和集体合同工作。2017 年，政府积极推进企业工资支付月报制度，开展"春查劳动合同签订、夏查劳动安全保障、秋查社会保险缴纳、冬查工资报酬支付"的"四季查"活动，强化劳动关系预警。

六、在主题教育中深化平安建设

习近平总书记在浙江工作期间，特别注重党的自身建设对平安建设的引领促进作用。历年来，嘉兴市按照习近平同志的要求，在认真落实各类主题教育要求的同时，逐渐形成了"党建＋社会治理"平安建设模式：2004—2012 年，在推动和落实党的先进性教育和深入学习实践科学发展观中，不断加强和改善民生，提升全市社会事业建设水平，不断夯实基层社会治理基础，积极推行"网格化管理、组团式服务"。2012 年，党的十八大以来，嘉兴在党的群众路线教育实践活动中，深入开展"大走访、大宣讲、大解放"基层服务活动,着实解决了人民群众所反映的各类突出问题、隐患问题。2019－2020年,在"不忘初心、牢记使命"主题教育中,嘉兴市深入实施"网格连心、组团服务",聚焦扫黑除恶专项斗争,相关工作得到了党中央的高度肯定。2021年,在党史教育中,嘉兴市深入开展"我为群众办实事"活动,动员所有机关事业单位党员干部入村(社区)开展"守根脉、保平安、办实事"网格大走访,组织全市100名年轻干部开展为期3个月的驻村大走访,切实收集、解决老百姓各类民生诉求,排查各类矛盾纠纷,夯实平安之基。

第五节　平安嘉兴与和谐社会建设的实践与创新

在习近平同志的直接指示和亲切关怀下,嘉兴市历届党委和政府一任接着一任干,以不断加强和改善民生为根本,以不同时期经济社会发展的热点难点问题为导向,不断推进基层社会治理创新,平安建设始终走在全省乃至全国前列。2004年至2021年,嘉兴三度荣获"全国综治优秀市"称号,连续17年获得"平安市",在全省率先夺得"平安金鼎""一星平安金鼎""长安杯"。

一、"以人民群众利益为本"是平安建设的核心要义

习近平总书记强调:"平安是老百姓解决温饱后的第一需求,是极重要的民生。"[①]反之,民生问题的解决又能从根本上营造和谐安定的社会环境,促进平安实现。从改革开放到21世纪初,我国社会主要矛盾集中表现为人民日益增长的物质文化需要同落后的社会生产之间的矛盾,社会秩序面临的主要问题是社会的低物质供给与人民不断增

---

① 中共中央文献研究室:《习近平关于社会主义社会建设论述摘编》,中央文献出版社2017年版,第148页。

长的物质生活需求之间的矛盾。因此，"抢劫""盗窃"等社会治安问题一度成为平安城市建设的主要问题。从这一意义上来说，坚持用"发展"特别是"经济发展"的办法满足人民日益增长的物质文化需求是平安建设的治本之策。但进入21世纪以后，随着发展层次的不断提升，人民群众除了物质生活需求大大提升以外，对教育、养老、医疗等政府公共服务类需求也不断上升；同时，各类由社会转型、体制转轨所带来的利益失衡、利益受损性社会矛盾不断增多。因此，社会秩序的实现不仅需要大力发展经济，还需要同时发展政治、文化、社会、生态事业，在加强与改善民生中实现人与人、人与自然、人与社会的动态平衡，维护社会公平正义。

嘉兴市在平安建设实践中坚持末端处理与源头治理相结合，以区域经济快速发展为根本依靠，不断满足人民日益增长的物质文化需要，实现以"富民"促"安民"；以保障和改善民生为着力点，在统筹城乡一体化发展中促进城乡居民在就业、养老、医疗、教育、公共文化等领域的均衡发展，以"共享"促"共治"；把平安嘉兴建设纳入经济社会发展全局中把握和谋划，以维护政治安全、经济安全、生产安全、文化安全、食品药品安全、生态安全等各个领域的"大平安"，实现社会秩序总体安定和谐。

二、维护政治安全是平安建设的首要任务

"平安浙江"建设伊始，习近平同志就明确指出，"建设'平安浙江'是一个综合的、系统的工程"。"平安浙江"至少包含"六个安全"，排在首位的就是政治安全。他要求广大干部群众"强化政治意识、大局意识，法制意识，增强政治敏锐性和鉴别力，始终与党中央保持高度一致"。① 习近平同志的这些论述，立意高远、思想深邃，清晰地勾勒了平

① 习近平：《干在实处　走在前列——推进浙江新发展的思考与实践》，中共中央党校出版社2006年版，第239页。

安建设的重大政治原则,极大地深化了全省各级干部对平安建设的认识。

嘉兴市严格按照习近平同志的要求,要求各级干部牢固强化政治意识与政治担当,牢固树立"嘉兴无小事,事事连政治"的工作理念,把坚持和维护中国共产党的领导、人民民主专政、社会主义政治制度,维护马克思主义意识形态的主导地位作为平安建设的底线和红线,对任何危害我国国家主权、政权、政治制度、政治秩序以及意识形态安全,任何企图威胁、侵犯、颠覆、破坏党的领导与执政地位的敌对活动进行坚决斗争,对任何损害人民利益的社会违法犯罪活动进行坚决打击。

三、夯实基层基础是平安建设的工作根基

21世纪初,社会转型发展导致大量"单位人"变成了"社会人",以"单位"为主的传统体制性渠道难以实现对人的整合性约束,"基层"对于维护社会和谐稳定的第一线作用不断凸显。应该从基层党组织建设、基层干部队伍建设、基层民主建设、基层舆情机制建设、基层矛盾纠纷排查调处制度建设等多方面综合推进,把不稳定因素化解在基层,解决在萌芽。嘉兴市平安建设20年来之所以能够取得辉煌成就,重要经验也在于扎实的基层基础建设:一方面,以社区为重点,在社区自治的基础上,依托社区公共服务,"三社联动""三治融合""三三治理"建立社区治理网格,不断促进基层自治体系化、制度化,实现居民自我管理、自我教育、自我服务常态化;另一方面,以市、县、镇社会治理平台建设为依托,融合公安、民政、社会保障、信访、司法、环保、水利等部门功能,实现政府社会管理触角延伸、服务功能下沉、资源下沉,有力促进社会和谐。这些实践与创新,一次次证明了基层基础建设对平安建设的重大意义。

四、提升现代治理能力是平安建设的关键举措

在我国,维护社会稳定是国家和人民的根本利益所在。在浙江工

作时期习近平同志指出："只有社会和谐稳定，国家才能长治久安。"①
他要求全省各级干部树立""推进经济发展是政绩，维护社会和谐稳定
同样是政绩"的理念，明白"富裕与安定是人民群众的根本利益，致富
与治安是领导干部的政治责任"的道理。② 对各级政府来讲，妥善化解
和处理各类社会矛盾，维护社会稳定是地方经济社会发展最重要的任
务。遵循习近平总书记的指示要求，嘉兴市委、市政府以问题为导向，
通过体制机制、方式方法的不断创新，推动平安建设从社会矛盾调处
逐渐走向社会风险的系统性防控；从以政府为主的社会矛盾管控处置
逐渐走向社会矛盾的多元化预防化解；从行政管控逐渐实现系统治
理、综合治理、依法治理、源头治理。嘉兴市的许多地方实践与创新在
全国产生了重大影响，得到了中央和省级部门高度肯定。

---

① 习近平：《干在实处　走在前列——推进浙江新发展的思考与实践》，中共中央党校出版社
2006 年版，第 235 页。

② 习近平：《之江新语》，浙江人民出版社 2007 年版，第 52 页。

第九章　大力弘扬"红船精神"
全面加强党的建设

2005 年 6 月 21 日,习近平同志在《光明日报》发表署名文章《弘扬 "红船精神"　走在时代前列》,首次系统阐释了"红船精神",并强调要 "在新的实践中继承和弘扬'红船精神'"。[①] 嘉兴按照习近平同志在浙 江工作时关于党的建设的重要指示批示、重要讲话精神要求,结合时 代特点大力弘扬"红船精神",全面推进党的建设各个领域工作。特别 是近年来,嘉兴自觉扛起革命红船启航地的政治担当,守好红色根脉、 传承红色基因,在加快建设共同富裕典范城市和社会主义现代化先行 市的新征程中,加快把"建党圣地"打造成为新时代"党建高地"。

第一节　在新的实践中继承和弘扬"红船精神"

1921 年 8 月初,中国共产党第一次全国代表大会在浙江嘉兴南湖 的一条游船上胜利闭幕,庄严宣告了中国共产党的诞生。这条游船因 而获得了一个永载中国革命史册的名字——红船。2005 年 6 月 21 日,时任浙江省委书记习近平在《光明日报》发表署名文章《弘扬"红船 精神"　走在时代前列》,首次从理论层面系统阐释了"红船精神"的深 刻内涵和历史地位,并将"红船精神"的内涵概括为"开天辟地、敢为人

---

① 习近平:《弘扬"红船精神"　走在时代前列》,《光明日报》2005 年 6 月 21 日。

先的首创精神，坚定理想、百折不挠的奋斗精神，立党为公、忠诚为民的奉献精神"[1]。2017 年 10 月 31 日，习近平总书记在南湖革命纪念馆的讲话中再次重申了"红船精神"的内涵，并强调"我们要结合时代特点大力弘扬'红船精神'"[2]。

嘉兴作为中国革命红船起航地、"红船精神"的凝聚升华之地，自觉地以传承弘扬好"红船精神"为使命，不断地将"红船精神"内化于心、外化于行，在"红船精神"引领下，不忘初心、牢记使命，推动各方面事业走在前列。

一、创新开展"六个一"现场体验式党性教育

任何一种革命精神都是建立在一定的历史实践基础之上的，因此，传承革命精神需要依托特定的载体和形式来开展。习近平同志提出的"六个一"要求[3]，为传承弘扬"红船精神"提供了一种有效载体。

嘉兴市牢记习近平同志的殷殷嘱托，系统整合市域内特色红色资源，将嘉兴老火车站、狮子汇渡口、南湖、湖心岛、红船、南湖革命纪念馆串联成一条完整的教学路线，组织开展"不忘初心·重走一大路"现场体验式党性教育，通过深入历史现场，亲身体验当年一大代表转移到嘉兴开会的历程，穿插现场讲解，使学员边走、边学、边看、边悟，在重温建党历史中感悟"红船精神"。该教学项目以弘扬"红船精神"为主线，按照"嘉兴老火车站—狮子汇渡口—南湖—湖心岛—红船—南湖革命纪念馆"的行进方向，安排党校教师或讲解员随行做现场教学，并在相关地点设置微课堂，以视频辅助教学，层层递进，引导党员干部在现场体验中感悟中共一大代表当年经历的步步艰辛与中国共产党

---

①　习近平：《弘扬"红船精神"　走在时代前列》，《光明日报》2005 年 6 月 21 日。

②　《习近平在瞻仰中共一大会址时强调　铭记党的奋斗历程时刻不忘初心　担当党的崇高使命矢志永远奋斗》，《人民日报》2017 年 11 月 1 日。

③　"六个一"即看一次展览，听一次党课，学一次党章，观一次专题片，瞻仰一次红船，重温一次入党誓词。

创建的历史必然性。

为提升教学效果,配套开发设置了"'红船精神'的内涵与时代价值""中共一大代表的人生轨迹与党的理想信念"等理论课程,提出课前思考题,引导党员干部带着问题学,在理论学习中深化对党的创建史和"红船精神"的认识和理解。在烟雨楼东南方向约 200 米附近水域(即当年中共一大代表开会时选择停靠的水域)开辟"水上课堂",增强现场教学的庄严感、神圣感。配合"诗话红船"第二课堂新型教学模式,在教学过程中融入诗朗诵、歌舞、微视频等形式,引导党员干部置身情景中深学、细照、笃行。同时,推动"红船精神"教学进校园,组织开展践行"红船精神"综合实践活动和研学活动。向广大中小学及幼儿园发行针对各年龄层的"红船精神"教材,针对不同对象开展各有侧重的"红船精神"教学,逐渐形成了具有鲜明特色的红色德育品牌。

目前,"不忘初心·重走一大路"现场体验式党性教育项目已成为在全国有知名度、有影响力的教学品牌。参训党员干部表示:"重走一大路,领略革命先辈艰苦卓绝的革命历程,通过实地看、老师讲、体验学,进一步强化了内心的坚定:只有共产党才能救中国,只有共产党才能发展中国。""再一次回顾了建党历史,重温了峥嵘岁月,接受了思想与灵魂的洗礼,补足了精神之钙。"①

二、培育提升"红船精神"理论研究的机构和平台

理论上清醒是行动上坚定的前提。革命精神只有被深入研究和阐释,才具有被广泛认知、传播、践行的基础。因此,嘉兴始终高度重视"红船精神"的理论研究,立足嘉兴,着眼全国,推动"红船精神"的深入研究。为提升学习研究宣传"红船精神"的理论化、专业化水平,嘉兴市成立了浙江红船干部学院、"红船精神"研究院、嘉兴学院"红船精

① 《一次不忘初心的再出发　浙江红船干部学院首批学员重走中共一大路》,《浙江日报》2018年 4 月 12 日。

神"研究中心、中共嘉兴市委党校"红船精神"与科学发展研究中心、嘉兴南湖"红船精神"研究会等高水平科研平台，聚集了一批高学历、高层次人才，整合了资源力量，壮大了理论研究队伍，有力地深化了"红船精神"研究。充分利用建党百年这一契机，立足党的百年发展历程和推进新时代中国特色社会主义伟大实践，持续深化"红船精神"理论研究。近年来，出版了《"红船精神"领航中国梦》《"红船精神"：历史地位、当代价值及永恒意义》《中国共产党早期组织及其成员研究》《马克思主义在中国早期传播史料长编》《中共一大嘉兴南湖会议研究》等一大批理论成果。其中，《马克思主义在中国早期传播史料长编》获第 8 届高等学校科学研究优秀成果奖一等奖、浙江省第 19 届哲学社会科学优秀成果奖著作类二等奖；《"红船精神"：历史地位、当代价值及永恒意义》获第 8 届高等学校科学研究优秀成果奖二等奖；《中共一大嘉兴南湖会议研究》获浙江省第 20 届哲学社会科学优秀成果奖著作类一等奖。

在这些成果中，有些实现了党史研究上新的突破。比如，《中国共产党早期组织及其成员研究》课题组历时 3 年，在实地考察调研基础上，首次提出了中共早期组织有 58 名成员的新观点，不仅对 58 人的身份进行考证，还撰写了 58 人的人物传记。这一成果被 2016 年出版的《中国共产党的九十年》吸收。《中共一大嘉兴南湖会议研究》历时 5 年，着重围绕中共一大从上海转移到嘉兴南湖召开续会的原因、南湖会议日期的考证、南湖会议开会经过与成果等问题开展深入研究，取得了一些突破性的成果，尤其是提出了中共一大南湖会议于 1921 年 8 月 3 日召开的观点。中共党史学会常务副会长、原中央党史研究室副主任李忠杰认为，"嘉兴方面对南湖会议的研究，是以组织的力量，对南湖会议进行的一次最系统、最全面、最深入、最细致的研究""代表了目前对南湖会议研究的最新、最高水平"①。这些有分量、有影响力的

---

① 《〈中共一大嘉兴南湖会议研究〉成果发布》，《光明日报》2018 年 6 月 22 日。

成果,为深化"红船精神"的内涵价值提供了有力的理论支撑。

三、多措并举提升"红船精神"传播的载体和层次

任何精神文化的传播都需要借助一定的媒介。"红船精神"的传播,既要依靠历史遗留下来的革命文物、资料文献等,也要充分借助现代传媒方式,适应新的传播环境和传播理念,不断提升"红船精神"传播的载体和层次。

一是立足历史文化资源。作为中国共产党创建重要标识的南湖红船、为传承"红船精神"而建造的南湖革命纪念馆,是"红船精神"最为重要的载体。要推进"红船精神"的传播,首先就要发挥好南湖红船与南湖革命纪念馆的红色文化育人功能。近年来,嘉兴市着眼于突出南湖区域的红色主题,将推进南湖湖滨区域改造工程纳入全市"百年百项"重大项目计划,通过再现南湖历史风光、优化南湖岸线景观,提升南湖红船教育实效。南湖革命纪念馆立足建全国一流的红色教育基地,紧紧扭住党史国史教育、党性教育、爱国主义教育主题,建成"红船精神"展示厅,通过"'红船精神'万里行"全国巡展等活动推动馆内陈列走出去,根据主题教育、青少年活动动态设计参展板块,建设专业讲解员队伍,全面发挥红色资源育人、示范、引领功能。

二是拓展新型媒介方式。在运用好传统媒介的同时,顺应新媒体技术快速发展的趋势,积极通过新媒体传播"红船精神"。通过成立广播"空中党校"、开辟电视网络专题,运用党政官微,汇聚了宣传合力。制作大型纪实片《红船》、纪录片《红船驶进中国梦》《王会悟》,开播了通俗电视理论节目《中国共产党为什么能》第二季《红船》。制作了微视频《红船缘》《红船 1921》《"红船精神"》《从红船到巨轮》、快闪 MV《红船向未来》。在学习强国平台推出了"红船精神"主题教育思想汇系列课程,产生很好的社会效应。

三是推进党际国际传播。积极探索新型党际交流模式,讲好红船

故事、党的故事，为推动党的对外工作更具影响力、话语权贡献嘉兴力量。强化"红船精神"对外传播，持续推进"红船精神"研究著作的多语种翻译出版工程。2017年，《"红船精神"：启航的梦想》（中、英文版）举行首发仪式；2018年，该书俄文版出版；2019年，日文、德文版翻译出版；2020年，西班牙文、法文版翻译出版。通过多语种版本，把红船故事、中国共产党故事推向全世界。积极拓展对外交流渠道，广泛宣传"红船精神"及"红船精神"引领下中国共产党领导人民进行革命建设改革取得的伟大成就。

四、加强文艺创作，推动"红船精神"多样态传播

革命精神要深入人心，就要采取贴近群众生活的大众化方式。创作群众喜闻乐见的文艺作品，用精良的文艺作品推动"红船精神"传播大众化，无疑是实现"红船精神"入脑入心、飞入寻常百姓家的重要方式。嘉兴市坚持思想精深、艺术精湛、制作精良的原则，深耕红色文艺创作，推进文艺精品创作从高原迈向高峰。近年来，先后出版和制作了党史纪实文学《烟雨红船：母亲船的故事》、小说《红船》、民族歌剧《红船》、音乐剧《红船往事》《红船少年》、话剧《初心》、广播剧《南湖船歌》、长篇报告文学《从南湖出发》、歌曲《走进南湖》《啊，红船》等形式多样的文艺作品，歌剧《红船》、舞剧《秀水泱泱》、电视剧《大浪淘沙》等一批红色文艺精品在建党百年之际上映上演。自2001年起于建党80周年、85周年、90周年、95周年、100周年连续5次主办"红船颂"全国美术作品展。同时，强化与中国美术家协会、浙江出版联合集团、上海音乐学院、上海越剧院等单位的战略合作机制，强化文艺创作平台、项目、人才建设，激发民营文化企业参与文艺创作的主动性、积极性。

第二节　党组织和党员先进性坚持更高标准和更严要求

2005 年 10 月,党的十六届五中全会提出要按照"生产发展、生活富裕、乡风文明、村容整洁、管理民主"的要求,扎实推进社会主义新农村建设。一直以来,嘉兴始终认真贯彻落实习近平同志的要求,在注重经济发展,确保经济发展走在前列的同时,对党组织和党员的先进性提出更高的标准和更严的要求,用党组织和党员更高标准的先进性保证经济发展走在前列。

一、推进 96345 党员志愿服务

群众路线是党的生命线和根本工作路线,是实现党的宗旨的必然要求和根本体现。嘉兴以中国革命红船起航地的政治自觉,秉承立党为公、忠诚为民的奉献精神,充分发挥党员志愿者联系服务群众、团结凝聚人心的作用,于 2003 年 9 月开通了 96345 社区服务求助热线。2004 年 9 月,以"党在我心中、我在群众中"为主题,依托求助热线成立了嘉兴市 96345 党员志愿者总站,这是一个由热心公益事业的基层党组织、党员和入党积极分子组成,从事志愿服务的社会组织。2010 年12 月,总站升格为嘉兴市党员志愿服务中心,统筹推进全市党员志愿服务工作。96345 社区求助服务中心(党员志愿服务中心)党支部,得到了中央、省市等各级领导的批示肯定和各大媒体的广泛关注,先后获得了"全国五一劳动奖状""全国先进基层党组织""浙江省服务型基层党组织建设十大品牌"等多项荣誉。中心从搭建组织架构、创新活动模式、健全管理机制等方面进行了有益探索和实践,为党员在志愿服务中深入践行群众路线搭建了有效平台,打通了联系服务群众的

"最后一公里"，提升了广大群众的获得感、幸福感、安全感。①

（一）搭建"网络化"党员志愿服务组织构架

统筹推进全市党员志愿服务工作，组织形成了一个横向到边、纵向到底、网状覆盖的 96345 党员志愿服务平台。一是纵向同步建站。按照区域和行业划分，在市本级和 5 个县（市）建立 6 个党员志愿服务总站，下设 73 个镇（街道）分站，村（社区）根据区域划分责任网格，实现了纵向到底的党员志愿服务组织架构。二是横向专业组队。打破党员组织关系和服务区域的局限，细分全市 18.1 万名党员志愿者的专业领域和技术特长，围绕群众诉求组建医疗安康、法律咨询、节能环保、治污治水、金融保险等 2342 支专业服务队。如嘉兴电力"红船服务队"采取 24 小时全天候服务，在群众中赢得良好口碑。同时，以"明星党员"个人命名，领衔建立 392 个专业服务工作室。三是面上按需布点。对接需求和供给，在景区、火车站等人流聚集地和规模较大的社区建立了 40 个"红立方"党员志愿服务驿站，打造了 4800 余个"城市驿站""小区客厅"等群众身边的红色矩阵，形成"10 分钟服务圈"。

（二）创新"立体化"党员志愿服务活动模式

把 96345 社区服务求助热线作为为民办实事的重要渠道，着力解决群众最关心、最直接、最现实的问题。一是热线求助常态服务。把 96345 社区服务求助热线作为倾听民意的重要渠道，24 小时为群众提供市民生活类、咨询类、事务类、电子商务类和企业服务类 5 大类 120 多项服务。热线开通以来，市、县两级服务中心（总站）及 2367 家加盟企业和 1629 名有一技之长的服务者已累计受理市民各类求助 1958.7 万件次。二是上门入户结对服务。根据 96345 热线收集的信息，建立残障人士、空巢老人等弱势群体信息库，由党员志愿者就近结对帮扶。如平湖市党员志愿服务总站在党史学习教育中以"党员在身边，温暖

---

① 以下数据时间截至 2019 年 12 月。

千万家"为主题,发动 87 个基层党组织结对 123 户低收入家庭,免费上门提供旧宅改造服务。实施"一键通"为老服务工程,为 1600 多名空巢老人安装"一键通"呼叫系统,由就近志愿者提供应急服务,已经成为空巢老人的"生命线"。三是上街下乡集中服务。将每月的 25 日定为"党员志愿者服务日",进广场、进社区、进农村联动开展电器维修、健康诊疗、法律援助、政策咨询等集中性便民服务。四是点亮心愿个性服务。广泛动员在职党员到社区报到,开展"点亮微心愿·共筑中国梦"活动,依托媒体、"红立方"、网络等平台向社会广泛征集"微心愿",活动开展以来,在职党员已认领"微心愿"12974 个。

(三)健全"规范化"党员志愿服务管理机制

着眼常态化、长效化为民办实事,不断健全服务管理机制,提升党员志愿者为民办实事的能力和素质。一是明确服务规范。将 ISO9001/2000 质量管理体系导入党员志愿服务,推行服务承诺,党员志愿者接到派单后,统一佩戴"96345"党员志愿者服务证,使用志愿服务 logo(标志),承诺在 15 分钟内到达,服务过程不接受求助者的吃请和赠礼,仅收取材料成本费用,服务完成后请被服务对象填写服务意见反馈单,由总站进行电话回访,全程接受群众监督。二是强化教育培训。出台《96345 党员志愿者培训制度》,把党员志愿者和红色代办员培训纳入市、县两级党校主体班次,强化志愿者岗前培训、专业培训和骨干培训 3 个环节,递进式提高志愿者素质。如,以中心主任命名的"骆叶青志愿者工作室",组建了"党员志愿者沙龙",为志愿者搭建了交友聚会、交流互动、学习借鉴、共同提升的平台,已累计培训志愿者 1 万多人次。三是优化评价激励。把群众满意作为检验为民办实事成效的第一标准,创建"时间银行",实施"服务积分卡"制度,将党员志愿者的服务时间记录在册,可兑现生活用品、家政服务或者将积分转赠给结对帮扶对象,有效形成了"奉献—积分—激励—奉献"良性循环机制。同时,与保险公司合作,为注册党员志愿者提供人身意外伤害保险。

二、推行"一员双岗"制度

本职工作和社会生活是共产党员发挥先锋模范作用和体现先进性的两大基本领域。党员在8小时之内是单位人，在8小时之外是社会人，而共产党员先锋模范作用的发挥应该是没有8小时内外之分的，所以要求广大党员在工作岗位上刻苦钻研、兢兢业业、争先创优，同时要在业余时间发挥专长服务社区、服务群众。2005年6月，嘉兴市在全市党员中推行了以"勤奋工作敬业岗"和"服务群众奉献岗"为主要形式的"一员双岗"制度，号召广大党员不仅要在8小时内立足本职勤勉敬业，同时要在8小时外奉献社会服务群众。"一员双岗"制度是党员在新形势下发挥先锋模范作用的新模式。

"勤奋工作敬业岗"是党员先进性在本职岗位上的具体体现。"勤奋工作敬业岗"要求广大党员认真学习、刻苦钻研业务，提高职业技能和工作水平，努力成为本职工作的行家里手。同时要求党员立足本职创造一流业绩，在本职岗位上体现先进性。坚持高标准、严要求，埋头苦干，奋发进取，在急难险重任务面前挑重担，为周围群众作出表率。"勤奋工作敬业岗"对党员在工作岗位上提出了具体的要求，对于进一步增强党员意识，引导党员在工作中敬业争先，在急难险重的任务面前能挺身而出，在本职岗位上体现先进性。

"服务群众奉献岗"是党员先进性在岗位之外的具体体现。"服务群众贡献岗"要求广大党员必须密切联系群众，心系群众，服务群众，力所能及地解决群众在生产生活中的困难，在奉献社会中体现先进性。坚持和践行全心全意为人民服务的根本宗旨，深入基层和群众，积极宣传党的理论和路线方针政策，传授知识技能，听取意见建议，切实帮助群众排忧解难。"服务群众奉献岗"对党员在工作之余的作用发挥提出了具体要求，有利于促进党员加强学习，利用自身专长服务社会，通过贡献岗的设立，为在职党员在工作之外服务社会、服务社区、服务群众搭建了良好平台,更好地密切党群关系,展现新时期党员的新形象。

在推行"一员双岗"制度过程中,嘉兴市各个单位积极创新形式,组织开展各种活动,如通过创建"党员示范窗口""党员示范岗"等活动,极大调动了党员的工作积极性。在"敬业岗"上,"从我做起,向我看齐""爱岗敬业、我做表率"随处可见。各街道(乡镇)、社区(村)结合实际设立了各种具体奉献岗位,如政策宣传岗、教育辅导岗、治安巡逻岗、环境整治岗、助人为乐岗等服务群众、发挥作用的岗位,并明确每个岗位的职责。党员根据自身特点和实际情况积极选岗认岗,踊跃参加服务。如西园弄社区是个老社区,社区设施、环境有点陈旧,于是,社区里的150多名党员争相报名加入"环境整治岗",党员们出钱、出力粉刷楼道、油漆楼梯等,把搞好社区的环境卫生、绿化社区作为自己的"第二岗位"。

党员"一员双岗"制度是在新形势下党员发挥先锋模范作用的有益尝试,将党员教育管理延伸到了8小时之外,更好拓展了党员服务社会、服务群众的范围、对象和领域。通过实践,增强了党员的责任意识和服务意识,切实帮助群众解决了一些问题,群众反映党员在工作时积极性更高了,在面对急难险重任务时更积极了,精神面貌更好了,取得了良好成效。

三、佩戴党员徽章,亮出党员身份

党员徽章是党员身份的重要表现,党员同志按照要求规范佩戴党员徽章是党员亮明身份、增强党员意识的重要手段。为进一步增强党员身份意识,发挥先锋模范作用,推动党员亮身份、做表率,2018年8月20日,嘉兴市委办下发《关于在全市党员中统一佩戴党员徽章的通知》,从佩戴对象、佩戴范围、徽章标准等方面提出具体要求。通知规定,党员应当在在岗工作时间、参加党的会议和党组织集中活动、参加

"三会一课"等党的组织生活、参加志愿活动联系服务群众等重大活动时佩戴党员徽章。

按照通知要求，嘉兴全市党员统一佩戴党员徽章，亮身份、树形象、强担当。党员佩戴党员徽章，是党的组织建设的重要途径，在促进党员内强素质、外树形象方面发挥了良好作用。一是有助于促进自身能力提升。胸前党员徽章闪耀，时时提醒自己是一名党员，"懒政"现象不能再有了，必须做到工作积极带头、热情为民服务、困难面前往前冲，让群众看到作风纪律的转变、工作效率的提高。在这样的大环境下，久而久之，党员就能自觉养成遵章守纪、踏实肯干的好习惯，自身能力得到提升。二是有助于加强群众监督。党员徽章是党员身份的象征，工作干得好不好、服务到位不到位、能不能起到模范带头作用，群众一眼便知。让百姓监督，虚心接受群众的批评，多听来自基层群众的呼声，做群众所想之事，实事才能办到群众心坎上。三是有助于彰显形象、强化责任。党员徽章虽小，但肩上责任重大。戴上党员徽章就要按照党员的标准严格约束自己，不但要对自己的一言一行负责，而且要处处起模范带头作用，不能将自己混同于一般群众，更不能违规违纪、自毁形象。在困难面前、在危险时刻，要敢于说"向我看齐""向我学习"，以实际行动诠释党员的职责和形象。

红色党员徽章为嘉兴增添了一抹亮色，也增添了一股精气神。通过佩戴党员徽章，增强了党员的党性意识，强化了党性修养，有助于督促党员在本职工作中履职尽责，发挥党员作用，树立党员形象。同时，也让党员接受各方监督和检阅，更好地推动全面从严治党要求落实落细，以先锋行动为红船添彩，为党旗增辉。

四、机关党员"一编三定"

保持党的先进性是党的建设伟大工程的永恒课题。由于党政机关职能、地位、作用比较重要，工作岗位和职责任务比较特殊，机关党员干部身兼一定职务,手握一定权力,因而其能否联系服务群众、发挥好先锋模范作用,为社会所广泛关注。为全面提升基层党组织组织力,充分发挥在职党员在助力市域社会治理现代化中的先锋模范作用,扎实推进党群干群关系最融洽城市建设,嘉兴市推出了以"一编三定"为主要内容的在职党员、干部到居住地所在村(社区)报到并认领岗位,深入网格开展服务。

(一)党员下沉一线亮身份领岗位

要保持机关党员的先进性,不仅要发挥其在日常工作岗位上的积极性,同时还要发挥其密切联系服务群众的积极性,特别是在其居住地发挥好先锋模范作用。"一编三定"参加对象为嘉兴市域范围内的市级机关、县(市、区)级机关、镇(街道)机关和国有企事业单位在职党员、干部、教师、医生等,鼓励有条件的"两新"组织党员参与。党员线下到居住地党组织报到,线上全市党员、干部通过"微嘉园"平台"一编三定"模块进行同步报到、同步亮身份。截至 2020 年 8 月,嘉兴全市90676 名在职党员、干部通过"一编三定"深入村社网格,开展"网格连心、组团服务"。在岗位设置上,坚持共性与个性相结合的原则,灵活设岗编组。按照"6＋X"服务岗位模式,设置"政策法规宣传岗、医疗健康服务岗、环境卫生示范岗、矛盾纠纷调解岗、平安建设维护岗、纾难帮困奉献岗"等 6 个共性岗位,在此基础上,村、社区结合工作实际设立"X"个更加细分的个性岗位,如垃圾分类劝导岗、护苗行动岗等,明确各岗目标任务、界定履岗责任,由在职党员、干部进行自行认领。村、社区党组织根据报到党员干部的行业系统、能力特长、认领岗位等因素,进行科学灵活编组,形成个性化服务团组,或成立相应志愿服务队,每个团组十多人到二三十人不等,挑选政治素质好、工作能力强、参与热情高的党员、干部担任团组长。

(二)主动对接策划优服务强指导

在编组设岗的基础上,机关党员能否真正发挥好作用,关键在于能不能在群众真正需要的地方、真正需要的时候提供优质的服务。为此，嘉兴市精心推出了一系列服务清单，各服务团组组长和社区主动对接、策划活动项目，再运用"微嘉园""一编三定"模块中线上发布信息功能进行招募和组织服务，所在团组党员、干部自主报名，自愿参与。服务活动中坚持平战结合，"平时"结合"三服务"开展活动，"战时"由村（社区）统一指挥、集中调配各团组力量。如海宁市海洲街道创新载体建立"党员服务超市"，上架15个服务项目，由党员自主认领、居民按需点单、服务积分激励。海洲街道在职党员、干部组成"垃圾分类"专家诊疗队，通过上门随访、专家会诊"把脉开方"，与居民"手把手"共同破解垃圾分类难题。同时，注重加强对这项工作的指导督导。针对工作推进初始存在的进度不平衡、干部对"一编三定"知晓率不高、居住地变动、信息填写不准确等问题，机关工委牵头及时召开问诊破难会，召集相关部门专题进行研究，提出解决方案。

（三）重视考核评价强运用促争先

注重考核评价是促进工作落实落细、推动工作更好发展的重要保障。嘉兴市在推进"一编三定"工作中，不仅扎实推进党员在居住地真心实意为群众纾难解困，同时也注重运用好考核手段，促进党员形成创先争优的良好氛围。如秀洲区高照街道运河社区党委探索实施积分制考核管理办法，通过细化考核标准、落实考核办法、发挥考核作用，定期把积极参与、表现突出的机关年轻干部名单反馈至所在单位和组织部门，并推荐纳入优秀年轻干部培养库。又如海盐县根据《海盐县公职人员"社区德行"评价考核办法（试行）》，建立健全日常监督管理机制，组建"德行观察员"队伍，列出19项负面清单和7项加分清单，对公职人员德行表现开展监督。运用公职人员"社区德行"评价考核系统，每季度将考核情况反馈给各单位，考核结果作为对公职人员评优评先、选拔任用的重要依据。

"一编三定"工作模式，基层将具备服务能力的在职党员编入服务团组和网格服务组,让党员居民在自己居住地社区、微网格中,亮明身份、发挥党员先锋模范作用,使居住地网格成为党员居民的责任区,用党员的先锋示范来引领社区服务中各项工作,在补充服务群众力量的同时,有力提升了社区治理精细化水平,推动了基层"微治理"良性循环,为真正实现"村社吹哨、党员报到"提供了制度支撑。

第三节　着力建设好基层党组织

2004 年 6 月 30 日,习近平同志在庆祝建党 83 周年暨表彰农村党建"三级联创"先进单位和先进个人电视电话会议上强调:"只有把基层党组织建设得充满活力,生机勃勃,整个党才能坚强有力,朝气蓬勃。""基层党组织必须坚持解放思想、实事求是、与时俱进的思想路线,坚持以时代的要求审视自己,以改革的精神加强和完善自己。"①习近平同志的这一论述,立足基层基础,强调了基层组织在基层治理中的重要作用。嘉兴认真贯彻落实习近平同志的指示要求,高度重视基层组织建设,把基层组织作为党的全部工作和战斗力的基础,立足嘉兴实际,注重从总体上全面建好建强党的基层组织。

一、推进"整乡推进、整县推升"基层党建工作

基层党组织遍布机关、企业、农村、学校、科研院所、街道社区、社会组织等,因此基层党组织建设是一项涉及面非常广泛的工作。加强基层党组织建设,不是仅仅打造几个样板,而是对所有基层党组织的全面加强。浙江坚持整体观念,在全省层面开展"整乡推进、整县提升"基层党建工作。嘉兴以此为契机,推进基层党组织全面建好建强,

---

① 习近平:《干在实处　走在前列——推进浙江新发展的思考与实践》,中共中央党校出版社2006 年版,第 427 页。

实现了基层党组织建设工作的全面提升。

2015 年，全国农村基层党建工作座谈会在浙江召开。为进一步贯彻中央精神及全国会议部署要求，促进浙江基层党建从点到面整体提升，浙江省作出了《关于全面加强基层党组织和基层政权建设的决定》，旨在推动全省基层党组织全面过硬，基层政权全面稳固。为全面落实这一战略，浙江省进一步提出在全省范围内开展"整乡推进、整县提升"基层党建三年行动计划，计划用三年时间提升全省基层党建整体水平。

在全省"双整"行动的总体部署下，嘉兴市结合本地实际，制定出台了《嘉兴市"整乡推进、整县提升"基层党建工作三年行动计划》（以下简称《计划》），决定从 2016 年起在全市联动实施基层党建"整乡推进、整县提升"三年行动计划，重点打造全领域融合的基层党建工作特色（示范）线路，全领域统筹协调、齐头并进。在具体实践中，以党建工作标准化的方式来指导和规范基层党建工作，全面提升农村、社区、两新组织、机关事业单位等基层党组织的党建工作水平。这一计划专门梳理了上级各类文件中对基层党建工作的要求，构建了 6 个类别、18 个一级指标、66 个二级指标的指标体系（后简称"61866 指标体系"）。这一指标体系不仅是对嘉兴市域范围内的基层党建工作整体提升提出的具体要求，也是判断基层党建工作提升是否到位的衡量标准。同时，《计划》要求在三年时间内全市 100％的县（市、区）、镇（街道）、村（社区）建成基层党建规范县（市、区）、镇（街道）、村（社区），并至少建成 3 个基层党建先锋县（市、区）；每个县（市、区）建成 3 个左右的基层党建先锋镇（街道）和 30 个左右的基层党建先锋村（社区）。在这份要求全面明确、任务分解细致的计划的推动下，嘉兴市的基层党建工作发生了深刻变化。全市规划建设 36 条县（市、区）级基层党建示范带和 126 个镇（街道）级基层党建特色工作群，共涉及 312 个村党组织、127 个社区党组织、72 个机关事业单位党组织、178 个非公企业党组织和 31 个社会组织党组织，着力把盆景打造成风景，把风景打造成生态。

二、创新新业态、新领域党建工作

经济社会活动发展到哪里,党建工作就要跟进到哪里,党的组织就需要覆盖到哪里。嘉兴市紧密结合经济社会发展实际,不断创新党建工作方式,在青春党建、民生党建、网络党建等方面都取得了明显成效。

(一)青春党建

中国共产党从诞生之日起,就自带青春的基因。1921年参加中国共产党第一次全国代表大会的代表,平均年龄只有28岁。作为中国革命红船启航地的嘉兴,高度重视年轻人的党建工作,着力开展青春党建工作,打造百年大党"永葆青春"的样板。青春党建工作围绕"以青春之党建永葆党建之青春"主题,以强化理想信念引领青春航向、体现青年特点筑强青春堡垒、融入开放互动创新青春模式、服务成长成才回应青春诉求、引领建功立业释放青春能量、深化党建带团建推进青春接力为主要内容,完善青春党建360°考评体系。通过实施"菁英成长计划""青年科学家培育计划",每年组织策划拼搏季、奉献季、成长季、创意季"四季"主题活动,举办"禾·青年说"分享汇和"青春绽放——知行论坛"等系列活动,有效激发了青年人的创新创业活力。

(二)民生党建

党的十九大报告指出:"中国共产党人的初心和使命,就是为中国人民谋幸福,为中华民族谋复兴,为世界谋大同。"加强党的建设,只有始终把服务民生,提升群众获得感幸福感作为核心工作,让我们党的"初心"充分体现出来,才能赢得最广大人民群众的拥护和支持。嘉兴围绕打造"红色志愿之城",在全市建立了以"96345"党员志愿服务中心为龙头、各类行政审批服务中心和镇(街道)便民服务中心为主体、村(社区)便民服务中心为基点、各类党员(党代表)工作室和党员先锋站及"红立方"志愿服务驿站为补充、广大党员和基层干部为骨干的为民服务体系。先后承办了全国党员志愿服务现场交流会、全省深化"两学一做"学习教育暨党员志愿服务推进会。连续多年开展基层党组织"1＋X"暖心结对组团帮扶活动，采取"1个基层党组织＋X名党员"结对帮扶措施，全市两千多名困难残疾家庭都实现了一对一的帮扶结对。镇（街道）为民服务"五承办"、村（社区）"一联三会五事制"、两新组织"三联三会"、党员群众"生活生产双帮扶、党内党外双关爱"机制等一批服务品牌在全省推广。

（三）网络党建

随着网络技术的广泛应用并深刻影响人们的生产生活方式，网络正在成为党建工作创新的重要驱动力量。嘉兴桐乡乌镇是世界互联网大会永久举办地，在利用网络技术开展党建工作方面具有独特的优势。近年来，嘉兴以世界互联网大会为契机，围绕打造"党建红云"目标，积极推进"党建＋互联网"探索实践，形成"互联网上党旗红"的生动局面。一方面，推进电子商务、网络金融、文化创意产业等互联网企业和促进新兴精神生产群体党的组织和工作覆盖，加快党建工作向"淘宝村""特色小镇"等新业态延伸，并开展了"网上党员亮身份"等活动。另一方面，推进党建工作信息化、智慧化建设，运用大数据、云计算等技术，建成启用全市党建工作在线动态管理系统——红船党建云平台，构建"民情在线""企情在线""百姓事马上办"等民生服务平台。大力培育组建"网络红军"队伍，实施把骨干党员培养成网络意见领袖、把网络意见领袖培养成党员的"双培养"工程，守护互联网清朗空间。市委组织部"红船领航"微信公众号，稳居党建微信影响力排名前列，策划的"支部全家福""两学一做交流舱""空中党课"等栏目广受党员欢迎。

三、完善基层党组织建设制度

一直以来，嘉兴始终把制度建设放在突出位置，持续完善各项党建工作制度,不断提升党建工作的科学化和规范化水平。

（一）联动推进干部人事制度改革

制定实施"1+7"干部人事制度改革推进计划,确定 12 项 15 个重点改革项目,重点推动干部"任期制（聘任制）+竞岗制"探索,适时开展工作督察,形成市县联动、整体推进干部人事制度改革的大好格局。探索开展重点工作一线跟踪考察干部,对参与浙商回归、"三改一拆"、城市有机更新等 7 项市委、市政府重点工作的干部进行一线跟踪考察。拟定《嘉兴市领导干部提醒告诫调整办法（试行）》,畅通干部能"下"渠道,遏制干部"庸懒散"现象。

（二）规范干部选拔任用工作制度

始终坚持把动议、民主推荐、考察、讨论决定、任职等环节作为选拔任用干部的必经程序,不折不扣,严格执行。一方面,突出规范流程,抓细节。着眼贯彻《干部任用条例》,编制"一图一书一册",即《干部选拔任用及监督工作流程图》、贯穿选人用人全过程的 38 个环节操作说明书、干部选拔任用全过程相关政策法规手册,厘清干部选任流程环节,以及各环节的工作要求,梳理形成干部选拔任用工具书。另一方面,突出制度配套,抓完善。制定了《关于激励干部干事创业治理为官不为的实施意见》《领导干部提醒、函询、诫勉和问责、调整实施办法》《领导干部反向推荐提名操作办法》《党员干部容错免责机制》《"责绩对账"日常考核工作实施办法》《嘉兴市干部选拔任用程序停止实施操作办法（试行）》等一批政策文件,初步形成了涵盖"上、下、管、育、爱"的制度体系。

（三）结合作风建设,推进相关制度建立

坚持思想建党和制度治党紧密结合,在党的群众路线教育实践活动中,制定《中央"八项规定"和省、市有关规定执行情况检查办法》《全市执行力建设问责追究办法》等,从检查、问责、评价等环节形成较为完备的制度体系。紧紧抓住事关嘉兴发展的重大决策、重要工作、重大问题,在中央、省委、市委作出全面深化改革、转变经济发展方式、推进"五水共治"等一系列重大决策部署后,都迅速制定出台配套规定。每年开展政府投资项目专项监督检查,开展"执行力建设"专项行动,加强对"三改一拆"、行政审批层级一体化改革、基层综合执法等重点工作落实情况的监督检查。出台执行力建设问责追究办法,加大问责力度,集中地解决了一批突出问题。

第四节　努力做良好风气的模范实践者和积极营造者

注重党的作风建设、密切联系群众是我们党的一大优良传统,也是我们党的一个独特政治优势。习近平同志在浙江工作时就强调"领导干部是作风建设的主体""既自觉承担起作风建设宣传发动、组织实施和监督检查等职责,又努力做良好风气的模范实践者和积极营造者"①。嘉兴市始终贯彻落实习近平同志的指示要求,注重作风建设,通过多种方式密切党同群众的关系,不断提升群众的认同感和获得感。

一、常态化推进正风肃纪工作

作风建设是一项事关党的生死存亡和国家兴衰成败的战略性工作。作风问题具有顽固性和反复性,需要经常抓、长期抓,持之以恒,久久为功。嘉兴市在推进作风建设时,注重不断完善制度机制,让好的作风得到更好弘扬,让不良作风得到有效遏制。特别是针对作风问题可能存在的顽固性,制定出台了《关于常态化推进正风肃纪工作的实施意见》,对正风肃纪工作的组织领导进行调整,建立举报受理、专

---

① 习近平:《之江新语》,浙江人民出版社 2007 年版,第 264 页。

项检查、查办督办、考核运用等工作机制,推动正风肃纪工作走上常态化、制度化轨道。加强监督检查,做到每月有计划、每周有检查。加大执纪监督、通报曝光力度,并追究相关领导责任,形成正风肃纪高压态势。推进"三张清单一张网"建设,严肃查处失职渎职行为。落实领导班子和领导干部作风状况评价办法,定期开展作风建设满意度测评。对不重视作风建设、不敢动真碰硬的,约谈其党委(党组)主要负责人,责令限期整改。

围绕落实中央"八项规定"精神,全面整治"四风"问题,加压推进正风肃纪行动。针对基层和群众反映强烈的"文山会海"、考核评比达标表彰多、机关"中梗阻"等八个方面突出问题,市委常委精准聚焦"四风",认真履行"八带头、八带动"公开承诺,落实"一岗双责",在"真学深悟""真听实访""揭短亮丑""立改笃行"中做示范。同时,拓宽"行风热线"辐射面,开展"百姓点题、纪委解题"执法监察,开展服务发展、服务基层、服务群众"三服务"专项活动,扎实推进作风效能建设。尤其是针对元旦、春节、五一、中秋、国庆等重要时间节点和"酒局"、"牌局"、公款送节礼、公款旅游等群众关注的焦点问题,持续加大正风肃纪检查和通报曝光的力度。抓好问题整改,针对上级督查、巡查中反馈的问题线索,及时启动调查核实和整改工作,督促相关单位立整立改,相关人员受到责任追究。

二、开展"大走访、大宣讲、大解放"活动

密切联系群众是我们党在长期奋斗实践中形成的优良传统作风,在新时代依然需要我们更好延续传承下去。嘉兴作为中国革命红船启航地,始终以坚定的政治自觉,把打造"党群关系最密切、干群关系最融洽"城市作为重要目标。自 2018 年 8 月开始,嘉兴在全市组织开展了一场以"社情民意大走访、'八八战略'大宣讲、思想观念大解放"为主题的"大走访、大宣讲、大解放"活动。全市党员干部纷纷进企入

户，通过开展社情民意大走访，推动党群大融合；开展"八八战略"大宣讲，推动精神大落实；开展思想观念大解放，推动事业大发展。

"大走访、大宣讲、大解放"活动内容丰富，指向明确。在大走访活动中，广大党员干部深入街道社区走访，以"五个摸清"（即摸清群众生活的真实水平，摸清群众的真实愿望，摸清企业的发展困难瓶颈，摸清矛盾问题和信访底数，摸清党群干群关系的真实状况）为工作目标，做到"所有干部、所有党员、所有企业、所有居民户"全覆盖。在大宣讲活动中，各级党组织主要负责人来到联系的村（社区）、企业，宣讲"八八战略"的重大意义、深刻内涵，宣讲"八八战略"实施以来取得的历史性成就。在大解放活动中，市委主要领导提出了振聋发聩的"六问"，即"一问对照嘉兴党的诞生地的政治地位，我们的政治站位够不够高？二问对照'开天辟地、敢为人先'的首创精神，我们的创新力度够不够大？三问对照'坚定理想、百折不挠'的奋斗精神，我们的进取意识够不够足？四问对照'立党为公、忠诚为民'的奉献精神，我们的宗旨观念够不够牢？五问对照长三角更高质量一体化发展的新要求，我们的能力素质跟不跟得上？六问对照日益激烈的区域竞争态势，我们的紧迫感够不够强？"，要求嘉兴干部找出思想解放上的差距，从而在政治站位、创新力度、进取意识、宗旨观念、能力素质、干事创业上增强紧迫意识和使命意识。

"大走访、大宣讲、大解放"活动，是一个相互联系、相互促进的有机整体，大走访是基础、大宣讲是载体、大解放是根本，最终指向的是推动事业大发展。通过这次活动，广大党员干部深入乡镇（街道）、村（社区）走访，了解了群众的所需所想，帮助群众解决了许多实际困难和问题；同时，积极向基层宣讲党的政策理论，实现了上传下达的目的；更为重要的是，通过对比查找思想理念方面存在的问题，有利于进一步打破过去形成的一些不利于发展的惯性思维，更好地凝聚实现新发展的思想和力量。

三、深化新时代"网格连心、组团服务"工作

习近平同志在浙江工作期间提出,要"建立健全为民办实事的长效机制"①。进入新时代,浙江嘉兴把推进治理能力、治理体系现代化和满足人民群众对美好生活的向往有机结合起来,围绕为民办实事过程中存在的走访不走心、服务不集成、问题解决机制不够闭环等问题,推动网格化管理服务的迭代升级,将党员干部编入网格,明确联系服务群众的具体责任,通过经常性面对面的联系走访,实现心与心的交融。

(一)实现基层党组织全覆盖

新时代坚持和完善为民办实事长效机制,必然要求我们聚焦热点难点发力,完善长效机制。深化新时代"网格连心、组团服务"工作,就是要进一步明确党员干部联系服务群众的责任田,整合服务资源、提高服务能力,推动党员干部深入基层一线,面对面宣讲新思想,实打实办好惠民好事。为此,嘉兴市将村(社)、工商业功能区进行网格划分,统一编码。在原有 4365 个地理信息网格基础上,细化优化出 92600 个微网格,形成"镇(街道)—村(社区)—地理信息网格—微网格—户"的五级防控单元。夯实了党的基础,按照"支部建在连上"的原则,将党支部建在网格,强化基层党组织的队伍,建立战斗力强的支委班子,发挥基层党组织的战斗堡垒作用。

(二)完善党员联户入网格制度

建立健全领导干部"四级包干制"制度,组织全市机关干部下沉一线。发挥"连心""服务"效能机制,组织领导干部经常性走访联系网格中的困难户,践行党的群众路线。推动在职党员到居住地报到,规定

---

① 中央党校采访实录编辑室:《习近平在浙江》(下),中共中央党校出版社 2021 年版,第 193 页。

每名党员联系网格内 5 至 15 户百姓群众。一个季度联系群众不得少于一次。推出"15 分钟党员服务圈"制度，及时帮群众解决要事难事。通过干部联系、党员联户，使党员干部成为网格连心的基本力量，确保全市党员联系群众全覆盖。

（三）力推群众在网格中凝聚

把基层党组织的触角延伸到全市的社会组织和团队，在网格中心户、楼道长、专职网格员、团队中发展和吸纳党员，提升基层党组织的号召力和凝聚力。统筹资源组建微网格服务团队，将服务投送到企业、群众、基层身边。"网格连心、组团服务"工作推行以来，嘉兴市党建引领基层社会治理取得了显著成效。推动了党的组织进网格、作用发挥在网格，党员领导干部全部带头下沉基层、联系到户，实现了民心在网格内凝聚、党旗在网格中飘扬。通过走访服务，收集并解决好群众的揪心事、烦心事、操心事，实现了"小事不出网格、大事不出村社"。"网格"已经成为服务群众的重要载体，嘉兴老百姓"有事找网格员"已经蔚然成风。

展　望

面对两个百年交汇和"十四五"开局,嘉兴将以党的二十大和浙江省第十五次党代会、嘉兴市第九次党代会精神为指引,忠实践行"八八战略"、奋力建设"五彩嘉兴",按照率先形成高质量发展建设共同富裕示范区的标志性成果、率先基本实现社会主义现代化"两个率先",加快建设共同富裕典范城市和社会主义现代化先行市的新要求,锚定2035年远景目标,着力推进嘉兴市国民经济和社会发展"十四五"规划落地落实,大力弘扬伟大建党精神、"红船精神"和浙江精神、新时代嘉兴人文精神,深入实施全面融入长三角一体化发展首位战略,推动嘉兴蝶变跃升、跨越式发展,打造具有嘉兴辨识度,以党建高地、长三角一体化发展新增长极、"互联网+"高地、城乡融合发展示范区、绿色低碳循环城市、营商环境最优市、社会治理现代化先行市为主要内容的"七张金名片",使"五彩嘉兴"成为新时代的最亮丽色彩、最鲜明特征、最前卫代表。

一、实施全面融入长三角一体化发展首位战略

实施首位战略,关键是做好接轨上海这篇大文章,勇担接轨上海"桥头堡"和承接上海辐射"门户"的历史使命,同时积极融入杭州,深化与苏甬的联动,谋划布局一批重大支撑平台,力争在推动长三角区域率先形成新发展格局中发挥先锋作用。

（一）协同推进长三角生态绿色一体化发展示范区

嘉善片区建设的目标定位是生态优势转化新标杆、绿色创新发展新高地、一体化制度创新试验田、人与自然和谐宜居新典范，主要任务是建设"一城一谷三区"，即高标准建设嘉善未来新城，打造祥符荡科创绿谷，推进临沪高能级智慧产业新区、长三角有影响力的农业科技园区和生态休闲旅游度假区等建设。以伍子塘、日晖桥港为依托，串联示范区水乡客厅、祥符荡等重点区块，形成高端要素集聚、生态价值突出的示范区发展联动链，结合太浦河、红旗塘、中心河等三条生态廊道，增加开敞空间，促进生态空间互联互通，形成"一链三廊联动"发展态势。

（二）高起点规划建设秀水新区

统筹秀洲区王江泾镇、油车港镇空间，建设长三角生态绿色一体化发展示范区协调区，实行规划协调、联动发展，构建"北湖生态、中园文旅、南城创新"发展格局。高标准建设天鹅湖未来科学城，打造长三角应用科技创新和产业转化的服务基地。高水平打造运河文化绿心，做好天鹅湖、莲泗荡等重点湖区的建设和风貌管控。建设国家湿地公园，打造高品质生态休闲湖区。依托国家城乡融合发展试验区建设，推进城乡人本化特色化发展，高质量打造秀水新城，建成生态城、科学城、融合城，成为长三角生态绿色一体化发展示范区的特色节点。

（三）高水平推进张江长三角科技城平湖园建设

坚持第一个跨省市一体化发展实践区的发展定位，突出与张江高科技园区的产业关联，强化与上海金山枫泾镇的协调互进，加强生态环境协同共治、交界区域联防联治和毗邻乡村共同振兴。优化与平湖经济技术开发区的联动机制，谋划和建设长三角云上数据、智能制造、航空产业等功能组团。高标准推进核心区规划建设，完善内部路网框架，加强与金山区交通系统联通，深化平湖市新埭古镇保护性开发。

(四)高标准规划建设两桥之间黄金海岸经济带

发挥杭州湾北岸生态、港口、空间资源优势,高标准规划建设杭州湾跨海大桥和嘉绍大桥之间黄金海岸经济带。实施南北湖区块战略开发,建设宜居宜游宜业的未来新城。推进嘉兴港三大港区协调联动,加快融入世界强港行列。高质量推进海盐"中欧城镇化伙伴关系"建设,实施"小县大城"战略,打造现代化滨海新城。进一步加强海陆统筹,协力建设杭州湾生态海岸带。

(五)加快建设杭海新区

抢抓杭州东拓历史机遇,对标杭州钱江新城,深化杭海新区规划与设计,加快钱塘国际新城建设。实质性推进长安、许村一体发展,深化与杭州市余杭区、钱江新区战略合作,积极承接杭州城市功能溢出。深入发掘杭海城际铁路资源,串联龙渡湖、伊嘉塘城市中心公园、鹃湖等三大生态系统,统筹沿线城镇功能布局与开发,实现东中西联动、跨越式发展。

(六)推进嘉湖一体化先行区建设

以增强浙北地区影响力为主要目标,推进桐乡与湖州南浔、德清等毗邻地区一体化发展。整合乌镇世界互联网大会、德清联合国世界地理信息大会等平台资源,高质量建设互联网创新发展试验区,力争在工业互联网、智能感知、柔性显示等领域取得重大突破。缔结古镇旅游联盟,大力推进大运河文化带建设,共促文旅协同发展。

二、基本建成长三角核心区枢纽型中心城市

嘉兴空间范围不大,地理位置十分优越,又兼有空、海、铁、公、水等多种交通方式,是沪杭通道上的一个中心节点城市,也是长三角核心区的一个重要枢纽城市。

(一)规划建设嘉兴高铁新城

采用站城一体设计,体现产城高度融合,集聚承载科创办公、体验

商业、医疗健康、会议会展、数字经济等业态的大规模建筑群,凸现与上海虹桥国际商务区的"姊妹节点"定位。推进多方向轨道接入,形成区域性轨道交通枢纽,强化与上海虹桥枢纽、浦东国际机场、萧山国际机场连接。通过轨道交通方式,实现与嘉兴中心城区各重要功能板块、周边副中心城市的快速连接,推进跨城市空间的功能互补和资源共享。

(二)大力发展空港、海港等港口经济

加快嘉兴机场改扩建,力争尽早建成和运营。稳步提升货运能力,争取开通国际航线,打造长三角重要国际货运枢纽。完善嘉兴机场与长三角机场群的协作机制,提升航空物流、客流运载能力。大力发展空港经济区。发挥嘉兴港龙头作用,完善内河港池体系,推进内河航道提标改造,强化集装箱货源腹地开拓,建设浙北海河联运大通道,成为全国海河联运枢纽示范工程。

(三)共建轨道上的长三角

发挥轨道交通在长三角城市群中的连接作用,加密沪嘉杭通道,构筑苏嘉甬通道,谋划嘉湖通道。推进通苏嘉甬铁路、沪乍杭铁路、铁路杭州萧山机场枢纽及接线工程,以及沪杭、嘉兴至枫南,嘉善至西塘,金山至平湖,杭州下沙至海宁长安等环杭州湾、环太湖铁路项目谋划建设,构建"县县有铁路,处处连枢纽"轨道交通系统。

(四)科学布局市域交通系统

优先发展多层次轨道交通体系,组合城际铁路、市域(郊)铁路、城市轨道交通、有轨电车各种制式,提升交通连接效率。谋划建设中心城区至嘉善、中心城区至海宁轨道交通,对接嘉善至西塘市域铁路、杭海城际铁路;谋划建设中心城区至海盐和平湖、中心城区至桐乡轨道交通,对接金山至平湖市域铁路、水乡旅游线等。加快市域一体化快速路网建设,实现市域快速路高效连接。

三、高水平建设嘉兴 G60 科创大走廊

全面对接上海具有全球影响力的科创中心建设,加快建立与沪杭在创新链、产业链、价值链上的协作机制,营造充满活力的人才创新生态、便捷高效的营商环境,建设长三角创新协同中心和新兴科技孵化高地。

(一)大力发展科创湖区

以美丽湖区为特征,以高层次研发机构为支撑,以高新技术产业化为内容,形成"生态+创新"的发展格局。建设湘家荡科创湖区,发挥南湖实验室、南湖研究院等高端载体的创新策源功能,与嘉兴科技城实现错位与互动发展,加快构建嘉兴 G60 科创大走廊核心区。建设天鹅湖未来科学城,强化研发设计定位,引进跨国公司海外研发中心、国际创新组织分支机构、国际合作实验室等,努力成为区域科创高地。建设祥符荡科创绿谷,布局标志性创新项目,打造长三角人才蓄水池。建设鹃湖国际科技城,大力推动浙江大学生物电子研究中心、浙江大学空天研究院、浙江大学爱丁堡大学联合学院再生医学材料研究中心等落户,增强创新成果扩散能力。建设凤凰湖科技城,联结乌镇国际创新区,打造数字经济发达的创新经济体和具有特色的现代服务业集聚区。

(二)积极发展高等教育

以更大力度和决心,构建规模宏大、品质一流、富有特色的高等教育体系,为嘉兴未来发展夯实人力资源基础。支持浙江大学国际联合学院(海宁校区)加快发展,积极引进若干所全球知名理工院校,积极探索与国际一流、国内"双一流"高校合作。支持嘉兴学院创建嘉兴大学,建设高质量应用型大学。支持嘉兴职业技术学院创建职业技术大学。高水平建设同济大学浙江学院、嘉兴南湖学院,支持民办高校转设提升。发挥浙江财经大学东方学院、浙江传媒学院桐乡校区等省内

校地合作优势，大力开展人才培养、成果转化活动。推动北京理工大学研究生院落地发挥作用。激发各地工作积极性和主观能动性，力争每个县（市、区）实现"大学梦"。

（三）打造全域孵化之城

进一步深化"创新嘉兴"系列人才促进计划实施，完善科技新政、人才新政，促进上市企业、国家高新技术企业和省科技型中小企业、百亿规模企业、高技术产业增加值等倍增。以培育核心能力和国际视野为方向，鼓励企业成为创新驱动发展的主要力量。鼓励支持龙头企业牵头组建创新联合体，加强共性、关键、核心等技术的攻关。以前沿新材料、半导体、航空航天、人工智能、时尚消费电子、生命健康等战略性新兴产业为主攻方向，统筹布局技术研发、标准制定、应用示范和产业化等环节重大工程，提升先进技术创新的集成能力。

（四）深化数字经济"一号工程"建设

组织和实施数字经济五年倍增计划，培育壮大物联网、大数据、人工智能等数字经济核心产业，打造具有国际竞争力的数字产业集群。加快数字化、智能化等改造，建设一批示范性、引领性数字化企业、数字化园区、数字化建筑、数字化社区，加快工业、农业、服务业数字化转型，推广新智造模式。强化数字领域技术创新，培育一批数字化服务和创新应用龙头企业。加快建设完善 5G、工业互联网、大数据、区块链等新型基础设施，拓展新基建应用场景，推进生活数字化和公共服务数字化。以争创乌镇互联网创新发展国家级试验区为抓手，打造互联网创新发展策源地和"互联网＋"高地。

（五）构建长三角最优创新生态高地

深化科技金融改革创新试验区建设，完善金融支持创新体系，高效融合创新链、产业链、资本链。发挥南湖基金小镇的资本集聚优势，打造高能级金融服务体系。发挥信保基金作用，扩大科技型企业政策性融资担保规模。探索设立企业上市发展基金，支持科技型企业上市、挂牌和并购重组。大力发展技术交易市场,建设知识产权生态最优市。持续深化科技、人才等方面的制度创新。优化科技规划体系与运行机制,推动重点领域的项目、基地、人才、资金一体化配置。

四、构建长三角核心区联通国内国际双循环的黄金节点

立足国内大市场和长三角发展优势,促进内需与外需、进口与出口、招商引资与对外投资协调发展,持续扩大内需增强增长动力,确保国民经济稳健运行。

(一)构筑现代化组团式大城市

规划建设中心城市功能中心,促进优质高端资源的集聚辐射和协同发展。以南湖为核心,打造南湖文化中心。以嘉兴科技城为龙头,打造长三角科技创新中心。以嘉兴机场为基础,打造航空物流中心。以城市北部湿地为重点,打造浙北生态休闲旅游中心。有序推进行政区划优化调整,力争市本级人口和经济规模实现跨越式发展。加强中心城区与嘉善、平湖、海盐等聚合相向发展,促进交通网络高效互联、产业布局统筹优化、公共服务便利共享。支持海宁、桐乡等打造现代化副中心城市,协力推进全域城市化。发挥各地比较优势,完善共建共享机制,推进体育、文艺、会展等一批高品质设施场地建设,打造辐射长三角、具有美誉度的城市功能品牌。

(二)全力打造城乡融合发展示范区

强化城乡一体规划设计,科学安排城镇建设、村落分布、农田保护、生态涵养等空间布局,编制多规合一的村庄规划,提升镇村规划建设水平。发挥新市镇在联结城乡一体发展中的重要作用,进一步推动城乡资源合理配置、要素自由流动和产业有机融合,打造创新创业生态圈。健全普惠共享、城乡一体的公共服务体系,推进标准统一、制度并轨。有序推进镇村环境整治,提升宜居水平。持续深化农业供给侧结构性改革,全面推进乡村振兴。塑造乡村文明新风,促进乡村人文

现代化。健全党领导下的自治、法治、德治相结合的镇村治理体系，发挥群众主体作用，增强镇村治理能力。

（三）建设区域消费中心城市

顺应消费升级趋势，提升传统消费，培育新型消费，适当增加公共消费。促进消费扩容提质，优化商业网点布局，推进省级高品质步行街建设，打造一批高端消费体验场所。鼓励消费新模式新业态发展，推动现代信息技术和传统消费方式相结合，支持会议会展、餐饮酒店、文化旅游、夜间经济等创新发展，鼓励带货直播、个性定制、一站式消费等模式。加强产品质量和服务品牌等建设，实施放心消费系列行动，实现满意消费在嘉兴。

（四）发挥投资对优化供给结构的关键作用

优化投资结构，拓展投资空间，加强重点领域、薄弱环节补短板投资力度。启动扩大有效投资"551"重大项目计划，加大科技创新、现代产业、交通设施、市政环境、社会民生等5大领域建设力度，5年重点实施500个左右代表性重大项目，累计带动投资1万亿元以上。建立和健全"项目跟着规划走、要素跟着项目走"机制，深化投融资体制改革，优先保障重大改革、重大政策、重大平台和重大项目落地。统筹财力可能，合理安排财政支出规模和结构，持续优化金融资源配置。科学制订用地、用海、用水、碳排放、排污权、能源消费等指标的保障方案，确保各项建设任务落地落实。

（五）高质量建设中国（浙江）自由贸易区嘉兴联动创新区

对标国际通行贸易规则，复制和推广全国自贸区改革试点经验。加强与上海自贸区、浙江自贸区等对接，深化平台、项目、人才、资本等合作。推动嘉兴综合保税区A区、B区与上海外高桥综合保税区等合作，加快保税仓储物流、保税加工制造等发展。推进跨境电商普及运用，争取设立国际邮件互换站或国际快件中心。承接上海进口博览会的溢出效应，推动嘉兴精品水果交易中心、平湖进口城等省重点进口平台建设。

（六）推进国际投资双向发力

以高质量外资集聚先行区建设为抓手,高水平创建中日(嘉兴)地方发展合作示范区,高质量建设中德(嘉兴)中小企业合作区。持续深化中德、中日、中荷、中法等省级国际产业合作园建设,力争县(市、区)全覆盖。抢抓《区域全面经济伙伴关系协定》机遇,加强本土跨国公司培育,形成一批熟悉规则、形象良好、国际竞争力强的企业群体。

（七）实施开发区（园区）整合提升

通过实质性整合,全市 14 个产业平台实现高质量发展,突出规划、招商、投资等职能,创新管理体制和运作机制,精简内设机构,形成扁平化大部门制。高质量建设 12 个高能级产业生态园,构建起主导产业明晰、资源集约高效、特色错位互补的发展格局。协调推动城市新区、科创平台、特色平台、消费平台与产业平台等的联动发展,形成紧密关联、相互支撑的重大平台体系。

五、塑造国际化品质江南水乡文化名城

传承和弘扬以江南文化为特征的优秀传统文化,彰显水乡古镇的文化特色,突出人类命运共同体思想和人与自然和谐相处理念,把嘉兴打造成为既有国际范,又有水乡味,富有文化特质的江南名城。

（一）打造面向未来、充满活力和竞争力的国际化城市

持续办好世界互联网大会,扩大全球影响力。建设中外政党研究交流中心、世界政党交流基地、多党合作示范城市,成为与世界对话的重要窗口。支持海宁影视基地加入"丝路电视国际合作共同体"和"影视文化进出口企业协作体",提升文化传播力和影响力。打造乌镇戏剧节、嘉兴漫画文化节、嘉兴马拉松等国际活动品牌。深化国际友城建设,持续扩大国际朋友圈。创新运用数字技术和全球传媒网络,加大城市品牌推广力度。健全和完善国际化城市基础设施,合理规划国

际学校、国际医院和涉外医疗机构、多元文化融合的国际社区等。提升歌剧院、图书馆、博物馆等设施品质，加强国际元素餐饮、酒店等供给。引育一批国际化设计咨询、资产评估、信用评级、法律和财务等机构，优化涉外服务。完善涉外政策体系，提高外国人来华工作生活便利度和获得感。

（二）打造绿色低碳循环城市

建立绿色生产和消费的法律制度和政策导向，健全绿色低碳循环发展经济体系，积极推进经济社会全面绿色转型。优化能源结构，构建起清洁低碳、安全高效、多元共享的能源体系。实行最严格节约集约用地制度和最严格水资源管理制度。加快废弃物综合利用，建设好"无废城市"。强化生态系统保护，严格生态环境空间管控，严守生态保护红线，制定和完善环境质量底线、资源利用上线，将各类开发活动限制在资源环境承载能力之内。加快平原绿化扩面提质，建设独具江南水乡特质的平原地区森林城市典范。解决突出环境问题。深化"五水共治"，打好生活污水、工业污水、农业面源污染治理攻坚战。持续推进"五气共治"，开展清新空气示范区建设。强化土壤污染防治，开展高能耗重污染行业和"低散乱"行业整治，淘汰和化解落后过剩产能。健全生态文明体制机制，提升生态环境治理的系统性、整体性、协同性。

（三）建设现代化文化强市

持续丰富时代内涵，把嘉兴打造成为学习弘扬革命精神和全国党性教育的重要基地。加强嘉兴南湖红船、上海中共一大会址一体化保护研究，建设红色文化传承示范区。传承和弘扬以江南文化为特征的优秀传统文化，深植嘉兴文化基因。合力推进大运河嘉兴段整体保护利用，建设大运河国家文化公园，打响运河文化品牌。推进马家浜考古遗址公园建设。宣扬名人文化，加强名人故居保护，打造"嘉禾名人展示专题历史街区"。加强非物质文化遗产保护传承，加强"老字号"

文化品牌的保护利用。围绕塑造城市文化空间,进一步优化文化功能与空间布局。推进中心城区的湖滨区块改造提升和子城遗址公园建设,复兴千年古城。支持海盐古城保护提升。加强乌镇、濮院、盐官、西塘等古镇和历史街区保护利用,加快文化资源的恢复与展现。推进农村文化礼堂、城市文化公园、社区文化家园、智慧书房、"文化有约"等载体建设,提升公共文化服务水平。支持文艺精品创作,完善创作引导和扶持机制,努力形成"高原+高峰"的文艺繁荣新局面。

六、打造新时代共建共治共享的幸福家园

坚持民生优先,集中更多资源投向民生领域,强化政府职责,激发市场力量,在高标准完善社会保障体系、推动高质量就业和保持收入稳定增长的基础上,推进公共服务优质均衡普惠、共同富裕机制高效顺畅运行,努力促进人的全面发展和社会全面进步,为建设共同富裕典范城市提供有力支撑。

(一)塑造"学在嘉兴"品牌

落实立德树人根本任务,健全学校、家庭、社会协同育人机制,积极促进学生德智体美劳全面发展。重视 0—3 岁婴幼儿生长发育检测和照护等服务。加大公办幼儿园建设力度,推进普惠性幼儿园扩容和农村幼儿园补短提升等工程。加强公办初中教育,全面提升教育质量。加大普通高中的建设和市域统筹力度,推动多样化特色发展。完善特殊教育、专门教育保障机制。大力发展职业教育。落实好高教强省战略,加强重点学科建设,提升与地方发展需求的适配性。实施名校长培育工程,办好家门口的每一所学校。建设高素质、专业化、创新型教师队伍,加强师德师风建设,完善教师资格体系和准入制度,健全教师待遇保障制度,提高教师的政治地位、社会地位和职业地位。

(二)推进健康嘉兴建设

把保障市民健康放在优先发展位置,坚持预防为主的方针,完善

健康促进政策,织牢公共卫生防护网,积极提供全方位全周期健康服务。建设强大公共卫生体系,完善疾病预防控制体系和重大疫情防控体制机制,健全突发事件紧急医学救援、突发急性传染病防控和重大活动医疗卫生安全保障等"三位一体"卫生应急救援体系。完善医疗服务体系,持续深化县域医共体和城市医联体建设,推进医疗资源下沉和纵向整合,加快县级医院提档升级。加快优质医疗资源扩容和区域均衡布局,健全完善分级诊疗体系。进一步加强基层医疗卫生机构标准化建设,做强特色科室(专科)。高标准实施医学高峰计划,强化与上海、杭州等地高端医疗机构深度合作,加快补齐康复、老年医疗护理、儿科等医疗资源短板,建成一批联合诊治中心和名专家工作室,形成一批区域性优势学科、重点专科和专病中心。统筹全市力量,建设覆盖全市域的公共卫生临床医学中心。进一步优化家庭医生签约服务。

(三)建设老年友好城市

健全以居家为基础、社区为依托、机构充分发展、医养康养有机融合的多层次养老服务体系,发展普惠型养老服务和互助性养老。普及社区养老服务设施,实现居家和社区养老服务网络全覆盖。促进农村养老服务提质升级。提升养老机构的服务能力,合理延伸服务范围。支持发展民办养老机构,加强规范化运行管理,深化公建民营改革。推动养老事业和养老产业协同发展。加强老年人社会优待,建立起与经济社会发展水平相适应的老年人优待制度。营造孝老抚幼良好家风,实现家庭和睦、代际和顺,巩固家庭在育幼和养老中的基础地位。老年友好城市建设要与青年友好城市、儿童友好城市等建设紧密结合起来,共同营造服务有温度、保障有力度的城市家园。

七、打造中国最平安城市

全面落实总体国家安全观,坚持底线思维,完善风险管控,积极防范应对各类风险挑战,确保政治安全、社会安定、人民安宁。

(一)加强和创新社会治理

坚持系统观念,推进整体智治,强化综合治理、依法治理、源头治理。高水平推进市域社会治理现代化全国试点,完善社会治理体系,建设社会治理共同体。以市社会治理综合指挥服务中心为枢纽,构建集信息采集、会商研判、指挥调度、应急处置的市、县、镇、村、网格于一体的社会治理综合指挥服务体系。加强县级社会矛盾纠纷调处化解中心建设,完善基层治理统筹功能。健全"微网格"、完善"微嘉园"、提升"微治理",推动新时代"网格连心、组团服务"长效机制落地见效。构建社会治理工作体系,建立健全社会矛盾"大调解"体系,完善"息事罢讼"诉源治理体系,深入推进警源、诉源、访源"三源共治",健全信访责任落实与积案化解体系。深化"三治融合"建设,推动嘉兴从全国发源地向全国实践示范地迈进。发挥群团组织和社会组织在社会治理中的作用。深化网络综合治理体系建设,创新以数据资源为基础的社会治理模式和服务模式。完善"城市大脑"建设,打造"数字中国城市实验室",加快提升城市治理数字化、智慧化水平。

(二)推进平安嘉兴建设

构建平安嘉兴创建体系,防范化解影响我市现代化进程的各种风险。持续推进扫黑除恶专项斗争,集中攻坚重点地区、重点案件、重点问题和治理顽疾。健全社会治安防控体系,高水平推进"雪亮工程"建设和应用,加快构建全方位、多维度、全领域的智能感知网络,积极打造智慧安全城市。健全落实重大活动维稳安保工作机制,完善社会治安防范打击机制,优化防控力量布局,推行扁平化勤务指挥模式,提升治安动态控制能力。依法严厉打击各类犯罪活动,维护公共领域安全。

(三)防范化解重大风险

要把维护国家政治安全放在第一位。加强经济安全风险预警、防控机制和能力建设,加强重要经济指标监测和研判,筑牢经济安全防线。深化安全生产领域改革，完善和落实安全生产责任制，建立公共安全隐患排查和安全预防控制体系，加强安全生产监管执法，有效遏制重特大安全事故。构建统一指挥、专常兼备、反应灵敏、上下联动的应急管理机制，加强源头管控和风险链防控，提升重大公共突发事件的应急处置能力。完善重大决策社会风险评估机制，健全预案编制、风险研判、应急决策、协同处置等全过程的风险防控机制。

八、建设长三角地区营商环境最优城市

坚持供给侧结构性改革方向，注重需求侧管理，加强顶层设计，鼓励基层首创，力争在重点领域、关键环节的改革实现突破，以营商环境极大改善推动经济社会高质量发展和现代化进程。

（一）推进政府职能转变

深化简政放权、放管结合、优化服务改革，发挥市场在资源配置中的决定性作用，更好发挥政府作用，推动有效市场和有为政府更好结合。全面实行政府权责清单制度，完善放权方式和动态调整机制。落实好市场准入负面清单制度，实现市场准入事项"证照分离"改革全覆盖，深化取消审批、审批改备案、告知承诺制、优化准入等服务方式。健全监管规则和标准体系。推进部门联合"双随机、一公开"和互联网监管。对新技术、新产品、新业态、新模式等实行包容审慎监管。健全重大政策事前评估和事后评价制度，畅通社会公众参与政策制定渠道，提高决策科学化、民主化、法治化水平。加快推进数字化改革，进一步撬动各领域各方面改革，全方位系统性重塑市域治理的体制机制、组织架构、方式流程和手段工具，推动各地各部门实现流程再造、数字赋能、高效协同、整体智治，高水平推进市域治理现代化。

（二）激发市场主体活力

建设高标准市场体系，进一步营造各种所有制主体依法平等使用资源要素、公开公平公正竞争、同等受到法律保护的市场环境，确保各

类市场主体依法平等享受支持政策。完善公平竞争制度,强化竞争政策基础性地位,全面落实公平竞争审查制度。健全归属清晰、权责明确、保护严格、流转顺畅的现代产权制度,实现产权有效激励。保护市场主体的财产权和其他合法权益,保护企业经营者人身和财产安全。推动"最多跑一次"改革向公共领域、公共场所和机关内部延伸。深化构建亲清政商关系。

(三)建设诚信社会

加强社会信用体系建设,提高全社会诚信意识和信用水平。完善公共信用信息平台及标准化建设,推动公共信用信息应用联动,加快信用信息平台、行业信用信息系统的互联互通。迭代完善公共信用评价体系,健全企业、自然人、社会组织、事业单位和政府机构等主体公共信用评价,实行动态管理。加强政府诚信建设,建立政府诚信履约、失信责任追溯和承担机制。推行信用分级分类精准监管,建立信用监测预警体系、联合监管和奖惩体系。强化个人信用建设,完善个人信用档案,拓展信用应用场景。建立健全信用修复、异议申诉等机制。发展信用服务市场,培育信用服务机构,提供信用调查、信用评估、信用担保等服务。

九、全面打造党建高地

党的领导是中国特色社会主义最本质的特征,是中国特色社会主义制度的最大优势。中国共产党从南湖红船上诞生、出征,走向全国执政,红色基因在嘉兴大地上代代传承,红色血脉在南湖儿女心中生生不息。必须增强"四个意识"、坚定"四个自信"、坚决做到"两个维护",确保习近平总书记重要指示批示精神和党中央决策部署高效落地。

(一)加强党的政治建设

突出抓牢政治建设这一根本性建设,争当学懂弄通习近平新时代中国特色社会主义思想的排头兵，坚决当好弘扬"红船精神"、践行初心使命的模范生。深入学习和运用中国共产党一百年的宝贵经验，教育引导党员干部坚持共产主义远大理想和中国特色社会主义共同理想，不忘初心，牢记使命。认真贯彻和执行民主集中制，健全党委议事决策机制。全面推进党政机关整体智治，构建市县镇一体、部门间协作、政银企社联动的协同高效运转机制。完善争先创优工作机制，推进中央和省级宏观决策、市级中观实施、基层微观落地的全线高效贯通。落实全面从严治党责任制和意识形态责任制，提高党的建设的质量。

（二）加强党的组织建设

全面贯彻落实新时代党的组织路线，完善上下贯通、执行有力的组织体系，深入实施"组织力提升工程"，把各领域基层党组织建设成为实现党的领导的坚强战斗堡垒。建设一支唯实惟先、善作善成、堪当现代化建设重任、勇立潮头的干部队伍，落实好干部标准，坚持以促进形成"两个担当"良性互动机制为总抓手，推进"五强"领导班子建设，健全干部成长选育管用全链条机制，加强干部教育培养特别是年轻干部培养，加强高素质专业化干部队伍建设，着力拓展现代战略视野、创新现代思维方式、提高现代科学素养、提升现代执行能力、增强现代斗争本领。推进干部跨区域跨部门制度性交流，强化对敢担当善作为干部的激励保护。

（三）深化清廉嘉兴建设

推动主体责任和监督责任同向发力，营造干部清正、政府清廉、政治清明、社会清朗的良好发展氛围。把严的主基调长期坚持下去，坚决查处腐败问题，一体推进不敢腐、不能腐、不想腐。锲而不舍落实中央八项规定精神和各项实施细则，坚决防止"四风"问题反弹回潮。持续深化纪检监察体制改革，加强对公权力运行的制约和监督。强化政治监督，推动纪律、监察、巡察、派驻等"四项监督"的有机贯通，精准运用监督执纪"四种形态",切实加强党内监督与人大、政协、审计、群众、舆论等监督的统筹衔接,营造好山清水秀的政治生态,打造党群干群关系最融洽城市。

总之,实干托举梦想,奋斗成就伟业。嘉兴全市人民将更加紧密地团结在以习近平同志为核心的党中央周围,高举习近平新时代中国特色社会主义思想伟大旗帜,在中共浙江省委的坚强领导下,践行"八八战略"昂首阔步新征程,勇立潮头再出发,奋力建设共同富裕典范城市,加快建设社会主义现代化先行市,为实现中华民族伟大复兴的中国梦做出更大贡献!

参考文献

[1]《八八战略》编写组:《八八战略》,浙江人民出版社 2018 年版。

[2]房宁主编:《中国梦与浙江实践》(政治卷),社会科学文献出版社 2015 年版。

[3]刘迎秋主编:《中国梦与浙江实践》(总报告卷),社会科学文献出版社 2015 年版。

[4]马以主编:《平安中国的浙江实践》,浙江人民出版社 2017 年版。

[5]谭劲松、金一斌主编:《中国特色社会主义在浙江的实践》,浙江大学出版社 2018 年版。

[6]翁勤雄主编:《问鼎之路:平安建设的嘉兴实践》,吴越电子音像出版社 2017 年版。

[7]武亮靓主编:《嘉兴改革开放 30 年》,浙江人民出版社 2008 年版。

[8]习近平:《干在实处 走在前列——推进浙江新发展的思考与实践》,中共中央党校出版社 2006 年版。

[9]习近平:《之江新语》,浙江人民出版社 2007 年版。

[10]《习近平谈治国理政》(第一卷),外文出版社 2017 年版。

[11]《习近平谈治国理政》(第二卷),外文出版社 2018 年版。

[12]《习近平谈治国理政》(第三卷),外文出版社 2020 年版。

[13]《习近平谈治国理政》(第四卷),外文出版社 2022 年版。

[14]《习近平新时代中国特色社会主义思想学习纲要》,学习出版

社、人民出版社 2019 年版。

[15]浙江干部培训教材编审指导委员会:《"八八战略"与中国特色社会主义在浙江的实践》,浙江人民出版社 2020 年版。

[16]中共中央文献研究室:《习近平关于社会主义社会建设论述摘编》,中央文献出版社 2017 年版。

[17]祝亚伟主编:《在"红船精神"引领下奋进——嘉兴改革开放40 年研究》,浙江人民出版社 2018 年版。

后 记

按照浙江省习近平新时代中国特色社会主义思想研究中心、浙江省社会科学界联合会的统一部署，中共嘉兴市委宣传部、嘉兴市社会科学界联合会成立课题组，组织编写了本书。本书全面阐述了嘉兴市委、市政府团结带领全市广大干部群众贯彻落实习近平同志的重要讲话和指示精神、忠实践行"八八战略"重大部署所进行的不懈努力、取得的突出成效、得到的重大启示、凝聚的奋进力量，概述了站在新的历史起点上，嘉兴坚定不移沿着"八八战略"指引的路子走下去，加快推动蝶变跃升、跨越发展，奋力打造"重要窗口"中最精彩的板块、建设共同富裕示范区典范城市的风采，为彰显习近平新时代中国特色社会主义思想形成发展的真理伟力提供嘉兴素材、嘉兴实践、嘉兴思考。

嘉兴市委宣传部高度重视本书编写工作，全程指导把关。市社科联相关负责人负责课题研究策划、组织协调和书稿审阅工作。嘉兴学院长三角一体化发展研究中心唐铁球教授负责课题研究和统稿工作，胡文蔚、顾骅珊、卿瑜、彭世杰、袁锦贵、汪菲、肖建、朱渝铖、胡进等课题组成员负责撰稿，市社科联办公室负责联络工作。本书在编写过程中得到了嘉兴市各级各有关部门的大力支持，在此一并表示诚挚的谢意。

由于时间仓促，本书难免存在不当和疏漏之处，敬请读者批评指正。

作　者

2023 年 6 月